温剑青 编著

走进评价 走近儿童

解码幼儿发展评价

华东师范大学出版社
·上海·

图书在版编目（CIP）数据

走进评价　走近儿童：解码幼儿发展评价 / 温剑青编著. — 上海：华东师范大学出版社, 2024
ISBN 978-7-5760-4360-0

Ⅰ.①走…　Ⅱ.①温…　Ⅲ.①学前教育 – 教育评估　Ⅳ.①G610

中国国家版本馆CIP数据核字(2024)第051203号

走进评价　走近儿童
解码幼儿发展评价

编　　著	温剑青
责任编辑	胡瑞颖
责任校对	刘伟敏
装帧设计	冯逸珺

出版发行	华东师范大学出版社
社　　址	上海市中山北路3663号　邮编 200062
网　　址	www.ecnupress.com.cn
电　　话	021-60821666　行政传真 021-62572105
客服电话	021-62865537　门市（邮购）电话 021-62869887
地　　址	上海市中山北路3663号华东师范大学校内先锋路口
网　　店	http://hdsdcbs.tmall.com/

印 刷 者	上海昌鑫龙印务有限公司
开　　本	787毫米×1092毫米　1/16
印　　张	17.5
字　　数	294千字
版　　次	2024年3月第1版
印　　次	2024年3月第1次
书　　号	ISBN 978-7-5760-4360-0
定　　价	78.00元（全2册）

出 版 人　王　焰

（如发现本版图书有印订质量问题，请寄回本社客服中心调换或电话021-62865537联系）

序

在深化学前教育内涵质量发展与提升的当下,评价已受到政府教育管理部门、教育研究者和广大幼教实践工作者的共同关注与重视。2020年10月,中共中央、国务院印发了《深化新时代教育评价改革总体方案》,该份文件是我国首个关于教育评价系统性改革的文件,它为深化新时代教育评价改革提供了纲领性指引。文件提出,要着力构建主体多元、系统多层的教育评价制度,通过"改进结果评价,强化过程评价,探索增值评价,健全综合评价"促进教育评价的科学性、有效性。由此,如何将方案倡导的重点指向和改革举措落实、落地已成为各个学段思考和提高评价工作科学性、专业性、有效性的共同追求。学前教育是儿童发展的起始,也是基础教育的奠基,如何体现基于儿童立场与主体性发展之上的科学评价已然成为学前教育专业理论和实践工作者关注的热点话题。尤其是2022年2月,教育部正式颁布的《幼儿园保育教育质量评估指南》明确提出,要突出过程性评价,强化幼儿园的自我评估,将评价的聚焦点转向班级观察,严格禁止幼儿园开展针对幼儿个体的结果性评价等一系列要求,更使得幼儿园如何探索基于过程性评价定位,在课程随行中构建儿童发展评价的实践思考与行动路径成为一个更重要和迫切的探讨主题。由上海市静安区安庆幼儿园温剑青园长和她的团队所撰写的《走进评价 走近儿童——解码幼儿发展评价》一书，正是聚焦该主题的实践探索和行动回应。

　　上海市静安区安庆幼儿园（以下简称安庆幼儿园）自2006年起开启了幼儿发展评价的实践研究，其代表性成果"指向个性化教育支持的幼儿发展评价研究"于2018年获得基础教育国家级教学成果一等奖。从幼儿园的评价实践探索之旅可见，"评价并非评判，而是了解幼儿发展、体验幼儿成长的途径"的过程性评价观已成为全园教师的共识。基于教学成果奖，安庆幼儿园曾出版了首本关于评价的著作《发现 理解 支持——指向个性化教育支持的幼儿发展评价实践》，而今，持续推进基于儿童立场，支持儿童主体角色和个性化发展的与评价实践相关的第二本著作也即将出版，足可见学校聚焦核心主题，深耕实践研究，孜孜不倦的专业追求和创新精神。在我看来，如果说第一本著作是在用实践的声音回答"幼儿园为什么评价、怎么评价、评价了又如何"等一些实践者必须思考的基本问题，那么，第二本著作则是对如何将过程性评价立场在聚焦伴随儿童主体角色体验的一日生活课程中落实、落地的有力答案。近二十年的研究是一个持续发问、持续实践、持续反思、持续推进的过程，相信安庆幼儿园的这一实践成果能为广大教师构建基于儿童中心立场、关注过程性评价的幼儿发展评价探索带来鲜活生动的启示，也能为广大幼儿园探索基于自我评估的课程质量提升打开新的视角。

一、倾听儿童的声音，为儿童、环境和关系建立连接点

　　在《走进评价 走近儿童——解码幼儿发展评价》一书中，我们可以读到在幼儿园一日生活各个情境与活动中鲜活跳跃的儿童，通过教师的笔触，我们看见了自信的儿童、充满大胆想象的儿童、积极交往着的儿童，我们也更清晰地认识到儿童正是在他们与周围环境中的人、事、物的互动中经历和实现发展的。通过教师的文字叙述，我们看见了蕴含其中的儿童观：每个儿童都是独特而富有个性的生命体，当他来到世界就应该被赋予他自己应有的存在价值，有他自己去实现想法的空间和平台，教育的真正意义所在就是帮助他们去找到属于自己的天空和世界，让他们成为更好的自己。通过这样的儿童发展评价，儿童、环境、关系被连接在了一起，充分体现了互动性、过程性和意义性。

二、构建学习者形象，为儿童发展、教师发展、课程发展建立连接点

基于儿童主体角色和活动经历的过程性评价是一个工具，也是一种中介，通过教师记录的儿童在课程中各类活动真实体验的"叙事性评价"，不仅能够看到每个独一无二的儿童个体性的学习与发展轨迹，也可以通过教师所记录的文字看到其对自身专业学习与发展的审思；在"体验手记"的多个案例和连接生活情境的各类"预约活动"中，教师关注的是去发现不一样的儿童，记录的是她们认为有意义、有价值的主动学习过程，试着去理解和揭示儿童生活经验的复杂性、个体表现的差异性，并反思自己对儿童和教育实践的理解，进一步思考师幼互动的行动可能与方式。也正是在这样的评价中，让教师逐渐走向"实践研究者"，在关注儿童发展、促进教师专业发展和构建"欣赏差异性、发现独特性、理解多元性、支持全面性"的生成课程发展中建立关联。

三、确立多元主体，为儿童、学校和家庭建立连接点

随着幼儿园课程改革的不断推动和实践演进，构建多元主体的融合共生，努力实现幼儿园课程的时空跨越、全域渗透，已逐渐成为实践探究的共同追求。由此，对课程中儿童发展的评价也越来越被视为一个多元主体对话、共构和分享的过程。家长既应当成为幼儿园课程的合作者、共建者，也应当成为儿童发展评价的参与者、对话者。在《走进评价　走近儿童——解码幼儿发展评价》一书中，不仅有教师对儿童一日生活体验和经历的观察评价，也包含了儿童作为课程亲历者的评价参与和家长作为同行者的评价参与，跨越多个主体之间所建立起来的评价视角，不仅让教师、儿童和家庭拉近了距离，找到了连接支点，也为三者之间建立互动、互惠、互信关系找到了支撑。

华东师范大学教育学部　黄　瑾

目 录

第一章 评价的起点和终点 / 1

一、评价的起点：新生家访 / 3

（一）家访准备知多少 / 3

（二）家访话题有哪些 / 7

（三）家访后的信息梳理 / 8

二、评价的终点：一份精彩的成长档案袋 / 11

（一）成长档案知多少 / 11

（二）我的档案我做主 / 17

第二章 每学年的评价如何做 / 25

一、开学如何制订班级评价计划 / 27

（一）盘整评价信息，初步预设评价内容 / 27

（二）三步走，制订一份班级评价计划 / 33

二、如何制订和调整个性化观察计划 / 39

（一）怎样制订个性化观察计划 / 39

（二）调整个性化观察计划，发现每一个幼儿 / 42

三、如何有效整理评价证据 / 45
  （一）评价证据有哪些 / 45
  （二）整理评价证据，有哪些好方法 / 46

四、如何持续评价 / 56
  （一）了解班级评价活动 / 56
  （二）聊聊成长档案进度 / 57
  （三）谈谈幼儿发展特点 / 57

第三章 评价的过程 / 61

一、评价前 / 63
  （一）做好观察准备 / 63
  （二）解读评价内容 / 67
  （三）设计评价工具 / 72

二、评价中 / 80
  （一）根据工具实施观察分析 / 80
  （二）在观察过程中选择性记录 / 84

三、评价后 / 93
  （一）分析是一种专业能力 / 93
  （二）调整教育行为，提供适宜课程 / 99

第四章 嵌入一日课程中的评价 / 103

一、我的体验手记 / 105
  （一）手记中的童言童语 / 105
  （二）手记里的课程气息 / 110
  （三）体验手记里的儿童之心 / 112

二、我的预约活动 / 125
  （一）由体验手记萌发的幼儿预约活动 / 125
  （二）预约活动中师幼共建的两端 / 135

（三）幼儿预约活动中隐藏的教师 /146

第五章 评价中的多元主体 / 153

一、教师在评价中的分工与合作 / 155
（一）合理分工，看到幼儿的更多面 /155
（二）通力合作，看到完整的儿童 /156

二、评价中的小伙伴——支持幼儿参与评价 / 157
（一）活泼童趣的多元表征——进行过程性记录 /157
（二）伴随快乐的成长体验——进行过程性评价 /163

三、评价中的同行者——协同家长参与评价 / 172
（一）交流共同体——让评价角度更多元 /172
（二）沟通小妙招——让评价过程可操作 /176
（三）观察多外延——让评价内容更全面 /183

第六章 对评价的回顾与交流 / 191

一、幼儿成长点滴，美好的毕业礼物 / 193
（一）幼儿主动参与，自主意识逐渐增强 /193
（二）从关注自己到关注他人，同伴意识逐渐增强 /195
（三）想法被了解，呈现成长的立体面 /196

二、教师的专业回顾，促进专业成长 / 198
（一）分析解读的过程提升了教师观察解读的能力 /198
（二）不断回顾的过程确立了"尊重差异、支持发展"的评价观 /200

三、家长的全程参与，营造快乐的成长氛围 / 203
（一）在理解和尊重中等待幼儿成长 /203
（二）在陪伴和参与中见证幼儿成长 /204

后记 / 207

第一章

评价的起点和终点

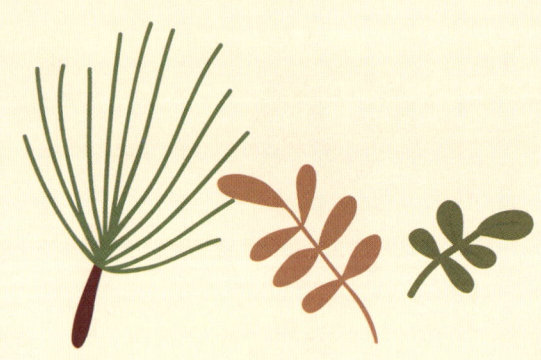

教师沉浸于陪伴幼儿成长的每一天，当持续不断地进行观察和行动时，思考就会变成一种习惯。在园生活的起点和终点在哪里？也许并没有明确的节点。因为我们更注重和追求可持续发展的评价观。如果从实践层面来说，三年的开始和结束也许能成为对这个阶段的评价的起点与终点。

　　我们将观察评价的过程视作行动研究的过程，教师不能只将自己看作幼儿成长过程中的观察者，更应将自己看作与幼儿共同学习与经历成长的同行人。

一、评价的起点：新生家访

观察评价究竟从何时开始呢？是从幼儿入园的第一天开始吗？其实，在第一次暑期新生家访中，评价就已悄然地拉开帷幕。

（一）家访准备知多少

家访前完善的准备工作不仅能使后续各类工作开展得更有条理，也能给家长传递相应的评价理念，从而叩开评价之门。教师需要做好哪些准备工作呢？

1. 设计一份幼儿信息采集表

想要全面、快速地了解新小班的幼儿情况，设计新生幼儿信息采集表是一个不错的方法。通过信息采集表，教师可以采集幼儿的基本信息，如：幼儿的姓名、小名、身高、体重等。

教师也可以通过信息采集表采集幼儿的发展特质，例如每个幼儿的饮食习惯：能否独立进餐、一般进餐的时长、过敏原等；幼儿的生活习惯以及家庭教养方式：幼儿的起床时间，午睡时长，晚上入睡时间，如厕、穿脱衣物自理情况等。

除了这些基本信息，教师还需有意识地捕捉幼儿的个性特点，了解幼儿当下的一些需求和状态，因此教师还可根据信息采集表中的问题，有选择性地与家长进行沟通，从而了解幼儿的一些具体表现。

以下是一份幼儿园新生幼儿信息采集表的范例。

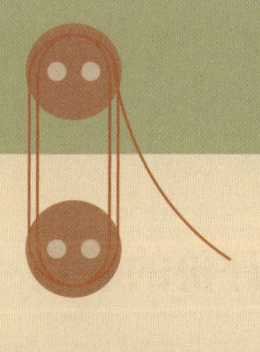

走近你，从此刻开始
——××幼儿园新生幼儿信息采集表

亲爱的家长：

您好！欢迎您的孩子成为××幼儿园的新成员，为了能让我们更了解孩子入园前的生活习惯以及您的需求，请仔细阅读并详尽地填写下面这份信息采集表。我们将从此刻"走近我们的孩子"，期待在我们的共同努力下帮助孩子开启成长第一步。

上海市××幼儿园

20××年×月×日

宝贝的基本情况：
1. ……
2. ……
3. ……

快乐家庭生活：
1. 宝贝的生活作息规律吗？
2. 宝贝乐于享受家庭生活中哪些事？
3. 在餐点时间，宝贝会和家庭成员一起用餐吗？
4. 宝贝有没有一起参与家庭清扫、整理活动的经验？
5. ……

美食时光：
1. 宝贝在进餐时，习惯使用哪些餐具？（如筷子、勺子等）
2. 宝贝有特别喜欢的食物吗？有哪些？
3. 用餐时，宝贝通常是自己动手还是更希望得到家人的帮助？
4. ……

在"快乐家庭生活"的板块中，教师可以了解两方面的内容，一方面是幼儿家庭的氛围，另一方面是幼儿参与自理活动的意愿，比如在参与整理活动时的状态，可能是非常主动地自己折叠整理，也可能是在家长的辅助下一起整理，还可能是情绪上愿意参与，但以观看为主。这些具体的行为和状态教师都能够通过信息采集表来了解。

情感交往：
1. 宝贝在家时，比较亲近谁？喜欢聊什么话题？
2. 遇到宝贝情绪不佳时，您会如何安抚？
3. 宝贝在社区内遇到同伴时，情绪如何？有怎样的表现？
4. ……

个性化表达：
1. 宝贝在家时，最喜欢的玩具是什么？
2. 宝贝在户外时，最喜欢的运动是什么？
3. 宝贝最喜欢听的歌曲是什么？一般喜欢观看或收听什么类型的节目？
4. ……

在"个性化表达"的板块中，教师通过开放性的问题了解幼儿在运动、游戏、艺术等方面的兴趣，幼儿的具体表现和状态，幼儿个性化的发展特点等。同时，通过这些问题也能够引导家长有意识地捕捉或回顾幼儿在生活中的表现，增加对幼儿的客观认识与了解。

2. 准备一些小物品

家访前，教师可以准备好以下物品。如：一张关于教师的联系卡片、一封关于幼儿入园适应的温馨提示，还可以邀请家长完成一份幼儿的特点小介绍等，通过这些方式与家庭、幼儿初步建立联系。

以下是一则向家长发起的邀请。

宝贝特点小介绍——精彩 30 秒

亲爱的家长朋友：

您的宝贝即将进入幼儿园开启成长之旅啦。为了更好地认识您的宝贝，邀请您在暑假中为他（她）拍摄一段不超过 30 秒的小视频，可以是宝贝在小区里和小伙伴一起玩耍的视频，可以是宝贝进行各类体育运动的精彩照片、视频合集，也可以是宝贝自己独立进餐的有趣视频片段……

相信每个宝贝的 30 秒都是与众不同的，期待开学时一起来分享！

虽然只有简短的 30 秒，通过家长捕捉到的这 30 秒，教师可以发现每个幼儿不同的发展特质，也能构建起对幼儿的了解之"桥"。因为，幼儿在园的一日生活和在家的日常行为表现都是个性化观察内容的重要来源，教师在园捕捉幼儿发展轨迹的同时，也需要家长收集幼儿在家的相关信息，从而呈现幼儿更全面的发展现状，这就是我们邀请家长捕捉"精彩 30 秒"的初衷。

在家访时，教师还可以带去一份幼儿园中"哥哥姐姐"（中、大班幼儿）的成长档案，通过与家长、幼儿一起翻阅，看一看、说一说未来的幼儿园生活、各类有趣的活动、幼儿未来的收获和经历等，使家长、幼儿对即将到来的幼儿园生活充满憧憬。同时也能让家长感受到这份成长档案袋是一个累积幼儿三年成长经历的独一无二的集合。

（二）家访话题有哪些

新生家访是教师第一次与家长进行交流，于教师而言，能通过家访了解幼儿的家庭教育状况、生活环境等；于新生家长而言，则对幼儿园充满了期待。因此，教师可以把握住这次交流的契机，围绕以下话题与家长进行交流：

1. 说说宝贝的"第一次"

在第一次家访中，家长一定会有很多问题想要与教师交流，如：入园后需要带哪些物品，宝贝离开家庭后不适应怎么办，宝贝会面临哪些挑战……教师可以通过以上问题让家长了解到幼儿可能面临的问题也正是他成长的契机。幼儿第一次离开家庭，他们会经历第一次自己午睡、第一次和同伴一起进餐、第一次适应集体生活等许许多多的"第一次"，教师和家长会共同带着鼓励和欣赏的态度参与到幼儿的"第一次"中。而这些"第一次"都是幼儿成长的独特经历，会在他们未来的成长道路上留下"里程碑"式的意义，这是让家长初步感受观察评价理念的好机会。

2. 谈谈幼儿园的快乐生活

家长们对于未来的幼儿园生活充满了好奇，会想知道幼儿在园时的生活作息、幼儿园的课程活动等。此时，借助一份幼儿园中哥哥姐姐的成长档案袋与新生家长进行交流是一个有效的好方法。教师可以一边翻阅，一边介绍幼儿园的有趣生活，如：教师和幼儿一起进行户外运动、玩游戏、照顾植物等；幼儿们进行一些富有特色的活动，一起劳动、欢度"快乐数学节"或家长开放日等。告诉家长平时生活中的各类照片、视频、成长小故事都会被保存在幼儿的成长档案袋中。

教师与家长交流的过程，不仅能让家长了解幼儿在园的生活，也能让家长感受到幼儿在发展的过程中有很多的关键事件是需要被记录、被采集的，因此入园后家长需要与教师共同捕捉、记录幼儿成长的瞬间，多元主体进行观察和记录，才能描绘出幼儿是如何学习与成长的，从而呈现更加立体的儿童形象，这也是为幼儿保留珍贵的童年回忆。

通过这样的双向互动，更能激发家长参与评价的兴趣和意识，为日后开展评价工作奠定良好的基础，由此踏出评价的第一步。

3. 聊聊档案袋封面那些事

通过教师一系列的分享，家长对于参与评价活动会更有兴趣，因此可以邀请家长一起设计一份属于自己宝贝的独一无二的档案袋封面，初步感受评价活动。

成长档案袋记录的是幼儿自己的成长经历，因此家长在主导设计成长档案袋的封面时也要纳入幼儿的需求和想法，如：封面上的照片可以让幼儿自己选择，想要呈现的卡通形象、封面的颜色也让幼儿自己决定。幼儿可以在封面上涂涂画画，体现个人喜好，甚至可以由幼儿决定如何介绍自己和家人。这样能让幼儿感受到他们成为了档案袋的主人，这份档案袋是真正属于他们自己的"回忆录"。

图 1-1-1　幼儿成长档案袋封面

以上是幼儿参与制作的封面，具有鲜明的个人特质，通过封面我们能发现：有的幼儿对消防员特别崇敬和喜爱，因此在自己的封面上创设了消防员的形象，有的幼儿则特别喜欢奥特曼等一些卡通形象，把自己的喜好呈现在了封面上。幼儿在向别人介绍成长档案时，会特别骄傲地提及对于封面设计的想法，这也会让他们对这份成长档案袋有更加强烈的归属感。

（三）家访后的信息梳理

1. 梳理共性特点，捕捉课程实施的可能性

家访是采集幼儿信息的过程，而家访的结束意味着对全班幼儿信息进行系统化梳理、分析的开始，教师需要及时对家访中收集到的信息进行梳理、分类，并进行初步分析。可以根据幼儿信息采集表的内容进行分类，如：幼儿的进餐情况、运动兴趣、生活自理能力等，然后运用数据图，直观地呈现幼儿在每个板块的发展情况，从而了解班级整体幼儿的基本情况，整理出班级幼儿的共性特点，初步设计便于幼儿适应新环境的各类适应期活动。

小班第一学期幼儿情况分析（片段）

　　本学期我班共有30名幼儿，其中男生16名，女生14名。通过家访后的数据分析我们可以了解到：班级幼儿运动兴趣浓厚。根据图1-1-2可以发现班级的大部分幼儿都喜欢进行各种运动活动，而且内容多样化，如游泳、玩滑板车和平衡车等车类器械、玩球、玩滑梯。特别是球类和车类的运动器械深受本班幼儿的喜爱。并且约70%的幼儿每天都会有相对固定的运动时间，由此可见本班幼儿对于运动活动的兴趣较为浓厚。

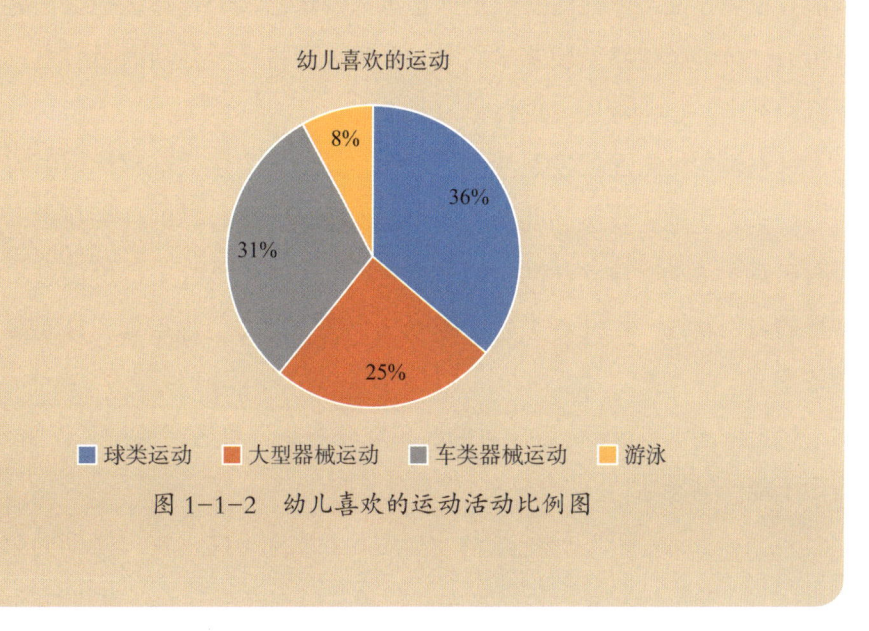

幼儿喜欢的运动

- 球类运动 36%
- 大型器械运动 25%
- 车类器械运动 31%
- 游泳 8%

图1-1-2　幼儿喜欢的运动活动比例图

　　从以上案例中可以发现，教师对幼儿的运动内容进行了分析，并用图示进行呈现，可以直观地发现该班级幼儿的运动情况：特别喜欢进行球类运动；而且在家访时也了解到幼儿喜欢玩的球各不相同，有的喜欢玩大皮球，有的喜欢玩弹力球，还有的喜欢玩小篮球；车类活动也很丰富，不少幼儿喜欢玩滑板车、自行车或平衡车等。基于班级幼儿的特质和共性需求，教师调整了适应期的运动器具。教师原本在运动区域中投放平衡板、竹梯、轮胎等自然器械较多，现在改为增加投放幼儿感兴趣的各类小车，同时鼓励幼儿将自己家中常用的小皮球、弹力球等带来幼儿园。在满足幼儿需求的同时，也能让幼儿对幼儿园更有归属感。

由此可见，家访后对于幼儿信息的分析与梳理是非常重要的，既能够迅速捕捉到班级幼儿整体的发展状态，了解班级幼儿的共性需求，也能够为之后的课程实施做铺垫。

2. 了解个性特点，成为制订个性化观察计划的依据

教师在对家访后的幼儿信息进行及时梳理时，也能挖掘出幼儿个性化发展的特点。例如：在"精彩30秒"中，悦悦家长捕捉到宝贝跟随音乐律动的片段、宝贝平时的涂鸦作品，并且在家访时悦悦妈妈也提及，悦悦对艺术类的活动特别感兴趣，听到音乐就会很自然地做律动，还会用一些线条、色块去表现自己生活中的事物，虽然画得很抽象，但是创作的频率很高、兴趣浓厚，每天都能有很多作品。虽然这些只是非常零散的信息，但是将这些信息进行整合和分析后，教师就能够发现艺术活动对于悦悦而言有着强烈的吸引力，并且悦悦也沉浸其中，很愿意去表现自己。

针对悦悦这方面的发展特质，教师将其纳为个性化观察计划中的重点观察内容，有意识地去收集幼儿平时的绘画作品，并且有目的地去观察、捕捉悦悦平时在音乐活动、律动活动中的具体表现，更高效地收集评价信息，呈现幼儿独特的成长轨迹。由此可见，挖掘幼儿个性化的发展特点是制订观察计划的重要依据。

综上所述，对于家访后信息的梳理与分析是日后进行评价工作的重要基石，教师不能轻易忽略。

二、评价的终点：一份精彩的成长档案袋

"尊重差异，支持发展"的评价理念引导教师为幼儿创设个性化的、符合自身发展需求的童年环境，使其拥有丰富多样的成长经历。这些经历被记录下来，收纳在成长档案袋中。

当我们翻看属于幼儿的独一无二的成长档案袋时，会看到幼儿真实、有趣的各种小故事，同时感受到这一份成长记录的收集、整理过程也是教师、家长和幼儿共同成长的过程。面向未来的离园日，这不失为一份极具纪念意义的礼物。

（一）成长档案知多少

在开放的教育理念中，成长档案会体现每一位幼儿富有个性的想法和行动；会体现教师与幼儿的互动、家长与幼儿的互动甚至多元互动，会体现课程活动与幼儿发展的内在联系……每份档案都呈现了一位幼儿，每份档案都是独具特色的。

1. "我的档案袋"里有什么

成长档案的基本结构包括：宝贝基本信息与宝贝成长记录两大板块内容。具体可参见图 1-2-1。

（1）宝贝基本信息

这个板块可以呈现幼儿的姓名、身体发展、性格特点、喜好偏好等内容，还可以介绍幼儿感兴趣的内容，例如"爸爸小调查""昆虫记录日记"等。甚至档案袋的封面、装饰都可以由幼儿自己制作，如有的幼儿会在封面上画自己喜爱的卡通形象，有的幼儿将封面做成了剪贴画。从内容到表现形式，都呈现出每位幼儿独一无二的信息。

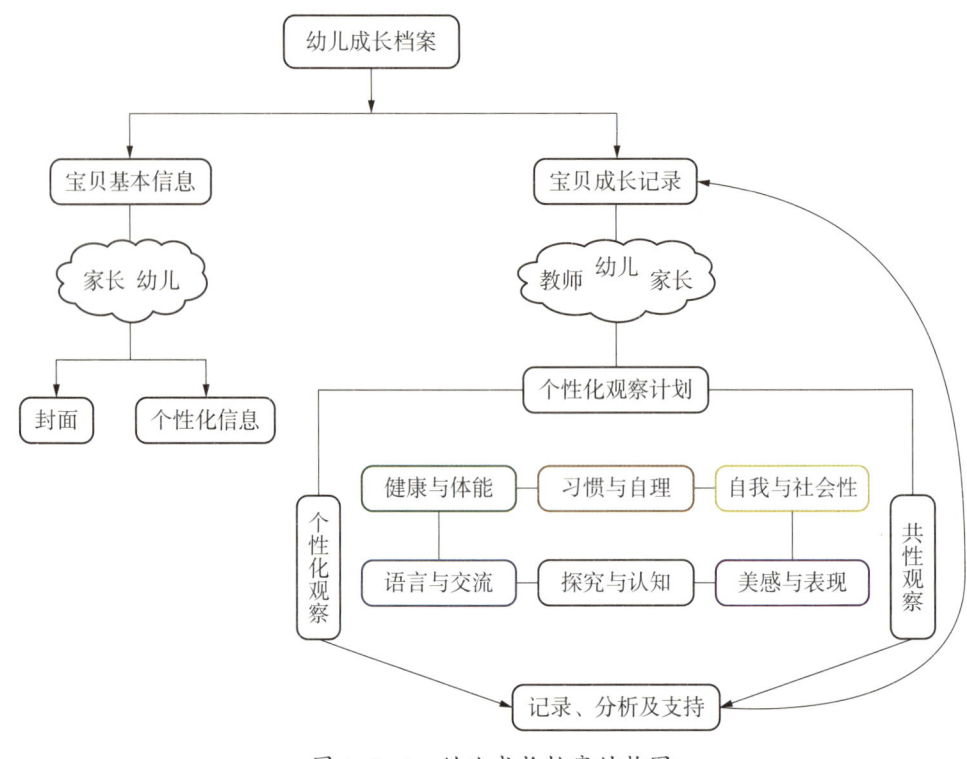

图 1-2-1　幼儿成长档案结构图

(2) 宝贝成长记录

这个板块由家庭与幼儿园共同合作完成，教师、幼儿和家长均参与其中，其中包含不同阶段的个性化观察计划和观察内容。

个性化观察计划：家庭、幼儿园共同有目的、有计划地围绕幼儿近期发展特质形成的阶段性观察。每一份个性化观察计划都是量身定制的，包括情况分析、观察内容、观察路径以及观察工具。

观察内容：涉及健康与体能、习惯与自理、自我与社会性、语言与交流、探究与认知、美感与表现六大领域。观察内容中有大量观察方法、工具；可勾选的检核表，依据时间或事件记录的取样表，收集幼儿在日常活动中语言和行为的照片、视频的自然观察等。

成长档案中各种各样的"证据"，呈现出幼儿三年来独一无二的成长轨迹。打开这一份记录珍贵童年经历的档案袋，我们可以看到什么呢？

有趣的童言童语。

处于成长过程中的幼儿总是有诸多奇思妙想、童言童语，幼儿的对话语言记录了他们童稚的想法和情感。

图 1-2-2 "啊呜啊呜"童言童语记录

除此之外，还包括：谈话活动中与幼儿交谈的当下热点或幼儿感兴趣的任意事情，幼儿最近读过的一本书或玩过的一个游戏，幼儿口述自己的感想和评论，幼儿真实的问题与需求等。

童年经历的小故事。

有的故事发生在幼儿的日常生活中，有的故事发生在幼儿与同伴交往的过程中，有的故事记录了幼儿解决问题的过程，还有的故事是幼儿印象深刻的轶事趣闻的记录……这些照片、视频的小故事再现了幼儿成长与发展的丰富信息。这些小故事不光记录了幼儿的经历，也呈现出身边成人、伙伴的旁观视角和感受。

图 1-2-3 观察故事与教师分析

例如图1-2-3是一份教师记录的小故事，非常有趣地呈现了幼儿玩"悬垂"游戏的时候，从开始的观望，到后面满足和喜悦的情绪变化。家长可以从故事中发现幼儿的成长，教师也能从记录幼儿寻常行为的过程中分析其背后内隐的发展可能，有针对性地提供更合适的支持行动。

童稚的手记。

一时兴起的随手涂鸦，根据主题创作的绘画、手工作品，各类探索记录、计划图等都是幼儿的手记。教师可以根据手记作品的细节，如笔触、线条、用色等，从中看到幼儿天马行空般的畅想与表达，其所倾注的感情宣泄。也可以从手记中体会到幼儿的情绪情感、社会性、创造性等各方面的成长。

图1-2-4　幼儿美术作品记录

图1-2-5　"时间管理——课间十分钟，我想……"计划图

幼儿手记中除了艺术创作之外，还有着许多图符，比如建构作品的设计图、主题探索的调查表，以及自己制作的评价表等，这些图符充分展现了幼儿的思考和探索。

例如在"时间管理——课间十分钟，我想……"讨论中，幼儿畅想未来的小学生活，有的幼儿认为喝水很重要，有的幼儿觉得可以在课间做作业，还有的幼儿认为桌面的整理也很重要，课桌和椅子都需要保持干净……这些图符展示了幼儿的思考。

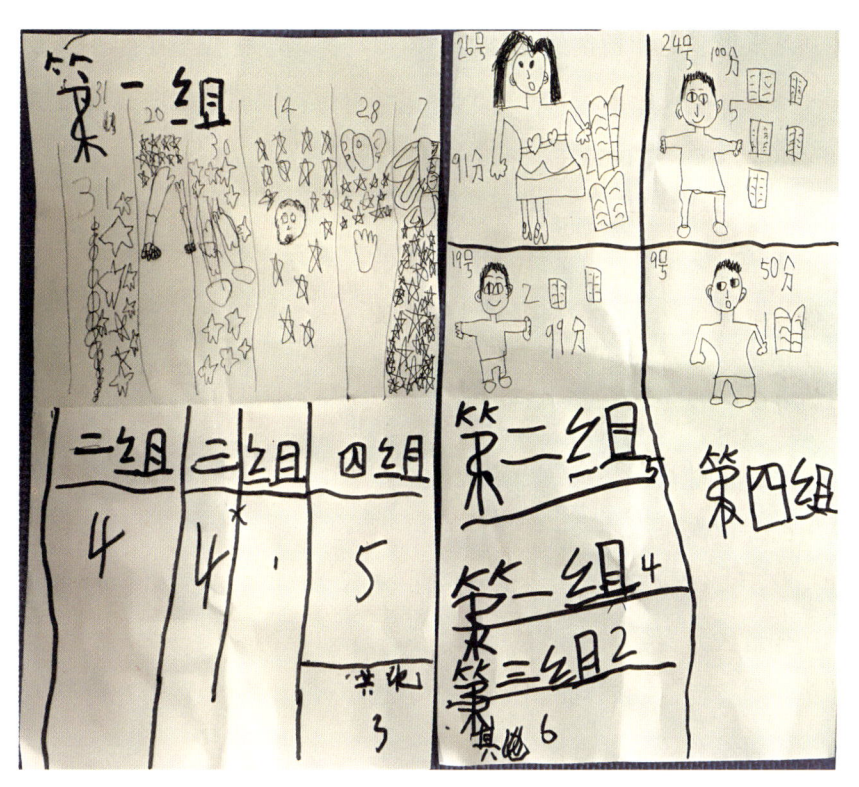

图 1-2-6 "骨头"主题探索互评表

例如大班幼儿在进行"骨头"主题探索时，根据兴趣分成了不同的小组。在探索接近尾声时，每个小组都乐于向同伴分享自己的探索成果，成员们聚在一起设计了自评、互评的记录表。每位成员都把自己在整个项目中的贡献画了出来，并用图符的方式给自己一个评价。幼儿自己设计的自评、互评记录表各有特色，不仅是评价的工具，也是教师对幼儿进行评价的材料，使用了作品分析法与轶事记录法结合的方式进行评价。

2. "我的档案"是这样形成的

在园的几年中，幼儿不同时期的作品、照片、影像资料，教师的观察记录等丰富的内容都会被收集在成长档案中，幼儿成长与发展的信息量逐年递增。这些内容是怎么有条理、有逻辑地形成的呢？翻开成长档案袋，我们可以发现整理档案的两条逻辑线。

（1）根据年龄段和领域整理，呈现有特点的发展轨迹

打开档案袋，映入眼帘的是宝贝成长过程，从小班新入园到中班逐渐长大，再到大班离园，根据幼儿成长的时间顺序来整理成长档案，可以发现不同阶段的幼儿有明显不同的年龄特质和兴趣倾向。

按六项发展领域，即健康与体能、习惯与自理、自我与社会性、语言与交流、探究与认知、美感与表现[①]整理档案。每个领域能直观地展现出幼儿不同的发展特点和发展轨迹。

（2）师幼共同参与，呈现幼儿主体角色

一份成长档案记录下了幼儿发展过程的点点滴滴。教师与家长相互分享的照片、视频、故事都会被保存到幼儿的成长档案中，这不仅可作为教师调整教育行为的依据，也体现出幼儿鲜明的个性特质。

幼儿作为成长档案的小主人，可以充分自主地收集自己的作品、照片、逸事趣闻，并自己挑选、整理，最终放到档案袋中。档案袋可以装满了幼儿自己想放进去的任何内容。

幼儿翻阅自己成长档案中的照片和记录时，就会回想起当时的情景，发现自己现在和过去的差异，更清楚地感受和了解自己的成长。幼儿也逐步意识到成长档案是属于自己的，同时增强了自信心。教师也能通过幼儿自己挑选、整理的过程了解幼儿真正的想法、兴趣和需求。

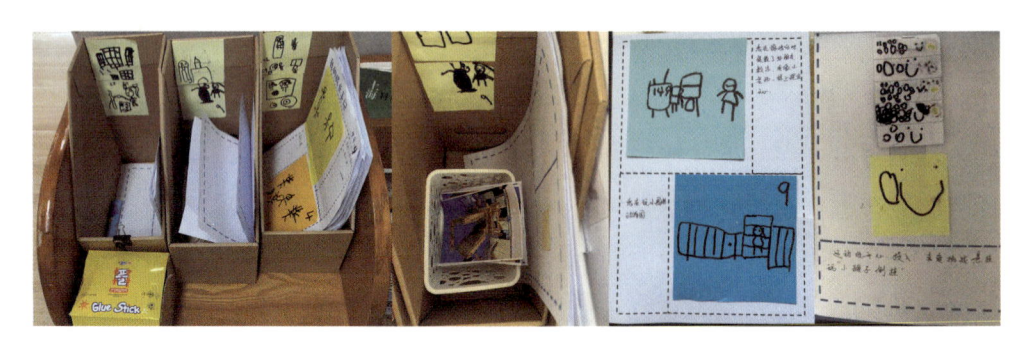

图1-2-7 "成长档案我做主"记录区域及部分幼儿自主制作的档案

如，为了支持大班幼儿自主建立档案，教师提供了"成长档案我做主"记录工具（如图1-2-7）。除了成长手记之外，幼儿在班级生活中还会有许多其他作品，能够体现成长和发展，展现个性。幼儿可以将自己日常记录的图符、记录表粘贴在准备好的空白记录纸上。同时教师也提供"精彩瞬间"小盒子，小盒子里装着幼儿的建构作品、玩沙玩水作品等"得意之作"，教师将幼儿的各种精彩瞬间拍下来，打印之后放在"精彩瞬间"小盒子中，幼儿可以随时查

---

① 上海市教育委员会教学研究室. 上海市幼儿园办园质量评价指南（试行稿）[EB/OL].
http://Shpt.gov.cn/jyj/upload/202101/0111_102209_367.pdf

看，自主加入成长档案。

幼儿成长档案涵盖了幼儿、教师和家长共同收集的日常活动中的精彩瞬间，随着档案袋里的内容越来越丰富，教师、家长也可以通过档案了解幼儿的发展情况、兴趣需要，以反思、调整自己的教育策略、行为，从而为幼儿提供更有针对性的支持。幼儿翻看成长档案，回忆生活中的宝贵片段，发现自身独一无二的成长经历，这对其今后的成长具有十分重要的意义。

（二）我的档案我做主

幼儿每一次的发现，每一句充满稚气的语言，每一个精彩的故事都是独特的成长经历。教师应该明确幼儿是成长档案的重要主体，他们不仅仅是一位"被观察"的对象，还是成长档案的主人。成长档案袋的点点滴滴都能呈现出真正的儿童视角。

1. 翻看档案真快乐

幼儿参与共建成长档案的过程，也是自我评价与自我认识提升的过程。幼儿在翻看"成长档案"的时候，能够将过去的经历和现在的感受作比较，从而体会到自己的成长，发现自身的变化，唤起对幼儿园美好生活的幸福回忆，培养对待生活的积极态度，这能够给今后的生活带来深远的影响。

为了建立丰富档案内容，班级中开展了各种评价活动，创设了丰富的评价环境，鼓励幼儿参与其中，分享自己的经历和感受，并在集体中相互交流。

幼儿在肯定与鼓励中认识自我、悦纳自我，自豪地分享自己的优势，自信心、主体性得到了充分体现。

2. 我的档案我来做

幼儿是评价的主体，幼儿有能力参与到自己的评价中来，感受到自己的成长。

（1）尝试自己动手，真有趣

刚入园时，为了激发幼儿参与集体活动的兴趣，教师时常有意识地在活动中融入幼儿感兴趣的内容，比如点点贴纸、图案印章、扭蛋球等。对于幼儿来说，这既是一种有趣的游戏，满足了兴趣，也是逐步参与评价活动的起始。

啊呜啊呜吃饭香

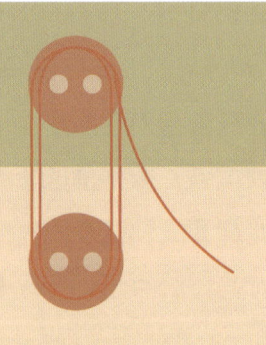

幼儿根据自己的意愿选择不同的午餐小标记，红点表示喜欢吃，蓝点表示吃得香，黄点表示都爱吃，每天中午自己在本子上贴不同颜色的点点，每周五分享自己的点点记录本，翻看这周都贴了哪些小点点。

图 1-2-8　幼儿自主选择的"点点"

教师鼓励幼儿分享自己贴点点时的感受并记录。

在小圆子的成长手记生活板块记录中，我们可以看到她在10月末的时候很开心地记录："我的蓝点点已经贴满了，我

图 1-2-9　幼儿的表征记录

吃得很干净！肉肉太难咬了。"后来在用餐时，小圆子就会主动要求说："老师，能给我一块小点的肉吗？"在不断地努力后，小圆子又在本子上贴满了黄点点，自豪地记录："我每次都能把肉肉吃掉，身上长了很多肉肉，妈妈说她都要抱不动我了，黄点点也要贴满了！"

通过案例，我们可以发现鼓励能让小年龄的幼儿越来越乐于表达自己的想法。"成长手记"，记录幼儿对班级一日活动的所思所想，成为成长档案中极具个性化的一部分。

（2）乐意自己做主，有成就

进入到中大班后，幼儿的自我意识逐步增强，在日常生活中，幼儿大部分时候都能意识到自己长大了，萌发了"自己的事情自己做"的愿望。幼儿已经知道成长档案是自己的档案，点点滴滴的生活片段都可以放入成长档案袋，封面的设计、装饰也可以由自己动手，甚至观察计划也可以由自己决定。

图 1-2-10 所示的个性化观察计划中，大班的"倪倪"，自己主动提出"我想身体健康，开开心心"的想法，家长和教师"退后一步"倾听幼儿所需，共

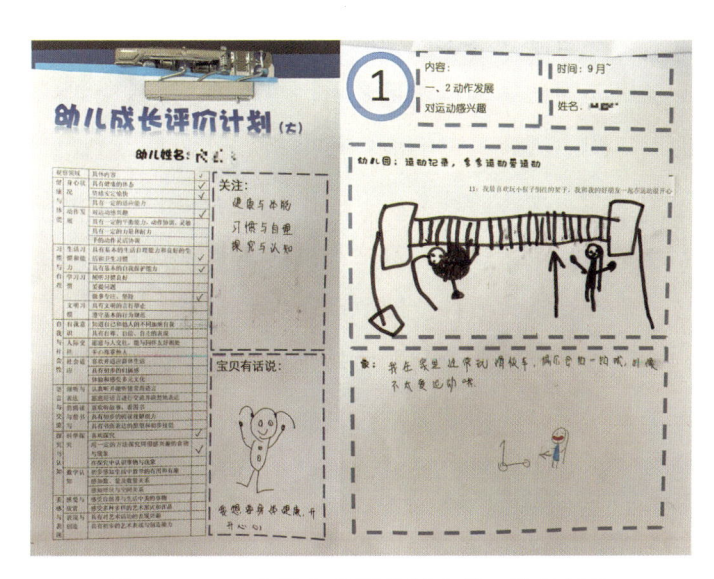

图 1-2-10 个性化观察计划及第一阶段记录

同确定了"健康与体能"的观察重点。在观察记录的每一阶段,教师提供空白的阶段记录纸,幼儿自主记录在幼儿园进行的、与目标相关的活动,倪倪自豪地画出了在幼儿园中进行的喜欢的运动,在家中也同步记录。以上案例中幼儿的想法得到了倾听和认同,并获得了家园共同的支持。

到了大班,幼儿对成长档案以及它的作用有了进一步的了解,主动提出对自己档案的设计、使用等方面的想法。比如将成长手记的形式,从单纯的涂涂画画,发展为更多样化的证据收集,加入手工作品、自己设计的表格或是在家和幼儿园的照片,抑或是用录音录像的方式分享一件有纪念意义的事等。

在"小盒子的秘密"案例中,呈现了教师放手让成长档案的内容真正回归幼儿,记录"幼儿体验"的过程。

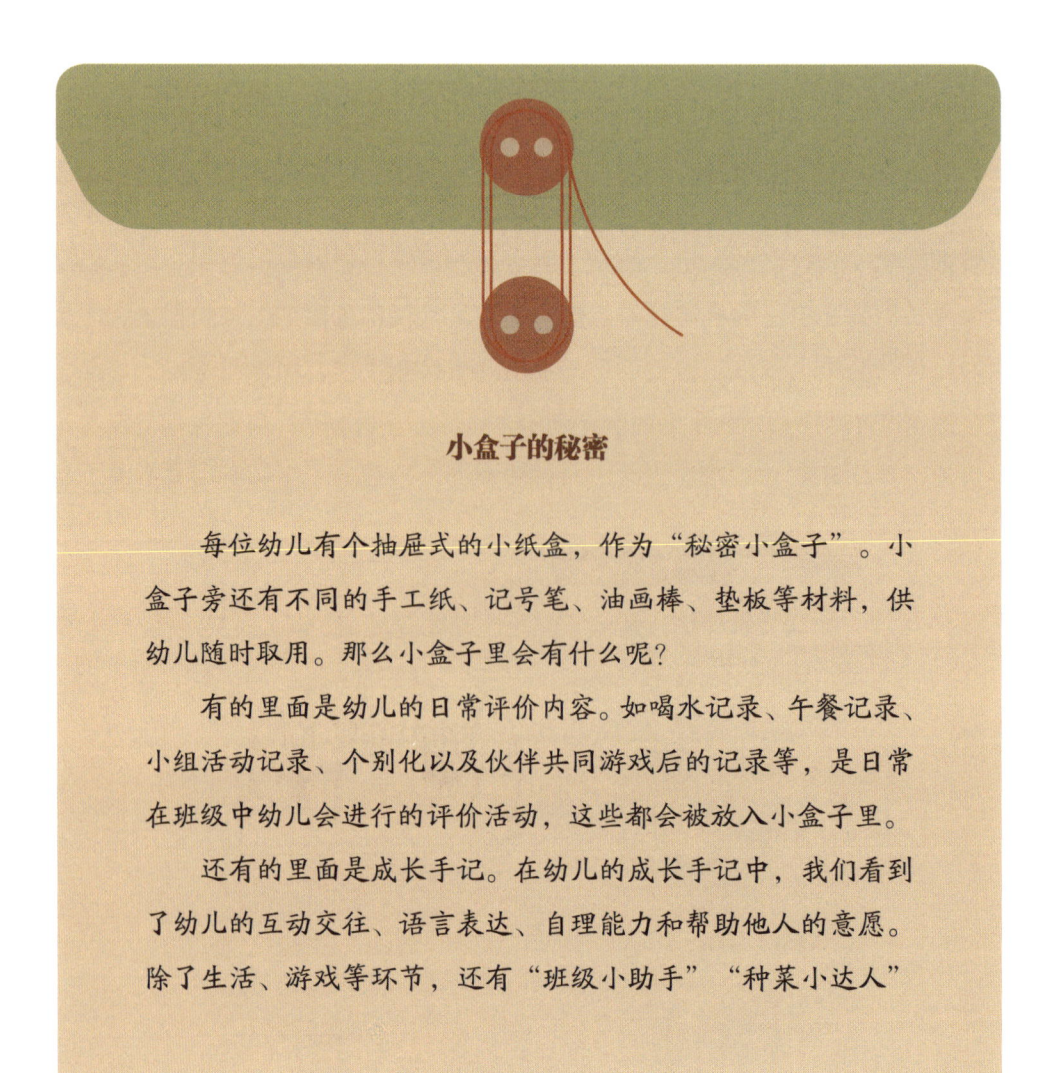

小盒子的秘密

每位幼儿有个抽屉式的小纸盒,作为"秘密小盒子"。小盒子旁还有不同的手工纸、记号笔、油画棒、垫板等材料,供幼儿随时取用。那么小盒子里会有什么呢?

有的里面是幼儿的日常评价内容。如喝水记录、午餐记录、小组活动记录、个别化以及伙伴共同游戏后的记录等,是日常在班级中幼儿会进行的评价活动,这些都会被放入小盒子里。

还有的里面是成长手记。在幼儿的成长手记中,我们看到了幼儿的互动交往、语言表达、自理能力和帮助他人的意愿。除了生活、游戏等环节,还有"班级小助手""种菜小达人"

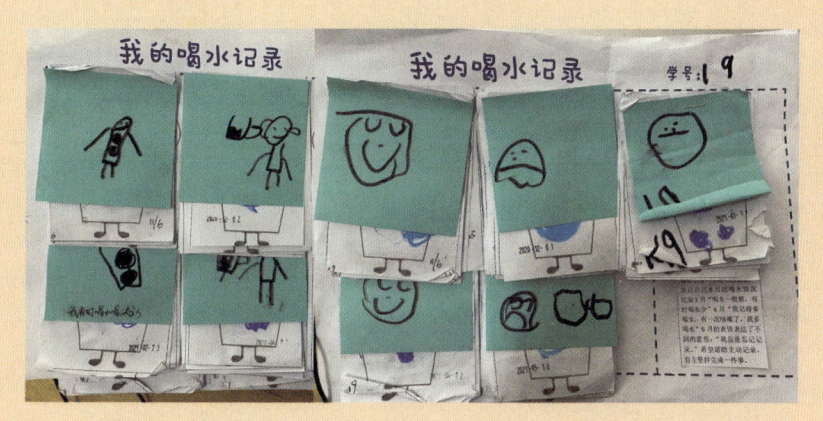

图 1-2-11　小盒子中"我的喝水记录"评价记录

等其他活动内容，成长手记能反映幼儿的真实感受。那么是如何让幼儿自主把内容加入档案袋中的呢？

图 1-2-12　装有成长手记的小盒子

第一步：教师和幼儿一同收集。以小盒子中的成长手记为例，在最开始，收集幼儿"成长手记"是以教师为主导的，从幼儿的分享中"挑选"出教师觉得有价值的内容。通过作品分析法、谈话法，了解幼儿的所思所想。

第二步：放手让幼儿自主整理。教师尝试逐渐将选择权归还给幼儿。投放"我的成长手记"空白记录纸，鼓励幼儿选择自己觉得重要的、想要分享的手记贴在记录纸上。通过幼儿自己选择的手记，教师可以看到有趣的内容，既可以分析幼儿活动领域、爱好内容的倾向性，分析手记内容和艺术表现，还能在分享的过程中观察幼儿自主与社会性的发展，发掘真实的儿童视角。

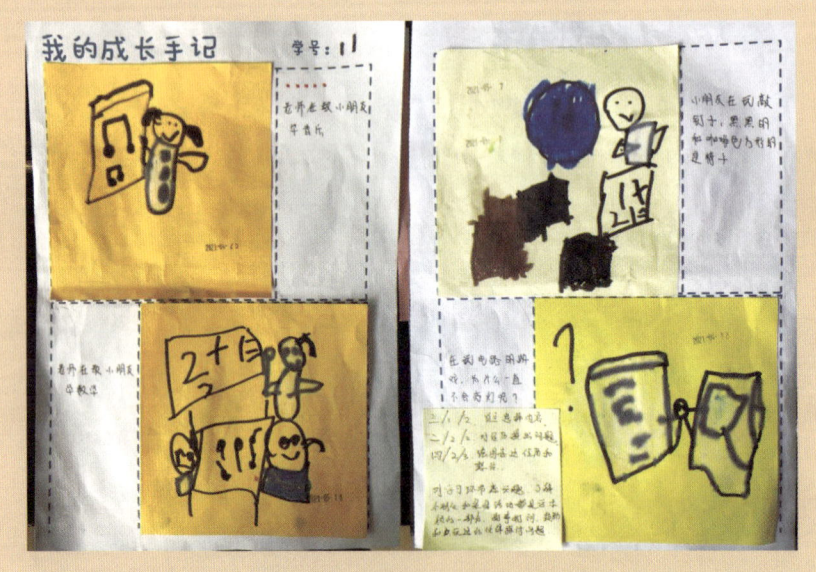

图1-2-13 "我的成长手记"中幼儿自主选取的手记内容

第三步：幼儿主动将新的内容加入小盒子。随着"小盒子的秘密"主题活动的推进，幼儿自身的成长不断为教师带来惊喜，有的幼儿把自己最得意的美工作品放进了小盒子里，有的幼儿提出要把搭建的积木作品也放进小盒子里。教师根据幼儿的需求，拍摄照片，打印后供幼儿自主选择，成长档案袋里的内容越发丰富了。

在"小盒子的秘密"的推进过程中，教师是倾听者、支持者和观察者，幼儿成为了成长档案的主人。每当进入下一个阶

> 段时，教师都会"后退一步"，认真倾听幼儿真实的感受，支持鼓励幼儿分享互动，探讨如何将大家的奇思妙想变成真实可行的方法，逐步使成长档案袋里的内容，呈现来自幼儿自发自主的体验和感受。

成长档案中记录了幼儿的成长历程，是每位幼儿成长经历的写照，翻看成长档案，幼儿能清楚地看到自己的过去和现在，对自己成长过程中的发展变化有更加具象的认识，更全面地认识自己、了解自己。参与成长档案中的证据的选择与收集，萌发自我成长的积极主动意识。

教师、家长与幼儿一起度过了三年美好时光，档案中的一个个故事不仅记录了幼儿的发展经历，更让我们看到教师、家长形成了一个评价共同体，他们认真对待这份成长档案，尊重每位幼儿的个性，坚信"每一个幼儿都是有能力的学习者和沟通者"，共同为幼儿的发展提供支持。

总之，建立幼儿成长档案促进了每位幼儿富有个性的发展，促进了教师的自我成长，也促进了教育质量的提高，为幼儿更好地认识自己、认识他人、认识世界打开了一扇崭新的大门。

第二章

每学年的评价如何做

  在前一章内容中，以幼儿园三年为时间跨度，初探了幼儿发展评价中的起点和终点。若将时间跨度定为一个学年，伴随着每一学年的到来与结束，在这一过程中的幼儿发展评价又有哪些注意要点呢？本章将目光聚焦于幼儿园的每一学年。

  在每一学年的始末，教师可能都会面临一些关于评价实施的问题，如学年伊始，可以从哪里入手开展观察评价？怎样制订整个学年的评价计划？学期即将结束时，如何对评价进行梳理小结？

  本章将聚集对以上问题的思考，梳理学年开始与结束之际的评价开展要点。分析教师在每一学年中怎样围绕幼儿发展评价开展具体的工作，保障每一学年之间评价的有效衔接。

俗话说，一年之计在于春。这句话放到幼儿园工作中来看，可以演变成"一年之计在开学"。学年伊始，教师做好各项评价的准备工作尤为重要。在评价开始前，教师需要盘整班级的评价信息并形成班级的整体评价计划，这决定了接下来一学年的评价重点与节奏。

但是，在实际制订班级评价计划的过程中，教师可能会有一些困惑：如何收集全面的信息，保障班级整体评价的开展？如何既保证评价的完整性同时又凸显幼儿的个性化发展特点？开展评价时，很难观察到全体幼儿怎么办？其实这些问题都有对应的解决办法。

一、开学如何制订班级评价计划

在一学年的评价开始前，教师首先需要制订一份班级评价计划，计划中应当包含本学年班级的评价重点。教师可以整理班级已有的评价信息，包括幼儿一日生活中涵盖的评价内容，能与班本化活动相结合的评价内容以及幼儿个性化的发展特点等。在整合以上信息的基础上，再预设对应的评价内容、评价方式、评价时间与工具等实践要素。有了班级评价计划，整学年的评价便有了明确的目标和大致的安排，便于教师在开展评价的过程中有的放矢。

（一）盘整评价信息，初步预设评价内容

教师要梳理好上一学年班级整体幼儿的评价情况，对班级幼儿的发展作出大致的判断。幼儿的一日生活皆课程，一日课程皆可伴随评价。教师可以从共同生活、探索世界、表达与表现三个维度进行一些相关的评价活动预设。还可以从一些班本化活动中观察到幼儿的发展差异，开展相关评价。除了面向全体幼儿的评价活动之外，教师也应尊重幼儿个体的差异，根据幼儿独特的发展特质，确立个性化观察重点。

1. 伴随一日生活的幼儿发展评价

共同生活，主要指幼儿在幼儿园里，积极主动地与同伴、教师交流，参与营造共同的生活，养成自理生活的能力与习惯，在与周围的同伴交流、理解、协作的过程中，倾听、关心和同情他人。教师可以在生活过程中，观察幼儿在进餐、午睡、自由活动中的不同行为表现和发展情况，了解幼儿生活自理能力与习惯的发展变化。也可观察幼儿与同伴或教师相处的过程，发现幼儿在适应环境、人际交往等方面的发展特点。

探索世界，主要指幼儿在主动积极地与周围环境交流互动，发现身体运动的可能性，借助工具和器械，安全、灵活地活动。教师可以在晨间的律动操节、区域运动、运动游戏等多种运动形式中观察幼儿的运动技能与运动品质的发展，根据幼儿的运动发展情况收集相应的评价证据，例如幼儿体能与耐力的发展、身体协调与平衡能力等。此外，教师也可记录幼儿在观察自然现象、亲近大自然过程中的探索行为。

表达表现，主要指幼儿通过认识和感受生活中的声音、色彩、符号、标志以及学习儿童文学作品、音乐、舞蹈、美术等，运用多种方式，积极地、有个性地、创造性地表达与表现自己的感受及认识，并体验表达与表现的乐趣。教师可在各类不同活动中观察和记录幼儿对艺术的感受，表达表现的喜好与意愿，创造性的表现方式等。以下案例中，教师在幼儿进行艺术活动时，结合"美感与表现"中的评价内容，对幼儿在区域活动中的表达表现行为进行了观察，记录了幼儿感受与欣赏美、表现与创造美的过程。

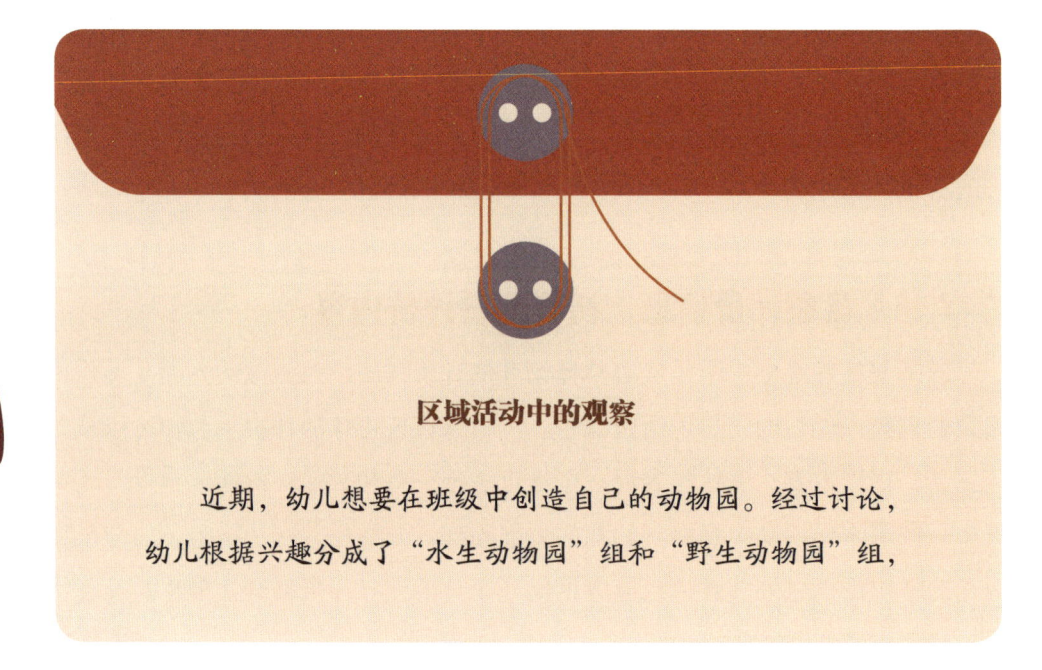

区域活动中的观察

近期，幼儿想要在班级中创造自己的动物园。经过讨论，幼儿根据兴趣分成了"水生动物园"组和"野生动物园"组，并制订了创作小计划。查阅资料后大家了解了许多关于动物的秘密，并在区域活动中开始了创作……

教师发现在这个活动中能观察到幼儿在艺术表现、科学探究、学习习惯等方面的行为，因此设计了以下观察评价工具"区域活动随手记"，用来对幼儿在活动中的行为进行记录与评价。

表 2-1-1　区域活动随手记

幼儿姓名：亮亮		记录人：沈老师 日期：2023.5.6—2023.5.20
评价内容	幼儿表现行为记录	教师的发现
具有对艺术活动的表现兴趣。	亮亮用剪纸的方式制作草地，用纸杯制作竹林，用纸泥制作了熊猫，还画了长颈鹿等。每次进入美工区时都会调整与完善自己的作品。	亮亮对于艺术活动有着浓厚的创作兴趣，愿意尝试用不同的表现形式，如绘画、裁剪、粘贴等来表现观察到的和自己想象的事物。 在折叠纸箱遇到困难时，他通过观察与借鉴同伴的方法，顺利地解决了问题。 亮亮能在自己的活动中保持注意力集中一段时间，碰到困难时，没有轻易放弃，能继续进行活动。
用一定的方法探究周围感兴趣的事物与现象。	亮亮想要制作一个立体的长颈鹿。他找了一个未折叠的中号纸箱。他将纸箱不断翻来翻去，仍然没有找到合适的方法将纸箱折叠成正方体。于是他默默观察着同伴手中的纸箱以及封箱子的方法。过了一会儿他向阿迪借了封箱带，顺利地将纸箱折成了正方体。	
做事专注、坚持。	亮亮参与制作"野生动物园"已经持续了两周，先后五次进入美工区，每次能持续创作大约三十分钟。	

在区域活动中，教师可即时记录幼儿的不同表现行为，在观察、记录与分析幼儿的过程中，发现每个幼儿的不同特质，对幼儿的了解也变得更加立体与全面。在以上案例中，教师在偏向艺术领域的活动中，通过观察记录幼儿的创作过程、解决问题的过程等，分析了解幼儿在表达表现、学习习惯、探究行为等方面的特点。

2. 追随幼儿兴趣的班本化活动评价

班本化活动是根据主题活动推进及幼儿兴趣生成的具有班级特色的活动，如节庆活动、亲子外出活动、运动会等。有的活动可能在学期初就已经有了初步的计划。伴随着班本化活动的开展，教师可预判在活动中能观察到幼儿哪些方面的行为表现与发展特点，在后续活动中追随幼儿的发展。在以下的案例中，大班幼儿在初学广播操时呈现出浓厚的兴趣，教师在支持幼儿的同时也开展了相应的评价。

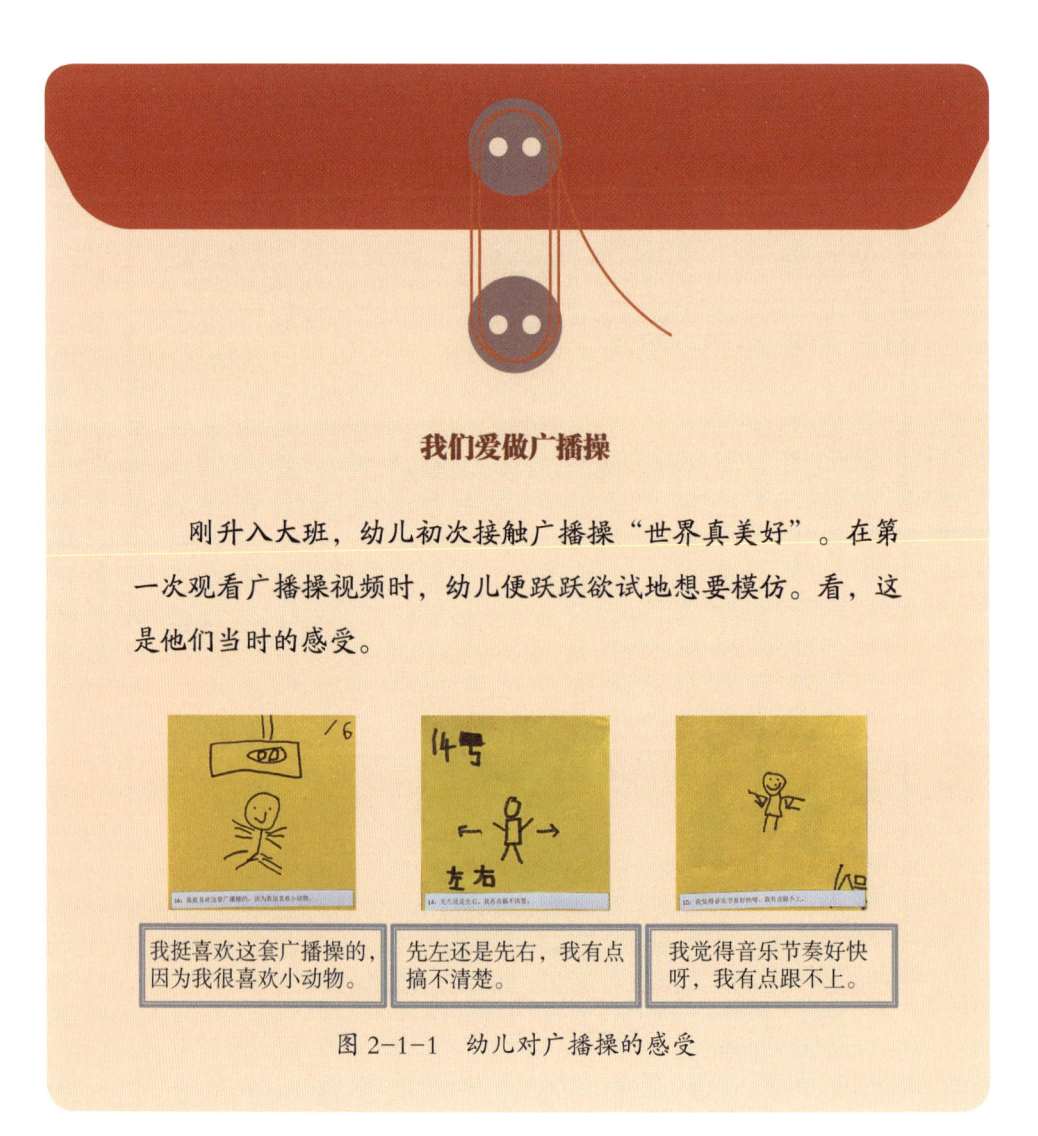

我们爱做广播操

刚升入大班，幼儿初次接触广播操"世界真美好"。在第一次观看广播操视频时，幼儿便跃跃欲试地想要模仿。看，这是他们当时的感受。

| 我挺喜欢这套广播操的，因为我很喜欢小动物。 | 先左还是先右，我有点搞不清楚。 | 我觉得音乐节奏好快呀，我有点跟不上。 |

图 2-1-1　幼儿对广播操的感受

幼儿对广播操很感兴趣，于是他们开始在自由活动与区域活动时学跳广播操。

片段一：

小昕对我说："能不能把视频下载到平板电脑里？我们可以跟着做。"我把已下载视频的平板电脑交给了他。两周后小昕又找到我，有些着急地把我拉到平板电脑前。他说："老师，这个小猴子太快了，我跟不上。"我应和道："好像是挺快的，那怎么办呢？""你做给我看好吗？我把你拍下来。"他看着我问道。我说："行，那我跳你拍。"在拍视频时，小昕说："你做得慢一点哦，否则我跟不上的。"

片段二：

小玉米跑过来对我说："老师，我要音乐角的大镜子，但我拿不动，你帮我拿一下吧。"我把镜子拿来后，小玉米对着镜子开始跳起了广播操，原来她要镜子是为了看清自己的动作。

就这样过了两周，幼儿学跳广播操的热情有增无减，他们画的手记真实呈现了内心的感受。

小昕的手记摘录：
一开始我不知道小猴子的手一上一下怎么放，今天我知道了，往哪边转哪只手就在上面，我聪明吧！

教师的体会：
小昕几乎每天都会在手记中留下关于广播操的记录，其中有的表达了他喜悦的心情，有的记录了他自己的变化。看得出，小昕特别喜欢做广播操，还想不断地做得更好。

图 2-1-2　小昕的手记

在以上案例中，教师原本预设在幼儿学跳广播操的过程中了解幼儿在"健康与体能"领域的发展特点。惊喜的是，除了"健康与体能"领域，教师还观察到幼儿解决问题、与同伴沟通交流等过程，发现他们在"习惯与自理""自我与社会性"等领域的发展。

案例中的幼儿在做广播操的过程中积累了大量的感受与体验。每一个记录、每一次分享都是幼儿成长的经历，这也是幼儿自我评价的一种方式。幼儿记录对广播操的感受，教师发现这些五花八门的记录，包括情绪感受、同伴间发生的事、解决的问题、用到的方法等。每份记录都很有意思，教师也因此更了解幼儿了。幼儿在评价中认识自我和同伴，这些经历与感受对幼儿未来的学习和生活特别有意义。

每个班级的幼儿在不同阶段可能都会产生一些兴趣热点，或发现一些问题，而在追寻兴趣热点与解决问题的过程中，幼儿会生发各种行为与感受。教师要善于发现与捕捉幼儿在一日活动中的需求，支持幼儿生成一些班本化的特色活动，放手让幼儿自己实践探索或解决问题，评价便能自然地伴随幼儿的体验产生。

3. 梳理统计先行，评价实践在后

幼儿的发展存在很大的差异，因此教师与家长会根据幼儿的发展特点共同制订个性化观察计划。然而幼儿数量较多，教师怎样才能对每个幼儿的个性化观察重点做到心中有数，有针对性地开展观察呢？

在制订班级评价计划中，教师可对幼儿的个性化观察重点做一下分类梳理，使得对每个幼儿的观察重点一目了然。这样教师可在同一类活动中，同时对某一部分幼儿开展观察与评价。图2-1-3是某班教师在学期初对班级幼儿个性化观察重点的分类统计。

通过问卷星或其他图表软件的支持，教师可以从评价内容的六大板块入手，设置相关的问题，并对数据进行梳理统计，将幼儿的个性化观察计划进行分类。如此，就能清楚地知晓对班级中每一个幼儿不同的观察重点内容，不同家庭需要的沟通频率，不同家庭对个性化观察计划沟通的满意程度等。以图2-1-3的统计结果为例，班级中有26.47%的幼儿在本学年的个性化观察重点都是关于生活习惯与能力的，因此教师可在一日活动中多从环境创设等方面入手，支持幼儿养成良好的生活习惯与能力。

重点领域	子领域	幼儿（学号）
健康与体能	身心状况	1、5、7
	动作发展	/
习惯与自理	生活习惯与能力	2、5、7、8、14、19、22、25、27
	学习习惯	16
	文明习惯	/
自我与社会性	自我意识	6
	人际交往	21、25、9
	社会适应	13、15、17、26、27
语言与交流	倾听与表达	10、12、23、24、28
	前阅读与前书写	3、18、22
探究与认知	科学探究	/
	数学认知	11
美感与表现	感受与欣赏	20
	表现与创造	4、29

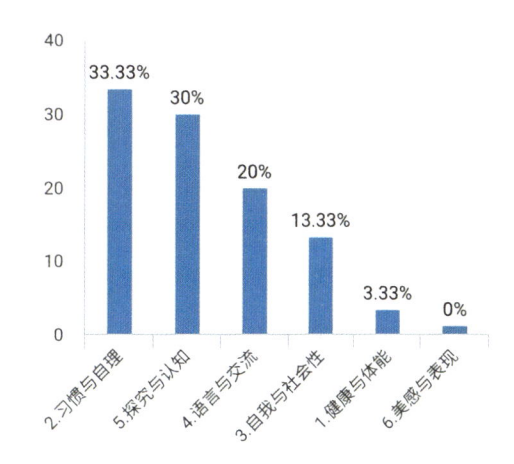

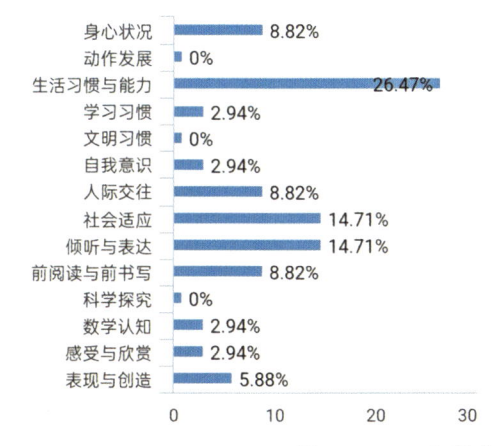

柱状图数据：
- 2.习惯与自理：33.33%
- 5.探究与认知：30%
- 4.语言与交流：20%
- 3.自我与社会性：13.33%
- 1.健康与体能：3.33%
- 6.美感与表现：0%

条形图数据：
- 身心状况：8.82%
- 动作发展：0%
- 生活习惯与能力：26.47%
- 学习习惯：2.94%
- 文明习惯：0%
- 自我意识：2.94%
- 人际交往：8.82%
- 社会适应：14.71%
- 倾听与表达：14.71%
- 前阅读与前书写：8.82%
- 科学探究：0%
- 数学认知：2.94%
- 感受与欣赏：2.94%
- 表现与创造：5.88%

选项	小计	比例
2.习惯与自理	10	33.33%
5.探究与认知	9	30%
4.语言与交流	6	20%
3.自我与社会性	4	13.33%
1.健康与体能	1	3.33%
6.美感与表现	0	0%
本题有效填写人次	30	

图 2-1-3　个性化观察重点分类统计图

（二）三步走，制订一份班级评价计划

在分析了整体的班级评价信息后，教师可根据班级幼儿发展特点制订相应的班级评价计划。评价计划没有统一的结构和要求，教师可自行设计板块内容及布局。一般来说，评价计划中应包含情况分析、评价目的、评价活动预设、评价方式等方面的内容。一份良好的评价计划，可以对后续的评价开展起到至关重要的作用。教师能够对整个学年的评价工作有整体的规划和大致的安排。

1. 分析整体发展情况，为评价计划做准备

教师在制订班级评价计划时，对幼儿整体发展情况的分析必不可少。教师可以结合《上海市幼儿园办园质量评价指南（试行稿）》中的"3—6岁儿童发展行为观察指引"内容，全方位地从幼儿的健康与体能、习惯与自理、自我与社会性、语言与交流、探究与认知、美感与表现等方面进行分析。

对班级幼儿整体发展情况的分析是评价开展的基础。教师只有在准确把握和分析的基础上，后续的评价目标与内容才能有的放矢。

2. 确定评价目标与内容，探寻评价的方向

教师根据幼儿的发展情况，制订评价目标与内容。评价目标与内容可以跨越一整个学年，也可以暂定一个时间阶段，比如两到三周。教师可结合小班、中班、大班的不同年龄特点来确定部分评价内容。

小班幼儿刚刚进入幼儿园，往往需要离开熟悉的家人，尝试着逐渐独立起来，去适应幼儿园集体生活的环境。这对小班幼儿来说是个不小的挑战，有些幼儿可能在刚入园的阶段出现分离焦虑的情绪。教师可以根据每个幼儿适应能力和时间的不同，确立合适的观察重点，包括幼儿对集体生活的适应能力、消解不良情绪所需要的时间、进餐情况及其他生活自理能力方面的情况等。

中班幼儿开始逐渐萌发与同伴交往的愿望，从关注自身慢慢过渡到关注他人。此外，中班幼儿在语言表达方面也可能进入一个快速发展的阶段。教师可围绕幼儿的身体动作发展、人际交往能力、语言与交流等方面，确立评价重点进行观察。

大班幼儿的自我意识不断发展，无论是合作意识还是竞争意识都有了长足的发展。在与同伴交往的过程中，也有了更深层次的交往技巧或解决矛盾的方法。相比其他年龄段的幼儿，大班幼儿在科学与探究领域的发展也非常突出。此外，在很多幼小衔接活动中可以观察到幼儿的学习品质以及学习习惯的发展情况。教师可以围绕以上这些方面进行大班幼儿的发展情况分析，从而确定合适的观察重点。

3. 预设评价方式，为评价实践做准备

在分析了班级幼儿的基本情况并确定评价重点以后，教师需要继续对评价方式进行预设。评价方式是指评价活动开展的具体方法，包含了评价时间、主体、工具等。制订评价方式时，教师可以从时间、地点、人员等角度较为均衡地安排各个评价活动。

评价时间——评价活动具体开展的时间。这个时间可以是某一天的某一个时间点，也可以是从某个月到某个月的某一个时间段。除了大致的时间安排以外，评价时间还应该包括评价的周期和频次。比如每月一次、每月两次或每周一次等。教师可以根据具体的评价内容确定评价的时间。

评价主体——参与评价活动的对象。部分评价活动适合在幼儿园内开展，那么评价主体可能是教师或幼儿本人；还有一部分评价活动并不适合在园内开展，而适合在家庭中开展，那么评价主体可能是家长或幼儿。例如"感受多种多样的艺术形式和作品"这类评价更适合在家庭中开展，家长可以带着幼儿外出欣赏音乐剧、参观博物馆等，由家长或幼儿自己完成评价证据的收集，教师可以给予收集和整理上的一些提示和支持。

评价工具——不同的评价内容可能需要用到不同的评价工具。教师需要综合考量评价进行时的空间、人员和环境安排，事先设计合适的评价工具。可以借助多种评价方法和工具进行观察及评价，包括行为检核法、轶事记录法、作品分析法、影像资料法等。教师有时需要帮助家长设计，或是向家长解释评价工具的使用方法和填写要求。有时，在同一份评价工具中，会发现教师和家长记录的幼儿表现不尽相同，可由此分析幼儿表现存在差异的原因。

教师可以根据具体的评价内容自行设计评价工具。以下案例中，教师在折纸活动中设计了一份"你能折到第几步"的评价工具，由此观察与评价幼儿在遇到困难时如何解决问题的行为表现。

通过自行设计的评价工具了解幼儿

区域活动中有一个"折纸瓢虫"的活动，我们为幼儿提供了一份折纸步骤图。我们尝试让幼儿在折纸之前预判自己能折到第几步，并记录幼儿实际在第几个步骤遇到了困难。

表 2-1-2　评价工具"你能折到第几步"

学号	觉得第几步不会	实际第几步不会	幼儿语言记录	遇到了什么困难	解决问题的行为
9	5	7	轩轩，让我看看你后面怎么折的？	最外侧的两个角不知道往哪里折。	与同伴交流，观察同伴的作品。

教师设计了几个问题，"觉得第几步不会""实际第几步不会""幼儿语言记录""遇到了什么困难""解决问题的行为"等。教师通过这几个问题的反馈记录，不仅能看到幼儿在读懂步骤图、小肌肉群发展、空间感知能力等方面的发展特点，还能看到幼儿对自己能力的自信判断，解决问题的能力，学习品质等发展特点。

教师可以借助评价工具表进行多个内容的观察与记录。直观的数据、真实客观的语言与行为记录，都能生动翔实地呈现每个幼儿的不同表现。教师可以结合活动内容以及幼儿的感受，灵活地根据幼儿需求，设计合适的评价工具。

结合以上"三步走"的班级评价计划制订方法，教师基本能对班级幼儿的整体发展情况有大致判断，再结合具体的评价目标与内容，预设好评价工具，班级评价计划也就有了雏形。以下是一份某中班班级的评价计划部分内容，可供参考。

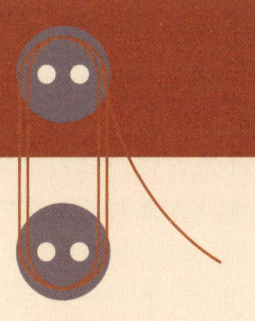

某中班班级评价计划（节选）

一、班级幼儿整体发展情况分析

1. 自我服务能力

经过小班一年的在园生活，班中幼儿已具备一定的生活自理能力，能够自主进餐与如厕。进入中班后，幼儿将开展更多的自我服务，如：尝试用筷子进餐、整理自己的物品、照顾植物等。

2. 阅读习惯

经过小班一年阅读经验的积累，中班幼儿有意注意的时间增多，阅读时的观察能力和理解能力已有了一定的提高，观察的有序性提高了，能意识到单页画面内的事物联系，但信息整合能力仍有提升空间。因此，在这一阶段更提倡分享式的阅读，如尝试提问和回答或是开展阅读后的讨论，以进一步理解阅读内容。

3. 倾听习惯

首先，较之小班阶段，中班幼儿的倾听专注程度有一定提高，但是倾听过程中容易受到外在环境的干扰。通过日常观察，发现班中约16%的幼儿能够在集体中倾听并回应，约72%的幼儿在提醒下能保持倾听，约12%的幼儿保持倾听的时长较短。其次，初入中班的幼儿能够倾听理解一些短句或短小的对话内容，但是要听清和理解较长的对话内容，对幼儿仍具有一定的挑战性。

二、观察目标

1. 在一日生活与劳动活动中，观察幼儿的生活习惯与自我服务意识，支持幼儿养成良好的生活习惯。

2.家园联动开展不同的阅读活动，在活动中观察幼儿在语言表达、阅读习惯等方面的行为表现，支持幼儿在倾听与表达方面的发展。

三、评价内容

1.生活习惯和自我服务意识

开展"种植日记"活动，记录幼儿对种植园进行日常照料的情况，结合视频、照片、幼儿手记、教师手记等方式记录种植小故事，重点观察幼儿的劳动兴趣、生活能力与习惯。

开展"筷筷吃饭"点赞互评墙，幼儿可用图符记录使用筷子过程中的问题、好方法，同时引发幼儿为自己和同伴点赞、点评，鼓励幼儿尝试自评和他评，重点观察幼儿的自我服务意识。

2.倾听与表达习惯

开展"故事大王"活动，鼓励幼儿阅读绘本后尝试在集体面前讲故事，向同伴推荐自己喜欢的书。同时，在故事分享后开展"分享交流会"，围绕故事尝试开展生生间的提问、回答或话题讨论，以提升对阅读内容的理解，关注幼儿的倾听与表达习惯。

开展"我的阅读时光"活动，引导家长观察记录幼儿在家中的阅读时光，共同收集幼儿发展证据，了解幼儿阅读动态，重点关注幼儿的阅读习惯并定期开展家园沟通。

这是一份中班新学年开始之初教师制订的班级评价计划。可以发现班级评价计划的制订需要教师对幼儿的整体情况比较清楚，且对班级幼儿的共性发展需求、发展目标较为明确，因此"班级幼儿整体发展情况分析""观察目标"以及"评价内容"是非常重要的三个板块。除此之外，教师可以根据自己班级的实际需要对各板块进行命名和排版，或增加一些班级特色的板块，比如评价方式、评价地点、评价工具的预设等。

二、如何制订和调整个性化观察计划

班级评价计划面向全体幼儿，与个性化观察计划相比更具有普适性。而每个幼儿都是一本独特又精彩的书，教师需要细细品读才能有更深入的了解。想要细致了解每一个幼儿，还需要个性化观察计划加以补充。

制订个性化观察计划是为了站在发现与欣赏的角度看待幼儿的成长，同时呈现对课程的思考及调整。需要教师与家长有计划、有目的地收集和积累幼儿的发展信息，并不断沟通交流，构建和形成更为适合的课程资源及策略，为幼儿当下的成长提供更适宜的支架。

（一）怎样制订个性化观察计划

教师依托个性化观察计划开展相应的观察评价，形成对于幼儿发展的认知。那么一份完整的个性化观察计划究竟包含哪些内容？

1. 个性化观察计划的内容

图 2-2-1 呈现了一份个性化观察计划的结构性框架，主要包括：宝贝基本情况、近期发展目标、观察途径以及工具预设。

（1）宝贝基本情况

是对于幼儿发展情况的介绍，通过家长对幼儿发展情况的表述、教师观察到的幼儿特质以及幼儿自身对自我认知的感受，三个主体的共同描述构建了一个更为立体的幼儿形象。该板块的内容可以介绍幼儿在不同领域的发展情况，也可以介绍幼儿的特长与爱好，目的是更多元地呈现幼儿发展。

（2）近期发展目标

主要根据《上海市幼儿园办园质量评价指南（试行稿）》中的"3—6岁儿童发展行为观察指引"行为表现的六大领域以及幼儿的兴趣点来确定现阶段

```
宝贝基本情况 → ┌─ 宝贝的自我介绍
                爸爸妈妈说
                老师说
                ……

近期发展目标 → ┌─《上海市幼儿园办园质量评价指南（试行稿）》
                中的"3—6岁儿童发展行为观察指引"表现行为  ← 观察内容
                宝贝自己有话说
                教师、家长共商议
                              ↓
              观察途径 ←——————→ 工具预设
              ↙     ↘              ↓
         家庭      幼儿园         教师 → 质性记录工具
                                        各类记录量表
         确定对幼儿个体的评价时间、观察地
         点、记录方式等，这部分内容同样需  家长 → 简单文字记录、照片
         要家庭与幼儿园共同设计
```

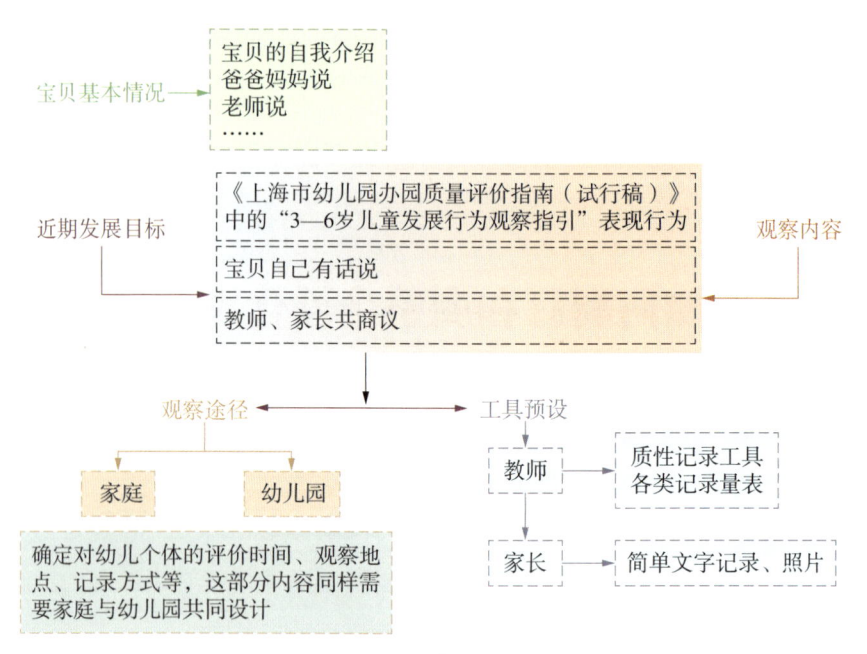

图 2-2-1　个性化观察计划的结构性框架

的观察内容，以此作为近期发展目标，在确定观察内容的过程中需要幼儿、家长、教师的共同参与和协商，且不能忽略幼儿自身的发展兴趣和需求。

（3）观察途径

是指观察、记录的渠道，不同的观察主体进行观察记录的途径也有所不同，其中教师的记录主要在学校的场景中开展，家长的观察记录围绕家庭以及其他社会环境的场景中开展。

（4）工具预设

由于观察主体的观察路径不同，观察主体的工具也会不同，教师主要是通过不同的观察方式、运用不同的观察工具来进行相应的观察与支持；家长则是运用简单的照片、视频记录的方法进行记录；对于幼儿而言，他们也能够运用自评的形式记录下自己的成长经历。

2. 制订个性化观察计划

对观察计划整体结构有了初步了解后，就可以着手制订计划了。每位幼儿的观察内容如何确定？是否有迹可循？制订观察计划的时间是统一的还是具有阶段性变化的？

对于9月刚入园的小班幼儿，一般会关注幼儿分离焦虑的情况。当幼儿第一次进入集体生活时，每个幼儿的表现是不同的，有的幼儿可能会在吃饭的时候产生情绪变化，他们会想念家里熟悉的饭菜味道，有的则会在

午睡时表现出想念家里的小床，还有的可能会在某个特定的时间点表现出自己对于家人的想念和依恋。正因每个幼儿都是不同的，所以他们的分离焦虑持续时间也会有差异，有的可能两至三周就能够结束，有的则需要一至两个月，甚至更久。

新入园的幼儿进入新环境，分离焦虑的起点是基本相同的，但由于适应能力的差异，分离焦虑的程度和结束的时间各不相同，这决定了对每位幼儿的下一份个性化观察计划的制订时间。教师通过对幼儿的观察、与家长的交流，可能会发现幼儿特别喜欢参加某类运动活动、特别喜欢交朋友、喜欢探索身边的事物等，这些新发现可能会成为下一阶段个性化观察计划的重点观察内容。

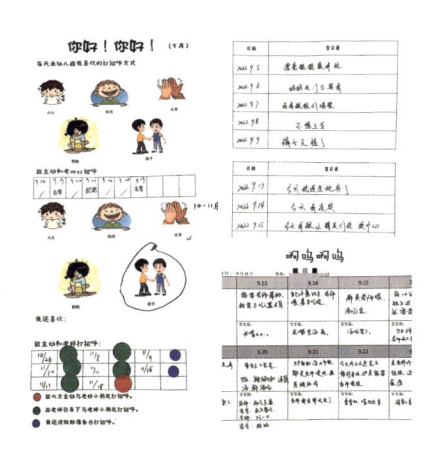

图 2-2-2　玥玥的第一份观察计划

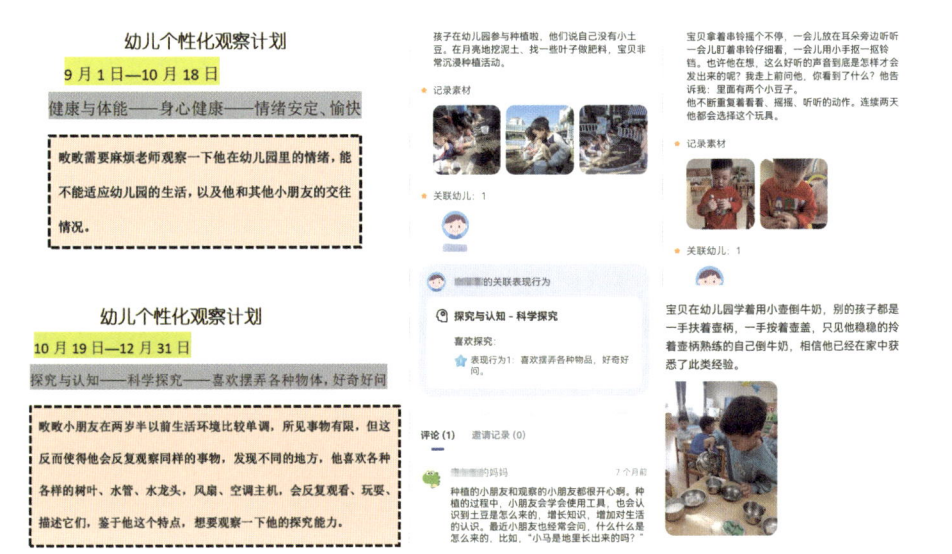

图 2-2-3　畋畋的第一份和第二份观察计划

图 2-2-2 和图 2-2-3 呈现的是两名幼儿的个性化观察计划，我们从计划中就能发现，虽然他们的观察起点都是"情绪安定、愉快"，但玥玥的观察持续时间比较长，教师通过语言、照片等多种方式记录下幼儿在幼儿园中的情绪变化情况。

案例中畋畋的"分离焦虑"期仅持续了一个半月，在第一个观察周期结束后，教师结合幼儿的发展情况以及兴趣与家长共同制订了第二份关于探究能力发展的观察计划，教师也及时捕捉了幼儿在种植活动、生活活动等不同场景下的探索行为，记录下了幼儿的成长过程。

通过对比两名幼儿的个性化观察计划，我们能够直观地发现，观察内容和观察时间会根据幼儿的发展及兴趣而产生变化，而且幼儿之间会存在差异性。

在制订个性化观察计划时我们要明确个性化观察是为了能够"看见"幼儿的成长，尊重每一个幼儿不同的成长经历，满足幼儿内在需求，积累每一位幼儿独特的成长过程，使得幼儿发展的轨迹更清晰、更立体化。

（二）调整个性化观察计划，发现每一个幼儿

幼儿在成长的过程中，其发展是动态的。教师要用动态和发展的眼光来看待幼儿的成长，通过评价了解幼儿，支持幼儿的可持续性发展。在家园共同交流之后制订的幼儿个性化观察计划，是一种预设性的计划。在真正实施对幼儿个体的观察与评价时，教师往往需要进行调整，为幼儿重新制订适合其实际发展需求的个性化观察计划。

教师需要根据实际情况对个性化观察计划进行调整。如何调整一份个性化观察计划呢？

1. 调整评价内容

比如在新学年开始的阶段，幼儿经过一年的成长，其发展情况已经达到了原计划中的观察目标，那原有的评价内容就不再合适。教师应与家长一起及时调整观察与评价的重点。

2. 调整评价方式

除了评价内容，也可能需要对评价方式作出调整，包括评价时间与评价工具。以下案例中，教师和家长根据实际情况对原有计划中的评价工具作出了调整。

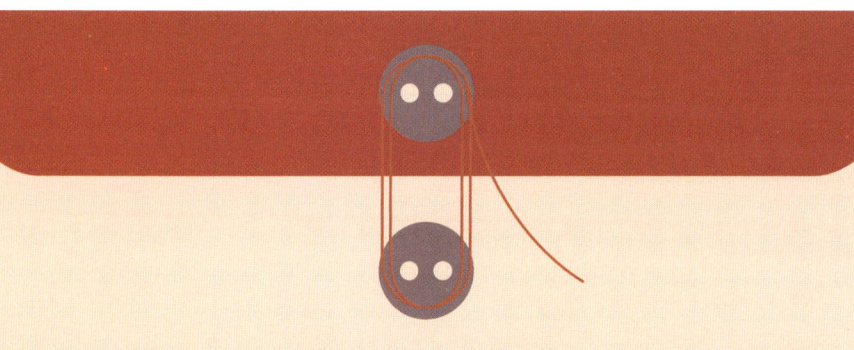

个性化观察计划的调整

开学初,我们邀请丁丁的妈妈参与访谈,共同制订丁丁的个性化观察计划。在访谈中,我们都聊到丁丁平时说话不够完整和清楚,在语言表达方面尚有发展的空间。于是,我们决定幼儿园和家庭双方共同围绕语言表达对丁丁进行观察。

丁丁妈妈还设计了一份在家庭中记录的观察表。如表2-2-1。

表2-2-1 家长自制观察表

畅聊一刻

畅聊内容的完整实录:	家长分析:

过了一个月,我们与丁丁妈妈聊起近期孩子的发展。说到之前设计的观察工具时,丁丁妈妈表示这份观察表不便于多次记录,且大段文字描述也不适合即时记录,事后可能会忘记孩子的原话。

于是我们共同调整了观察工具。用"一句话"的记录与分析方式代替了原有大段文字的完整描述，并且用表格的形式呈现，这样可以增加观察次数。调整后的观察工具如下：

表2-2-2 调整后的观察表

畅聊一刻

日期	一句话记录 （幼儿的原话）	一句话分析 （家长的分析）

案例中原定的轶事记录法由于有大量的文字实录，需要花费大量的时间，并不适合家长使用。调整后的工具更便于家长进行即时与多次记录，且能通过表格使幼儿在语言表达方面的纵向发展一目了然。这样的调整可根据幼儿园和家庭双方在评价过程中的具体情况而定，有时大段文字的描述可能不如拍摄一段视频便捷，可将视频转成二维码保存，采用影像资料的方法来进行记录。

个性化观察计划应随着幼儿的发展变化不断调整与更新。这样适时的调整才能更好地顺应幼儿个性化的发展特点。回顾观察计划目标调整的过程，也能更为清晰地看到幼儿的变化与发展。

三、如何有效整理评价证据

如果说学年开始时的评价准备是在为本学年的评价内容定下基调，绘制蓝图，那么学年结束之前的评价证据整理和衔接便是对评价活动的总结梳理，为下一学年做好衔接。这在整个学年的评价活动中也是尤为重要的一环。

学年的结束也意味着新的学年即将开始。而在新的学年中，幼儿仍在不断发展，班级教师也可能会发生变化，如调离了某位教师。面对这些变化，教师如何做好评价的衔接至关重要，以保证对幼儿的观察评价可以顺利过渡到新的学年。

幼儿发展评价的有效开展离不开评价前的计划制订，也离不开评价中的实践，更离不开评价之后对评价证据的有效整理。那评价证据到底有哪些呢？有效整理的意义又是什么？面对多样复杂的评价证据，如何才能更加高质量有效地整理呢？

（一）评价证据有哪些

评价证据是指教师在开展评价后，能证明幼儿发展情况的各类信息与载体，可以覆盖幼儿的认知、语言、情感、动作发展及社会能力等多个发展领域。而其具体形式更是丰富多样，主要包括：幼儿所画的图符作品、所录的口述音频以及教师撰写的观察记录或拍摄的幼儿照片、视频等影像资料。

这些各式各样的评价证据，有的能直接呈现幼儿当下的想法与感受，有的客观呈现了幼儿的行为表现，佐证了幼儿的成长变化，体现了幼儿发展的轨迹。评价证据既可以描述幼儿身心发展特点；又可以为家园沟通提供凭证，让家长更直观地了解幼儿的在园表现，以便更好地进行家园合作；还能让教师了解到幼儿当下的年龄发展特点、兴趣需求以及整个学期的发展轨迹，从而找到更加适合幼儿的教育教学方法，为之后幼儿的发展提供个性化的课程支持。

然而，如何在大量的评价证据中找到幼儿发展的关键性证据呢？这就需要教师对纷繁复杂的评价证据进行有效整理。

（二）整理评价证据，有哪些好方法

当意识到有效整理评价证据的重要性之后，或许有的教师会有疑问：是否可以在每个学年结束的时候，再进行所有评价证据的整理呢？其实，评价证据的整理和分析是伴随着幼儿的发展持续进行的。只有充分地了解幼儿每一步的成长过程，教师才能时刻准备为幼儿搭建适宜的"发展支架"，支持幼儿获得更好的发展。在整理评价证据时，大班幼儿也可参与其中的部分过程。这体现了幼儿在评价过程中的自主性，让幼儿更加了解自己与同伴，逐渐体会如何对自己与同伴进行客观的评价。

在收集和整理评价证据的过程中，教师可以参考以下四个小方法。

随机采集——幼儿的评价证据伴随着幼儿的一日生活，教师随时随地都可以采集评价证据。

及时整理——教师要对评价证据进行及时整理，剔除意义不大的证据，发现关键证据并保留下来。

持续跟进——评价证据的整理并不是一朝一夕就可完成的，需要教师持之以恒地跟进。

系统归纳——可按照某个主题、某个类别或某个系列将评价证据系统性地整理在一起。

教师可根据收集到的评价证据灵活安排整理的进度。为了让评价证据的整理更具操作性，教师也可根据时间阶段来进行整理。

1. 每日归类，初步梳理评价证据

评价浸润在幼儿园一日生活中的点点滴滴，幼儿的生活、运动、游戏、学习等方方面面皆有可能产生评价证据，因而每天都会出现一定量的评价证据。

以幼儿园开展的幼儿"游戏手记"为例，幼儿每天在游戏之后，通过画画的形式描述自己在游戏中的体验，包括：游戏时的心情、游戏时和谁在一起玩了什么、游戏中遇到了什么困难、需要什么帮助等。教师从幼儿的"游戏手记"

中能发现大量的信息，提取出相关的评价证据，如幼儿与同伴交往的能力、游戏的自主性、语言表达能力、解决问题的能力等。以下案例就以户外游戏中的游戏手记为例，具体描述如何对评价证据进行初步梳理。

马戏团里的杂技演员

本周户外游戏的场地从小草坪换到大草坪，吊环区域引起了很多幼儿的兴趣。霖霖爬上吊环架，脚下踩着绳子，对同伴说："你们看，我在走钢丝。"这时，安琪说："你是杂技演员吗？"其他幼儿听到后，纷纷说："我也要当杂技演员。"于是小小杂技演员开始了他们的表演，有的走钢丝，有的拉吊环，还有的抓住悬重盘转圈圈。

图 2-3-1　小小杂技演员

架子上一共有三个悬重盘，"杂技演员们"可以踩着铁架抓住第一个悬重盘表演转圈圈，可是却无法够到另外两个。霖霖面对第三个悬重盘犯了难，她即使跳起来也抓不到悬重盘。

在游戏分享环节，霖霖分享了自己当杂技演员的经历，然后向大家提问："第三个转圈圈的架子太高了，我够不到该怎么办呢？"很多幼儿只是表示可以尝试用力跳一跳，但并没有真正解决霖霖的问题。

自由活动时，教师像往常一样整理幼儿的游戏手记，看到雪儿画了三个悬重盘和若干方块。教师找来雪儿，问她这是什么意思。雪儿说她想在悬重盘下面垫砖头，这样就可以踩在砖头上够到悬重盘了。

教师鼓励雪儿可以把这个办法告诉霖霖。第二天，霖霖用了雪儿的办法，垫上砖头，顺利抓到了悬重盘。

图 2-3-2 雪儿的好办法

案例中的雪儿不太善于在集体面前表达自己的想法，却把自己的想法画在了"游戏手记"中。通过对"手记"的解读，教师发现了雪儿在解决问题方面很有自己的想法。试想一下，如果幼儿在画完"游戏手记"后，教师未及时对"手记"的内容进行记录与整理，那么这张图符会因为其较难理解而容易被忽视以致丢失。因此，对于这类评价证据，应做好每日整理才能真正体现评价的有效性。

对于这类证据的整理，可以这样做：当幼儿画好图符之后，向教师口述图符所表示的意思，教师可用录音笔记录，也可在图符上用文字记录，或用手机应用软件即时将幼儿的语音转化为文字，后续上传至电脑以文档的形式保存。幼儿自己在图符上标好日期并记录下自己的学号或者姓名，然后再将其放置到相应的环境区域中。

除了类似于"游戏手记"这样的图符，平时教师还会收集到大量的照片和视频。这类评价证据只是开展评价的第一步，及时地进行整理、归纳和分析才能发挥其有效性，成为教师之后支持幼儿的重要依据。因此，每日工作结束后教师可以将当天所拍摄的照片和视频归入分门别类的文件夹中，还可将视频类证据以二维码的形式保存，方便之后插入电子文档中。至于文件夹如何分类，既可以按照幼儿的学号建立不同的文件夹，也可以根据幼儿的活动类别建立不同的文件夹，从而更便捷地进行保存和调取。

此外，幼儿会在各类活动中留下很多记录与作品，比如幼儿在自然角的观察记录、在问题墙中留下的问题图符等。教师应做个"有心人"，将这些幼儿的记录或作品做好标记，记录好幼儿的学号、日期并用简单的文字描述后保存至幼儿的成长档案中。

2. 每周解读，用评价证据引发对话

当大量的评价证据经历每天的采集和分类后，教师每周定期对这些证据进行解读和分析也是不可缺少的。通过对评价证据的解读，教师才能更加深入地了解幼儿当下的身心发展特点以及兴趣爱好需求，进而引发师幼之间或生生之间的"对话"，为幼儿的成长提供更适宜的支持。

当然，每周解读评价证据也能成为教师与家长反馈幼儿在园表现的凭证，从而提高家园沟通的质量和效率，提高家园之间"对话"的质量。除了通过观察记录的方式来了解幼儿，一周之内对幼儿连续的记录内容也能很好地展现幼儿的想法，从而帮助教师提供更加有针对性和专业性的支持。以下的案例"爱上吃饭的乐乐"就可以让我们感受到每周解读评价证据的重要性。

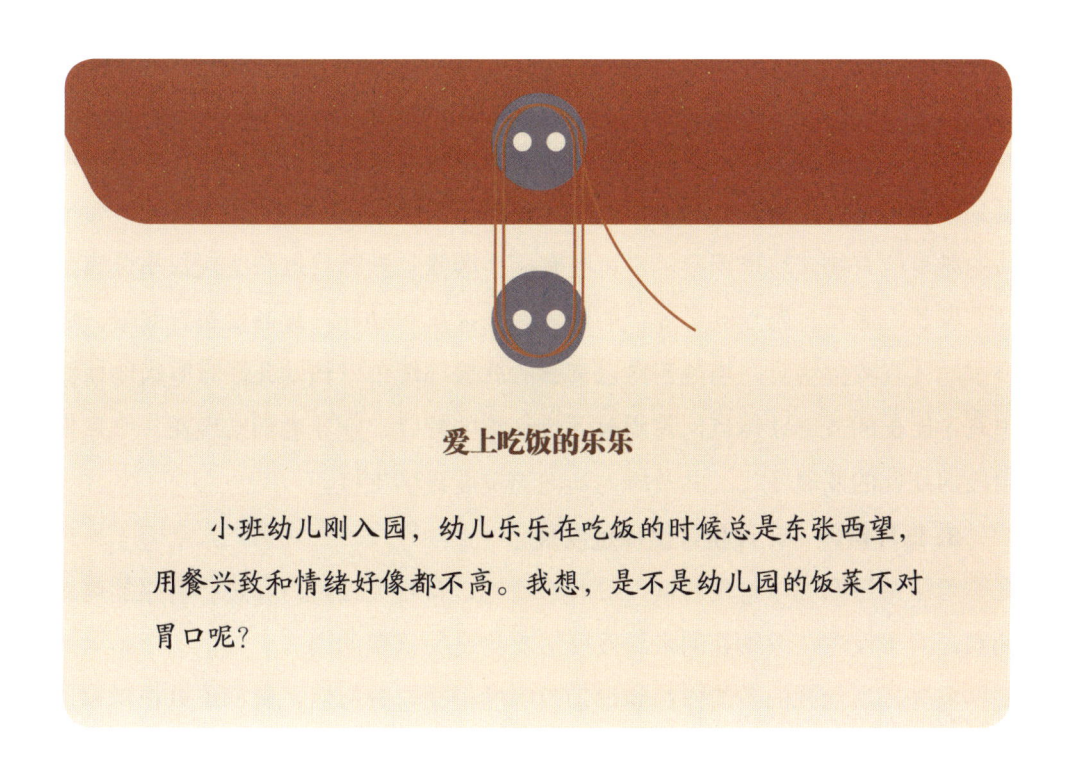

爱上吃饭的乐乐

小班幼儿刚入园，幼儿乐乐在吃饭的时候总是东张西望，用餐兴致和情绪好像都不高。我想，是不是幼儿园的饭菜不对胃口呢？

每周五，我们都会整理幼儿一周所画的心情图符。我发现有一天乐乐画了自己吃饭很开心。我问乐乐什么事这么开心，这才知道那天乐乐通过自选餐桌，和自己的好朋友坐在一起吃饭，所以很开心。

原来，乐乐会因为同伴而影响吃饭的情绪，看来今后可以多营造轻松、自由的用餐环境，来提升小班刚入园幼儿在用餐时的积极情绪。

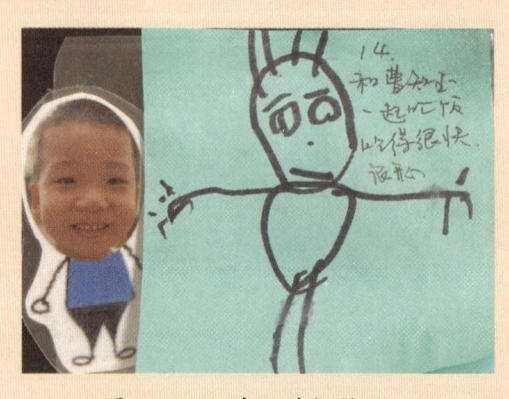

图 2-3-3　今天吃饭很开心

通过这个案例，可以看到影响幼儿用餐的因素其实是很多样的，不仅可能受到食物种类的影响，同时还可能会受到当下情绪的影响。而左右幼儿进餐情绪的既可能有物理环境因素，也可能有同伴因素。教师将这个案例故事分享给幼儿家长，家长也感受到了评价的魅力，在家里和幼儿一起商量布置餐桌，更换了幼儿喜欢的餐具。当处于自己喜欢的就餐环境中，该幼儿在家吃饭的情绪也有了明显的改善。可见，每周对评价证据的解读，能让教师发现在一个短期阶段内幼儿的发展变化，并及时为幼儿的发展提供支持。

3. 每月整理，让评价证据印证发展

除了每日归类与每周解读，每月月底对该月相关评价内容进行有序的整理归档，对于及时获悉幼儿的最新发展情况也是很重要的。

首先，当幼儿的各类作品经过了教师的记录与分析后，教师可以在月末进

行分类整理，并直接放入幼儿的成长档案中。可将幼儿作品按照时间顺序来呈现，这样能展现出幼儿纵向的发展情况。

其次，对于照片、视频等影像资料，在前期分门别类整理之后，教师可在月末有选择性地将某些有价值的评价证据插入电子文档中，并加上对幼儿行为的简单分析，打印后归入幼儿的成长档案中。

在一个月的时间内，教师能观察到很多幼儿发展的小故事。有的是幼儿经历了一次成功或失败的故事，有的是幼儿与同伴之间产生摩擦并解决的故事，还有的是幼儿与教师之间互动的故事。这些形形色色的故事是幼儿发展的真实证据，简单的文字描述可能无法呈现。教师可将这些故事先用基础的文字记录下来，再结合照片形成一篇教师观察故事。观察故事中除了事情发生的过程，还包括教师的分析与后续支持。一个教师观察故事可能针对的是一项评价内容，也可能针对多项评价内容；可能表达的是一个完整的幼儿发展故事，也可能是多个连续的幼儿发展故事。每月，教师可将本月撰写的教师观察故事进行整理，分别归入不同幼儿的成长档案中。

以下案例呈现了一位教师在班级中创设了供小班幼儿记录情绪的环境，并在不断地收集与整理幼儿记录的过程中，形成相应的评价证据，对幼儿的社会性发展作出评价。

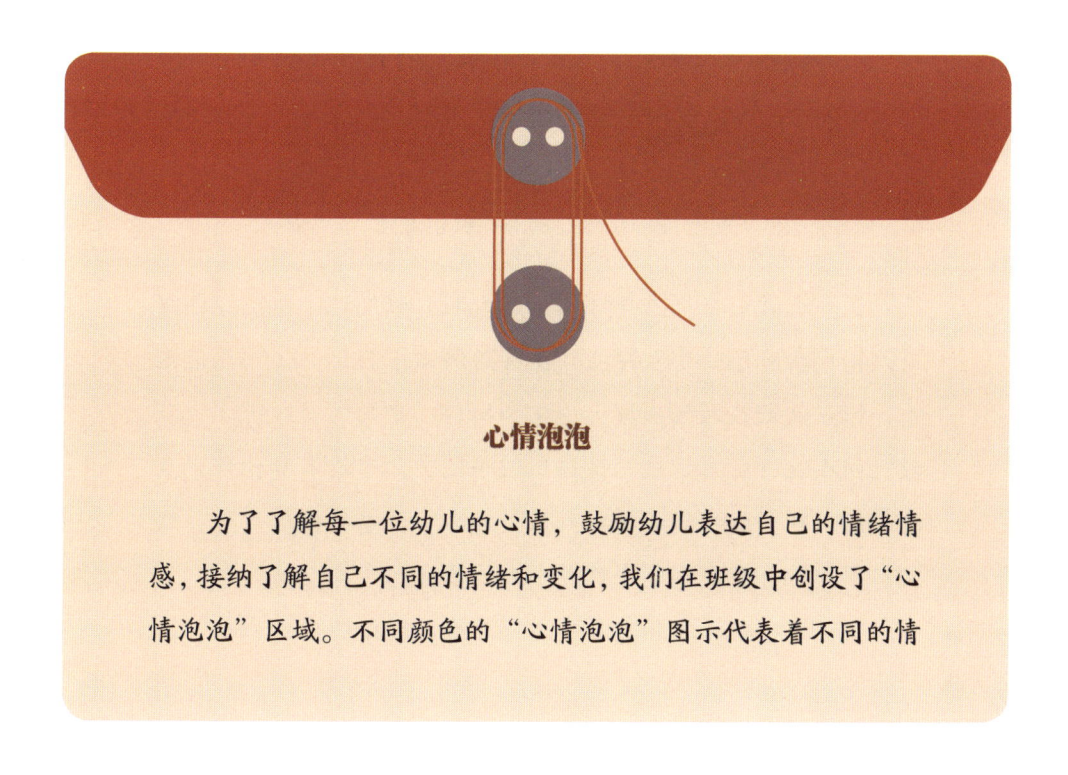

心情泡泡

为了了解每一位幼儿的心情，鼓励幼儿表达自己的情绪情感，接纳了解自己不同的情绪和变化，我们在班级中创设了"心情泡泡"区域。不同颜色的"心情泡泡"图示代表着不同的情绪感受，每位幼儿都能在一日活动中的任意时间，将代表自己的"小人"贴到自己感受到的不同"心情泡泡"图示上。

每天，我们都会拍照记录幼儿当日的心情。每周五我们会汇总幼儿连续五天的心情情况，看看幼儿本周的心情是否稳定。每个月的月末，我们会把幼儿本月的心情情况以记录表的形式，归入成长档案中。其中会有照片记录幼儿在这段时间有代表性的、较频繁的心情泡泡，还有图幅记录，为后续进行个性化的支持提供依据。

图 2-3-4 连续五天"红色泡泡"

有一次我们在周五整理心情泡泡照片时发现小魏已经连续五天把代表自己的小人贴在"生气"的心情图示——红色泡泡上，但据我们在园的观察，小魏和同伴、老师的交往很少，多数时间在进行独自游戏，情绪比较平稳，几乎没有和伙伴产生过矛盾。那小魏生气的原因到底是什么？带着这样的思考，我们在下周一重点观察了小魏贴小人的情况。

周一，小魏一来园，就拿着画笔在涂鸦纸上涂涂画画，没

有和同伴产生交集，几分钟后他走到"心情泡泡"区域，把小人贴在了红色泡泡上。我上前询问："小魏，你为什么贴在红色泡泡上呢？"小魏沉默了一会儿说："因为我很生气气！"我继续问："为什么你很生气呢？"小魏慢慢叙述了他生气的原因：原来每天放学他会去小区花园里玩耍，但最近一直有一个小朋友抢他的玩具，他每次想到这件事都很生气。

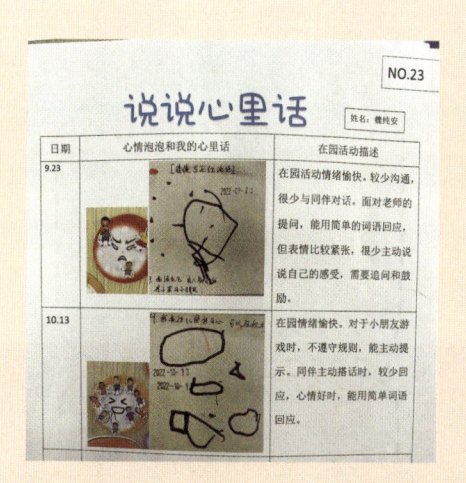

图 2-3-5　幼儿心情与活动描述

发现了小魏生气的原因后，我们在园内和幼儿展开讨论，说说"面对同伴不友好的行为，我们可以怎么做"，鼓励幼儿鼓起勇气主动表达自己的想法，在自己无法解决问题时，大胆向成人求助。除此之外，我们还及时联系了小魏的家长，家长也惊讶地表示"自己从来不知道这件事情，之后会密切观察的"。果然没几天，小魏就把小人贴到了表示"开心"的黄色泡泡上，小魏说："我和那个小朋友说了不可以抢玩具，不然我要告诉爸爸，他就不欺负我了，我很开心。"

在以上案例中可以看到教师每天都及时地汇总幼儿当日的心情，并且会持续收集一周乃至一个月的幼儿心情情况，再系统性地分析本周或本月幼儿的情绪是否平稳，影响幼儿情绪的事件与因素有哪些。持续收集证据可以使评价更为全面，而不仅仅局限于一次或几次的观察。这样的系统分析为教师后续支持幼儿提供了依据。

4. 每学年总结，规整评价证据

评价证据的整理是贯穿在整个学年中的，每天、每周、每月、每学年的四种整理方式也是互相交融的。前期的耐心整理为最后的学年证据存档做出了重要的铺垫。首先，教师可在学年结束时检查有没有遗漏的评价证据，对某些幼儿的评价证据进行补充；其次，可综合幼儿的评价证据，围绕幼儿近阶段的发展形成评价小结。评价小结的内容是教师根据幼儿一学年的成长轨迹所做出的梳理，可以让家长和教师对于该幼儿的发展有较为直观的了解。以下是一份小班幼儿的学年末评价小结，从中可以看到评价小结的基本形式与内容。

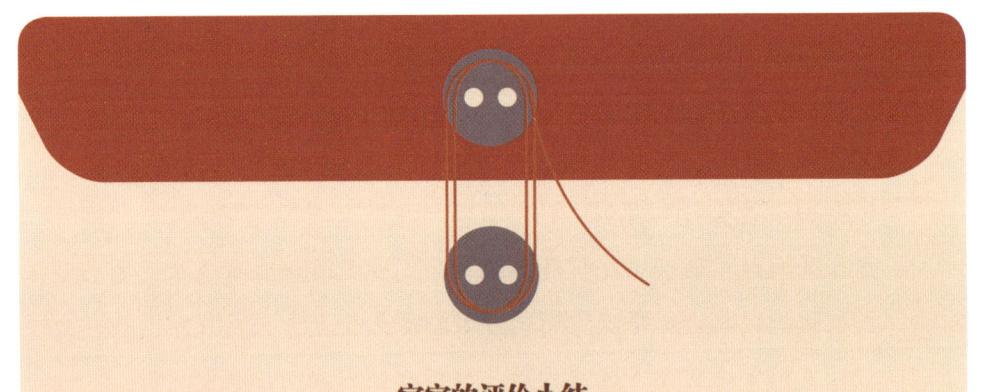

宸宸的评价小结

观察时间：2020年9月—2021年6月

情况综述

宸宸在小班一学年的生活中，适应情况良好。他热爱运动，喜欢探究，在幼儿园愉快健康地成长。

具体表现

1. 宸宸在来园后能在两周内适应幼儿园的生活，在幼儿园这个新环境中情绪能较快趋于稳定，睡眠、饮食基本不受影响。另外，他手部的动作比较灵活协调，在艺术活动中，能用大拇指、食指和中指抓笔涂涂画画，也能比较灵活地串珠子。他还对运动感兴趣，在鼓励下，能尝试用自己喜欢的运动器械和材料进行游戏。

2. 宸宸不仅倾听习惯良好，而且具有基本的生活自理能力和良好的生活与卫生习惯，能够很好地遵守基本的行为规范。在群体中能有意识地听与自己有关的信息。在帮助下能穿脱衣服，在日常活动中能遵守幼儿园盥洗、午餐、饮水等活动秩序，人多时会等待。

3. 宸宸具有自尊、自信、自主的表现。不仅乐意接受和承担一些小任务，还能在值日生自评中，了解自己的优点或长处，并为此感到满意。在平时的生活活动中，宸宸自己的事情尽量自己做，不轻易依赖别人。

4. 在亲子活动中，宸宸的作品体现出他能仔细观察自己感兴趣的事物，并发现其明显特征。在班级活动中，我们发现宸宸能体验和发现生活中很多时候会涉及数的概念，也能感知和发现生活中物体的形状是多种多样的，对不同的形状感兴趣。在艺术活动中能看出宸宸具有初步的对艺术活动的表现兴趣，他非常喜欢涂画、粘贴等活动。

发展建议

1. 持续关注宸宸在探究与认知方面的发展情况，引导宸宸感知和探究周围的事物。

2. 进一步推进宸宸在语言与交流以及美感与表现方面的发展，联合家长，家园共同关注。在园中鼓励宸宸和同伴互动，多听多表达，同时尝试进行更多涂涂画画的活动。建议家长多带宸宸外出活动，不仅增加宸宸与他人沟通交流的机会，也增进宸宸对自然界美感的体验。

在以上幼儿的评价小结中，教师把在一学年中观察到的幼儿行为表现，以小结的形式进行综合整理，并且在最后附上了对幼儿的发展建议。通过评价小结，能较清晰地看到每一个幼儿的发展特点，这有利于对幼儿开展后续的观察与支持。同时，评价小结还能为下学期的个性化观察计划调整提供依据，契合幼儿的发展需要。

四、如何持续评价

评价对于幼儿三年的在园生活来说是一个持续性的过程。在这个持续性的过程中，可能会产生一些小插曲，比如在新的学年里班级教师更换了。想要减少教师更换对持续开展评价产生的影响，就需要教师之间进行有效的交接。有效的交接能让新调任的教师快速了解班级幼儿特点与评价活动的进展，从而在不同教师之间搭建起持续评价的桥梁。

（一）了解班级评价活动

当原班教师向接班教师介绍交接班级评价活动时，可以讲述自己班级的评价故事。首先可以介绍具有班级特色的评价活动。作为接班教师，当听到原班教师介绍班级中如"水池大改造""一起种地吧"等有趣的评价活动时，也许会对班级的评价工作产生好奇，或许还会有所启发，从而对新学年的评价活动产生新的思路。

除了具有班级特色的评价活动之外，评价中的"常规活动"也是需要原班教师详细介绍的。原班教师可以介绍这一学年中班级有哪些预设的评价活动，其中已经完成的活动有哪些，还在进行中的活动有哪些，以及计划下学年推进的活动又有哪些。这可以让接班教师大致了解班级评价活动的进展，也为新学年评价工作的开展提供了参考和借鉴的经验。

接班教师需要注意除了需要了解班级评价活动的内容，还应了解有效与便捷的评价方法和工具。如果把已经开展过的评价活动内容比作"鱼"，而有效的评价方法更像是"渔"，是日后开展评价的"有力法宝"。

(二) 聊聊成长档案进度

成长档案是幼儿在园三年的活动集锦，在内容上既要有阶段性，又要体现出衔接性和整体性。因此，原班教师还需和接班教师聊聊幼儿成长档案的进度。双方教师尤其要关注到正在收集过程中的评价证据，只有彼此对于这项评价证据有了清晰的了解，才能实现评价的有效衔接。例如，班级正在开展"闪亮的我"评价活动，教师会收集幼儿的"哇"时刻内容，这项评价证据的收集是可以贯穿幼儿三年在园生活的。接班教师可以了解不同幼儿的成长档案中有哪些评价证据，为后续开展更全面的幼儿评价奠定基础。

(三) 谈谈幼儿发展特点

评价展现了幼儿每一步、每一阶段的发展过程，像定格影像一样让幼儿的在园生活留下了一张张别样的剪影，从而让原班教师对于幼儿的描述更加有迹可循、直观生动。因此结合评价内容来向接班教师介绍幼儿的发展特点成为了一种不可或缺的有效交接方式。

为了把班级幼儿的共性发展特点悉数介绍给接班教师，采用一定的方法和技巧也是必不可少的。原班教师可以结合幼儿在**运动**、**游戏**、**生活**、**学习**这四个方面的发展特点来展开介绍，如：接班教师通过生活中的评价了解幼儿在吃饭、穿脱叠衣及午睡等方面的生活习惯；通过游戏中的评价了解幼儿在游戏中的兴趣以及同伴交往的情况；通过学习中的评价了解幼儿的学习习惯与学习品质；通过运动中的评价了解幼儿的运动技能发展、运动兴趣与运动品质。当接班教师了解到班级幼儿的共性发展特点后，才能更好地制订新学年班级的评价计划，继而开展评价。

除了班级幼儿的共性发展特点，了解幼儿的个性化发展特点也很重要。每一位幼儿都带着独一无二的色彩，只有充分了解每一个幼儿个性化的特点，才能为每位幼儿绘制出属于他们自己的评价篇章。班级中有如此多的幼儿，原班教师在向接班教师描述幼儿的个性化特点时，可以邀请幼儿加入。

接班教师可以和幼儿一起聊天，从中初步了解不同幼儿的个性特点。如向幼儿提问：你最喜欢幼儿园的什么地方？你最喜欢做什么事？还可以组织一场"圆桌谈话"，邀请一组幼儿与原班教师和接班教师坐在一起，一边翻看幼儿的成长档案一边聊天，听一听幼儿对成长档案中故事的感受。倾听幼儿的想法

之后，去体会幼儿理解周围世界的方式。这样接班教师对于每一位幼儿的了解会更立体、更生动。以下案例中，幼儿主动向接班教师展示作品、介绍自己的爱好以及性格特点，从而让"新老师"更加顺利地融入这个班级中。

欢迎新老师

学期即将结束，中二班的张老师即将休产假，王老师将接手她的班级。为了更好地了解班级，王老师来到中二班与孩子们见面。孩子们像小导游一样，带着王老师了解班级的点点滴滴。

涵涵向王老师展示了他们画的游戏故事，他介绍说："我画的是我养的小猪，现在它长大了，都抱不动了。"小宇接着介绍了自己的游戏故事："我画的是开冰激凌店，好多小朋友都喜欢吃冰激凌！"

宸宸向王老师展示了班级的值日生记录，他说："我负责照顾植物，它们长得真好看！"

菲菲拿出了自己的成长档案袋，向王老师展示了自己的自画像，自豪地说："我觉得我梳两个小辫子最好看！"

听完孩子们的介绍后，班级幼儿们的形象便生动地呈现在了面前，王老师迫不及待地想要去了解他们。王老师还感到十分高兴，为自己没有错过幼儿的成长而高兴，为自己始终陪伴在幼儿身边而高兴。

从该案例中可以看到通过与中二班幼儿短暂的见面，接班教师初步了解了班级曾经开展过的活动，幼儿形象也鲜活地呈现在教师面前。这对接班教师开展下一学年的评价活动奠定了良好的基础。教师在接手新班级之前与原班教师和幼儿进行互动，可以直观感受班级幼儿的性格特点、喜好等发展信息，从而更好地制订下学年的评价计划，确保班级评价活动的连续性和稳定性。

从一学年的时间跨度来看，每学年的开始与结束是评价工作中较为特殊的两个阶段。教师在学年的始末要分别做好评价工作的计划准备与梳理小结，这样才能对每一学年的评价工作顺利衔接起到有效的作用，也能为学年中的每一次评价活动搭好框架，打好基础。

第三章

评价的过程

当教师每一次沉浸于幼儿的世界，全身心地关注他的行为、语言、动作、情绪时，教师常常能听到幼儿表现出主体能动性的对话，感受到幼儿对世界的好奇、认知和探索的过程，体会到他们正在运用自己的方法跨越边界和构建经验。

而这一切需要教师在日复一日地与幼儿相处的过程中沉下心来观察。不仅在一次评价前做好观察准备，更要将观察评价作为伴随我们工作的习惯。不仅在一次活动中观察，更要在不同的幼儿生活生长的环境之间建立连接。

一、评价前

教师与幼儿每天生活在一起，观察已成为伴随工作的习惯状态，很难将"观察"从一日工作中剥离出来形成一件特殊的事件，也很难将"评价"从幼儿的活动中割裂出来形成一个概括的描述。

然而从实践逻辑的角度出发，观察评价是教师带着意识、有意为之的行为。评价前要做好哪些认知准备？进行哪些角色定义？形成怎样的深入理解？

（一）做好观察准备

观察是评价的第一步，观察等于看吗？

看，是指视线接触人或事物；观察，则是指有目的、有计划的知觉活动，是知觉的一种高级形式。观，指看、听等感知行为，察即分析思考，观察不止是视觉，而是以视觉为主，融其他感觉为一体的综合感知，而且观察包含着积极的思维活动，因此称之为知觉的高级形式。

观察是有目的、有计划的，因此在观察前是要做准备的。教师在开展观察之前要做好哪些准备？将带着怎样的目的去观察？如何根据观察的内容选择适合的观察方式和工具？……这些都是需要提前思考的。

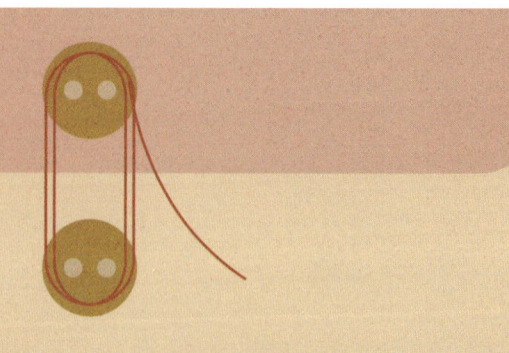

从"当警察"到"搭房车"

乐乐是一个活泼的男孩子，他最喜欢玩的游戏就是"当警察"。每次游戏他都会为自己配备一辆"警车"，然后神气地开始到处巡逻，威风凛凛。"警察"已然成为了乐乐的另一个身份。可能因为乐乐的爸爸是警察，所以他对这个工作充满了兴趣和经验，才会一直玩。警察游戏持续了近半年。

而今天，乐乐告诉我："老师，我今天要搭房车。"是什么让乐乐改变了固有的兴趣？可能他的爸爸妈妈周末带他去体验房车露营了，那他现在的情况大概是怎样的呢？于是，我决定对乐乐进行观察，了解他在开展房车游戏的过程中和同伴的交往情况、已有的生活经验、材料的替代行为、解决问题的能力等。

同时，为了更好地进行记录并便于回顾，我设计了观察记录表，并在"房车基地"外架设了运动摄像机……

在以上案例中，教师发现乐乐改变了长期以来的游戏主题，对新主题他究竟怎么玩？能玩到什么程度呢？基于种种思考，教师决定对乐乐进行连续性的观察。

一日活动中，我们决定观察一名或一组幼儿的行为表现，首先要问自己为什么要观察。当幼儿遇到了困难，我们好奇他会如何解决；当幼儿的行为举止和以往产生了较显著的变化，我们会好奇是什么导致了变化；当幼儿产生了天马行空的行为，我们会好奇他将如何实现……这都需要通过观察来了解，也是观察的真正目的。观察并不是为了评判幼儿寻找依据，而是让教师在了解幼儿的表现行为后产生思考，分析幼儿行为背后的原因，思考如何走近他，并更好地提供支持。

以下案例也体现了教师是如何思考并走近幼儿的。

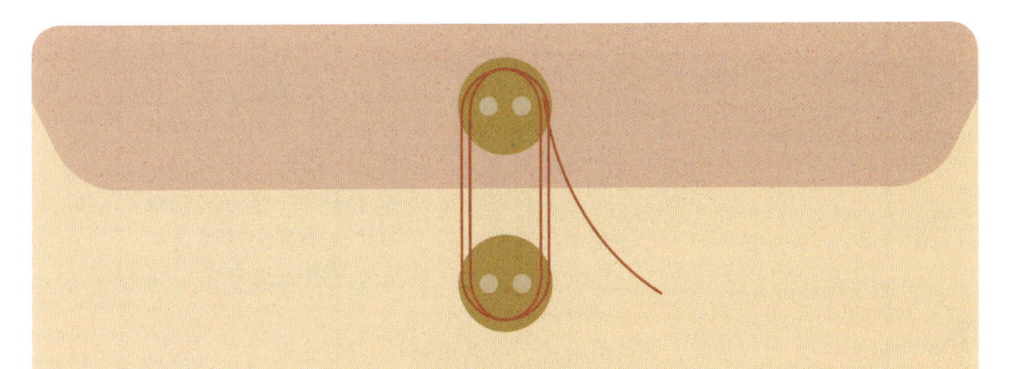

种植区的收获

班级中，幼儿们对劳动的兴趣日渐浓厚，除了自我服务之外，为他人服务的愿望也十分强烈。幼儿劳动的过程也是观察评价的契机。我决定观察幼儿在劳动过程中是如何发现问题、解决问题的，于是我提前设计了一份观察记录工具。

早上来园的时候，小凤、闻闻和可可来到种植区。于是，我跟在他们身后，进行了观察记录。

兴趣	
幼儿对什么感兴趣？	浇水。
幼儿产生兴趣的时候，教师看到了哪些外显行为？	1. 一来园就冲到种植区。 2. 脸上都带着笑容。
操作	
幼儿在尝试解决什么问题？	问题一：喷壶盖不上盖子。 问题二：一盆小植物打蔫儿了怎么办？
幼儿解决问题的时候，教师看到了哪些外显行为？	问题一 可可：很用力地想把喷嘴拧上去未果，即便不合适，仍旧在继续做"拧"的动作。

(续表)

	操作
	小凤：观察可可的动作，关注瓶子里的情况，发现问题。从窗台上拿了一个单独的喷嘴给可可，让他换一个试试。 闻闻：找到一个和可可手里一模一样的喷壶，把喷嘴拆下，和其他闲置的喷嘴进行比对后，挑了一个相同大小的给可可。 问题二 闻闻：用手试图把幼苗扶起来。 小凤：取了一些干的土过来堆在幼苗根部。 闻闻：把花盆移动到了有太阳的地方。

	表达
幼儿对哪些问题产生了思考？	思考一：为什么喷壶的盖子盖不上？ 思考二：幼苗为什么会打蔫儿了？
幼儿表达想法的时候，教师看到哪些外显行为？	思考一 小凤发现可可拧不上去的原因后，对他说："你里面的管子太长了，塞不下的。"随即直接把一旁另外一个喷嘴直接递给了可可，"你试试这个。" 可可尝试后说："也不行。" 闻闻说："这个和它一样大的，可以用。" 思考二 发现幼苗打蔫儿后，可可说："它死了！" 闻闻说："还没有！"他用手指戳了戳泥土，"水浇太多了！""那怎么办？"可可有点着急。 "要不要再加点干的土？"小凤一边说一边跑去取了一些干土，小心翼翼地放到幼苗周围。 "要把它放到太阳下面晒干！"闻闻抱着花盆走到了能晒到太阳的地方放下，"不能再浇水了，每天只能浇一次。"

1. 工具设计要以理解幼儿的行为为目的

为了让教师的记录更有针对性，观察前需确定想要观察的内容：幼儿的兴趣点是什么？做了些什么？说了什么？并且在关注幼儿兴趣点和解决问题的同时重点罗列幼儿的外显行为。有针对性地记录，让观察更为聚焦，围绕想了解的内容，有助于教师在回顾的时候更理解幼儿。这里值得注意的是：不能为了设计一份能记录的工具而设计工具，工具的目的是帮助教师了解幼儿行为背后的原因，记录的同时需要呈现观察者的当下思考。

2. 设备准备要以能捕捉幼儿关键行为为出发点

教师需要根据所观察的内容选择适合的方式进行记录。

摄像机：能够完整地记录幼儿游戏的实况，包括动作、语言、表情等。在观察的过程中，教师可能受到一些干扰，或要处理一些突发情况，如：有幼儿寻求帮助，其他幼儿发生了矛盾等。缺失的观察就能够通过视频补充完整。同时，在回看的过程中，教师也可能会发现当场没有注意到的表情、动作等，从而完善自己的观察记录，便于更好地解读幼儿。

录音笔：当教师通过交流倾听幼儿的真实想法时，记录的速度远远赶不上交流的速度，此时通过录音笔就能真实、完整地记录幼儿内心的想法和需求。事后，教师可以通过回听来解读、分析幼儿。

图示：简单的图示，有时候比文字更能够直观呈现幼儿的行为表现。如：在运动中，通过图示可以呈现幼儿的区域移动轨迹；在集体教学活动中，用记"正"字和表情图示可以呈现幼儿在学习活动中的兴趣程度、互动次数等。

总之，评价工具的选择应基于观察的内容，合适的观察工具能够帮助教师采集到所需的证据，更客观、全面地呈现幼儿的表现行为，教师因此能更好地解读、分析幼儿。

（二）解读评价内容

在日常观察中教师常常会结合评价内容观察幼儿的行为，将幼儿年龄段与《上海市幼儿园办园质量评价指南（试行稿）》中"3—6岁儿童发展行为观察指引"板块的表现行为相对应，将幼儿行为与具体的评价内容进行匹配。解读评价内容是观察评价的重要一环，此处的"解读"不仅包括正确理解评价内容的具体描述，更要在对其"全盘皆知"的基础上理解幼儿成长的意义。

运动时，琛琛懒洋洋地趴在软垫上两至三分钟。他说："晒太阳好舒服。"

瑶瑶看见了，催他："你快点下去呀。"琛琛没有下来反而招手示意瑶瑶一起趴在软垫上。两个人嘀咕了一会儿，哈哈哈地笑了。

图 3-1-1　画影子

运动过后，琛琛在运动体验本上画了自己在软垫上时看到的东西：影子。他做了各种各样不同的记录。我发现孩子们对影子很感兴趣，他们能用自己的方法记录感兴趣的事。

教师在进行有目的的观察评价前，通常会先确定观察的重点然后实施观察。但幼儿的行为变化迅速，内容丰富，教师经常会观察到之前没有预设的观察重点。如果教师仅仅是迅速判断这个行为所对应的"3—6岁儿童发展行为观察指引"中的领域、年龄，则容易失去对幼儿成长经历的另一种理解。上述"画影子"的故事中教师只关注到了幼儿对于影子的探索，但事实上，这段故事中幼儿的表现行为不止于此，还可以看到幼儿对探究的兴趣；乐于动手、动脑探索未知事物的意识；经过许多次探索，并尝试了不同的手势，记录了自己的影子变化，用一定的方法探究周围感兴趣的事物与现象的能力；以及能用图画或其他符号记录自己的探究过程和结果的能力。

教师怎样才能知悉关于幼儿发展更全面的信息呢？首先要在评价前对评价内容进行阅读与理解，充分理解《上海市幼儿园办园质量评价指南（试行稿）》中各领域与各子领域的大致内容，对幼儿成长的方方面面有大概的画像。在看到幼儿行为后，判断该行为涉及到哪些领域，在评价实践中将不同要点结合在一起，进行整体与连贯的判断解读，而非孤立地评估单一要点。

以下实践案例也许能带来启示。

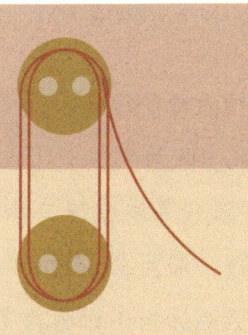

拼搭小人

中班"身体的秘密"主题活动开展过程中，幼儿使用锤子固定钉子与图形片，将不同形状的图形片拼接成为一个小人。悦悦第一次在这个区域玩。

悦悦左手拿着小钉子，右手拿着小锤子开始了活动。第一次敲钉子时，悦悦先选择用一个圆片当成小人的脑袋。她看了看钉子说："咦？"原来是钉子歪了。

悦悦先尝试用手拔了一下钉子，但钉子纹丝不动。

悦悦又开始手指捏住钉子的顶部往外拉，还是没有拉出来。

悦悦看了看四周，用小锤子的顶部想要把钉子撬出来，可总是对不准钉子。

经过了几次尝试和努力，悦悦有点着急了，可能想要放弃拔出这个钉子，她转而先钉了其他图形片。

在固定完小人的脖子后，悦悦仍然对头部的钉子位置有点不满意，但是她找不到把钉子拔出来的方法，最后这个"顽固"的钉子留在了钉板上。

十五分钟后，悦悦将小人的大部分轮廓都拼搭完成了。悦悦的小人也渐渐有了自己的样子……

教师的观察解读

我发现当悦悦遇到拔不出钉子的困难时，她通过多种思考来尝试解决问题：先尝试用手拔、再用小锤顶端撬、再换个图形拼接身体等，这体现出她独特的思考与判断能力，悦悦愿意尝试有一定难度的活动和任务，呈现了探究与认知领域表现行为3（"3—6岁儿童发展行为观察指引"中的内容）的描述。结合表现行为5，悦悦虽然尝试了多种拔钉子的方法都未成功，但她并未轻易气馁，而是在完成其他部分的拼搭后再回过头来思考这个问题，遇到困难不轻易放弃。她在努力拔钉子无果后并没有设法求助，也许仍然想通过自己的努力解决问题。

除此之外，她让我看到"取钉子"行为之外的较强的思考判断能力、耐心和毅力。虽然钉子没有取出来，但我看到了她的尝试和努力，探索的意向、能力和发现周围事物联系的能力。

通过案例，我们发现教师对于幼儿行为的解读需要建立在对评价内容的全面、细致的理解基础上。那么教师应该如何解读具体的评价内容呢？有没有什么好方法来帮助我们理解评价内容呢？

1. 解读表现行为需要横向对比

在解读过程中不仅需要纵向理解每个表现行为的具体要点，也需要横向比较不同表现行为之间的差异。通过横向比较不同表现行为，教师可以清晰地了解每个表现行为所表达的具体要点与特征，也可以识别出相邻表现行为之间的差异所在。这有助于教师构建出表现行为的连贯发展框架，理解评价内容的整体范围与要点。如果教师仅进行纵向解读，容易对每个表现行为的要点产生割裂的理解，而忽略其在评价整体范围内的位置与作用。这会使教师难以在后续的评价实践中，根据观察到的幼儿表现准确判断其所对应的表现行为，影响评价的连贯性与准确性。

如果教师在解读评价内容前，能够兼顾横向与纵向两个方向，那么在理解每个表现行为要点的同时，便可以清晰掌握其与其他内容的差异，理解其在整个评价范围内的位置与作用，构建起全面、准确的评价内容框架，为观察与判断提供清晰连贯的参照系。如案例"拼搭小人"中在评价悦悦遇到困难的态度时，教师横向比较并清晰掌握表现行为之间的差异，根据幼儿的具体行为进行分析，这有利于提高评价的准确性。

2. 解读表现行为需要综合关注评价内容所涉及的多个领域

在解读评价内容时，教师通常会更加关注各表现行为的具体描述，而较容易忽略对相关领域、子领域、表现行为、表现行为描述进行综合的解读。这将容易导致教师对评价要点的理解不够全面和深入。

表 3-1-1 《上海市幼儿园办园质量评价指南（试行稿）》中"3-6 岁儿童发展行为观察指引"部分内容

子领域	表现行为	表现行为描述			信息来源
		表现行为1	表现行为3	表现行为5	
子领域2：学习习惯	3.做事专注、坚持	2.3.1 在提示下，不频繁更换活动。 2.3.2 对感兴趣的活动能持续集中注意一段时间。	2.3.1 活动中有注意力集中的时段。 2.3.2 遇到困难时，在鼓励下能继续进行活动。	2.3.1 有一定的抗干扰能力，能认真负责地完成自己所接受的任务。 2.3.2 遇到困难时能多次尝试，不轻易放弃，直到任务完成。	·观察日常活动中幼儿专注做事的状态。 ·观察集体教学以及区角等活动中幼儿的行为表现。

评价内容通常由健康与体能、习惯与自理、自我与社会性、语言与交流、探究与认知、美感与表现 6 个领域、14 个子领域及具体的表现行为组成。6 个领域及其子领域的相关表述是较为宏观的，表现行为的描述是对各个要点具体的诠释。教师若忽略了对领域与子领域的解读，则很难全面准确地理解各表现行为之间的内在联系，也难以明确评价内容所处的具体位置。如案例"拼搭小人"中，教师结合"自我与社会性"领域，关注了该领域所表达的总体要点，从其子领域"自我意识"中的表现行为"具有自尊、自信、自主的表现"出发对幼儿的社会性发展进行分析，这样教师的理解能够更加深入全面。

综上，教师在解读评价内容时，需要同时关注领域、子领域、表现行为及其具体描述。既要理解整体，还要通过具体描述理解各个要点的细节和要点之间的联系。从而建立起整体性的评价内容框架，理解各要点之间的内在联系，作为后续评价实践的参照依据。

（三）设计评价工具

特定的评价内容往往需要借助适宜的评价工具，以观察和呈现幼儿的行为表现。而常常困扰教师的是，针对某一评价内容，应采用何种形式才能更好地呈现幼儿的成长和发展呢？评价工具的结构化程度越高越好吗？评价工具要匹配评价内容吗？

小班新生入园，教师希望针对自己班级幼儿入园的情绪适应情况进行观察评价，因此，她决定在刚开学的两周里，每天早上来园时为每个孩子拍下一张体现情绪的照片，并辅以简单的文字记录，体现孩子每日来园的情绪。

在观察持续一周后，教师发现大部分孩子几天内的情绪状态似乎较为稳定，每日的情绪变化并不明显，因此大部分孩子一周五天的观察记录内容大致相同，每日教师拍摄并用文字记录下的信息重复率很高；另外，由于需要每日拍摄每位孩子的照片，大量的图片和文字信息也难以整理、储存。

基于这样的情况，教师开始思考：自己预设的每天进行照片和文字记录是有必要的吗？是否需要每天都将幼儿的行为表现具体描述呢？

在以上案例中，教师的思考反映了实施评价过程中的普遍问题：采用照片和文字等多种形式进行翔实的记录真的便于后续进行分析吗？如何直观、清晰地呈现幼儿的行为表现，如何减少不必要的干扰信息？

在实践中，设计合适的评价工具可以巧妙地直观呈现幼儿行为的发展变化，有助于教师实施观察评价与分析。以下三个案例分别呈现了三种不同类型的工具。

1. 天天记录小月历

当幼儿的某种行为处于快速发展期时，通过结合月历每天进行有针对性的记录，发现幼儿行为的变化和进步。

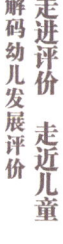

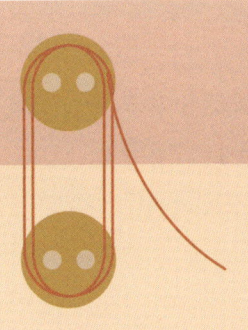

天天记录小月历

小班上学期，在午睡时，老师发现班级中的孩子们在穿脱衣服方面的能力表现差异较大，有的孩子已经可以独立穿脱衣服并对衣物进行简单的整理，有的孩子仍需等待老师的帮助。因此，老师希望能够借助适当的评价工具对班级幼儿穿脱衣服的情况进行观察评价，并记录、分析幼儿穿脱衣服的表现，从而有针对性地促进孩子们在穿脱衣服方面的能力发展。

因此，老师参考表现行为"具有基本的生活自理能力和良好的生活与卫生习惯"，将幼儿可能出现的行为罗列了出来：需要等待老师的帮助、愿意自己脱衣服但需要协助、可以独立穿脱叠衣服，并分别用红色点点、黄色点点和蓝色点点代表。同时，老师还为每个孩子打印了一张下个月的月历，以记录下个月的每天里每个孩子穿脱衣服的情况。

老师每天都会在当天的日期下面贴上相应颜色的点点，并且简单记录孩子的行为，如"教师帮助拉下拉链后，开始自己脱衣服""首次不经过提醒自己穿脱，完成后自豪地说'我自己脱的'"等。

图 3-1-2　天天记录小月历

老师在整理和分析这份观察评价的内容时，对每个孩子本月在穿脱衣服方面的变化一目了然。

在"天天记录小月历"案例中，教师巧妙地设计了"天天记录小月历"的评价工具，采用月历的形式对幼儿每日的行为表现进行记录。"天天记录小月历"的形式非常便捷地帮助教师记录下一段时间内每日幼儿的行为表现，这有助于帮助教师捕捉一段时间内幼儿行为表现的发展和变化。教师还巧妙地将幼儿的行为表现分类，并用不同颜色的点点来表示不同类别的行为，更加直观而简约地呈现了幼儿的行为，使观察评价的结果更加一目了然。此外，教师还在点点的旁边记录了幼儿的行为和语言，呈现了幼儿的具体表现，这有助于在教师观察记录后对幼儿行为表现进行评价分析。"天天记录小月历"的形式和巧用贴点点的方法非常值得教师们在日常的评价实践中参考和借鉴。

2. 追踪一条线

幼儿的某些想法会不断发生变化，通过持续性观察，结合事件取样法，可以了解幼儿行为背后的想法。通过对一个阶段连续地记录，发现幼儿的发展。

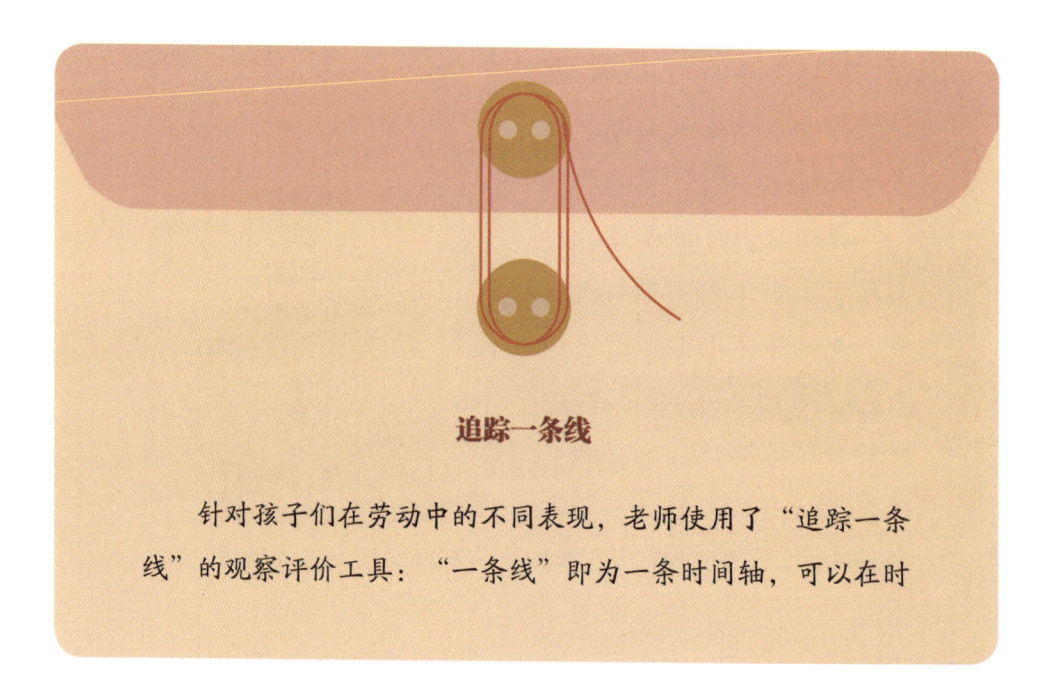

追踪一条线

针对孩子们在劳动中的不同表现，老师使用了"追踪一条线"的观察评价工具："一条线"即为一条时间轴，可以在时间轴上的任意时间点对孩子的劳动表现进行记录。当观察者认为所观察到的信息是有意义的，有必要进行记录时，就可以在时间轴上添加一个时间节点，并用照片和文字的形式对孩子的表现进行记录。

宅家期间，浩浩妈妈从2月18日开始持续记录浩浩在家里劳动的相关表现：2月18日，浩浩洗了自己的衣服、晒了自

2020.2.18 自己的衣服洗一洗，自己的玩具晒一晒 据说自己的碗也要自己洗，今晚看你表现咯

2020.2.20 昨天罢工，今天继续 虽然干得不情不愿

2020.2.26 他找到了他最爱的劳动：擦地板（虽然可能是暂时的）并且对自己的劳动很满意，评价"我擦的楼梯像宝石一样亮"我们也觉得很亮 继续加油哦

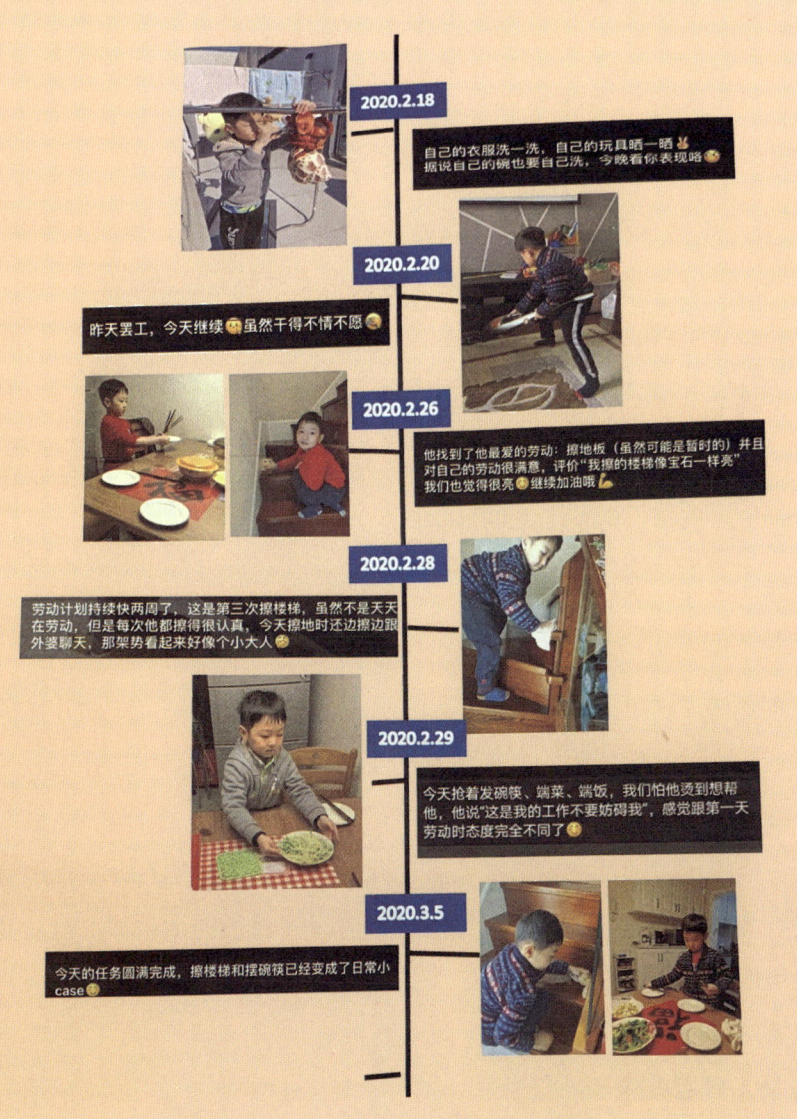

2020.2.28 劳动计划持续快两周了，这是第三次擦楼梯，虽然不是天天在劳动，但是每次他都擦得很认真，今天擦地时还一边擦边跟外婆聊天，那架势看起来好像个小大人

2020.2.29 今天抢着发碗筷、端菜、端饭，我们怕他烫到想帮他，他说"这是我的工作不要妨碍我"，感觉跟第一天劳动态度完全不同了

2020.3.5 今天的任务圆满完成，擦楼梯和摆碗筷已经变成了日常小case

图3-1-3 "追踪一条线"持续记录

己的玩具，还洗了自己的碗。2月20日，浩浩昨天并不想劳动，而且今天的劳动也不情不愿。2月26日，浩浩找到了他最爱的劳动——擦地板，并且对自己的劳动很满意，浩浩说："我擦的楼梯像宝石一样亮。"2月28日，这是浩浩第三次擦楼梯，每次都擦得很认真。2月29日，浩浩抢着发碗筷、端菜、端饭，并且拒绝了家长的帮助，说："这是我的工作，不要妨碍我。"3月5日，擦楼梯和摆碗筷已经成了浩浩的日常劳动。

根据"追踪一条线"的持续记录，发现浩浩从最初的不愿意劳动，到找到了自己最喜欢的劳动项目，再到最后擦楼梯和摆碗筷两个劳动项目已经变成了自己在家劳动的日常，我们见证了浩浩在对待劳动的态度方面有了变化和成长。浩浩的劳动故事也帮助我们理解了浩浩在劳动中变化和成长的原因：当浩浩找到了自己喜欢的劳动内容时，他对劳动的态度有了很大的变化，由此可见兴趣对幼儿成长与变化的重要价值。此外，幼儿的成长并不是一蹴而就的，往往要经历一段时间和过程才能突破现有状态，我们需要耐心地等待、观察和支持。

在本案例中，"追踪一条线"的形式很好地为教师呈现了幼儿在具体某一方面的行为表现变化历程，直观地对幼儿关键性的成长变化进行记录，便于教师发现幼儿的成长变化。此外，在观察记录的过程中，"追踪一条线"的评价工具一方面提示教师注意留心观察某幼儿的某种行为，更有针对性地持续对该内容进行观察；另一方面，可以无限延长的时间轴也提示教师，对幼儿的观察是无止境的，教师需要耐心细致，在持续的观察中发现幼儿细微的成长变化，从而理解幼儿的学习与成长。

3. 幼儿日志趣味多

幼儿的某些兴趣和问题难以通过外界的直接观察、询问获悉。通过幼儿自己的手记，从幼儿的视角出发，也能观察到幼儿的成长。

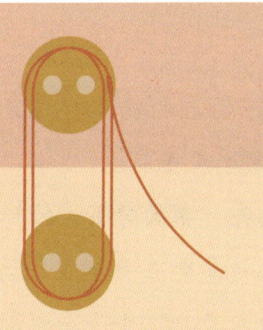

幼儿日志趣事多

户外运动之后，孩子们总是有各种各样的想法和故事希望与大家一起分享。于是从中班到大班，老师一直鼓励孩子们在运动结束后将自己的感想和想要记录的事画下来。每个孩子都有自己的一本专门用于记录运动的"日志"，每天运动后，孩子们都可以画一画、记一记。

齐齐在运动中总是很开心，几乎每天，齐齐都会在自己的运动日志中记录自己在运动时发生的趣事。图 3-1-4 是老师从齐齐的运动日志中选取的几篇比较有代表性的日志。

老师帮忙记录了齐齐的话——

2021 年 10 月 18 日："我今天很开心，因为我拿了圈圈。"

2021 年 10 月 20 日："球丢在衣服上，我觉得不开心。"

2021 年 10 月 26 日："今天很开心，玩滚球游戏。"

2021 年 12 月 2 日："今天玩了 6 层垫子。"

2022 年 9 月开始，齐齐已经上大班了，他在运动日志中的部分记录如下——

2022 年 11 月 26 日："我今天玩了垫子很开心，我看见了垫子。"

2022 年 12 月 3 日："我今天很开心，因为我用垫子挡球，打败了他们。"

2022 年 12 月 6 日："我今天很开心，因为我和 14 号一起拍了球。"

2023年2月18日："我今天很开心，因为我和9号、27号、23号、25号一起踢足球。"

通过运动日志中教师帮忙记录的齐齐的语言和齐齐自己的画，我们生动地感受到了齐齐在运动中的情绪体验，也见证了齐齐的成长变化。中班的齐齐会因为拿了圈圈、玩滚球游戏、玩了6层垫子而开心，会因为球丢在衣服上而不开心；而大班的齐齐会因为自己用垫子挡球、打败他们而开心，会因为和14号小朋友一起拍球而开心，会因为和班级里的其他4个小朋友一起踢足球而开心。

图3-1-4 运动日志

首先，我们见证了齐齐社会性领域的成长，从仅关注自己的游戏，到和同伴一起进行游戏，这表明齐齐的社会性在迅速发展；其次，在表征方面，我们见证了齐齐在表征上的提升，从仅仅用一个笑脸代表自己，到开始有了完整的自己的形象，再到画出了游戏中的场景，包括自己、他人和游戏内容，齐齐的表征能力有了飞速的提升。

幼儿日志与传统的评价工具有很大区别，它将评价的自主权交还给了幼儿。幼儿可以根据自己的需要用自己喜欢的方式记录自己的经历、体验、想法，十分灵活，突破了评价工具形式的限制，呈现了幼儿的真实表达，同时也支持了幼儿的创作和表达欲，满足了幼儿表达和表现的真实需求。此外，日志内容可以呈现幼儿的成长变化，也能呈现他们表征能力的发展。因此，幼儿日志的记录本身也能够嵌入课程，成为课程的一部分。教师既可以鼓励幼儿在特定环节每天记录，也可以尊重幼儿的个性化需求，鼓励幼儿在需要时随时记录任意自己想要记录的内容，这些内容可能就是见证幼儿发展的关键节点，是我们对幼儿进行观察评价的重要内容。

二、评价中

在幼儿活动过程中,海量的照片、视频、文字等证据被采集下来。幼儿活动后,对证据的整理、筛选所耗费的时间精力成本成为实践层面很大的困惑。本节将探讨如何在观察评价的过程中及时梳理、呈现幼儿发展相关的有效证据的具体做法,在评价中关注幼儿内在能力、想法和探索世界的过程。

(一)根据工具实施观察分析

根据工具实施观察分析的过程中,教师通常遇到的问题是:如何有计划地观察和采集证据,避免错过和遗漏幼儿成长与变化的关键信息?根据计划进行观察评价时,对于幼儿出现的"计划外"行为表现,应当如何看待和处理?

1. 在过程中观察记录

教师计划对班级幼儿的同伴交往行为进行观察评价,于是设计了针对性记录工具。

起初教师认为,幼儿的同伴交往行为在一日活动中随时可能发生,只要当幼儿出现关键性的同伴交往行为时进行记录即可。但是经过两周的观察,教师发现实施观察记录的效果并不理想,原因可能为:一日活动的环节随时都在转换,来不及观察,容易错过计划希望观察捕捉的重要信息。

将观察记录的实施设定在某一具体活动或环节中,有利于教师更集中地进行观察。例如,户外自主游戏时间是幼儿集中进行同伴交往的时间,游戏过程中会出现大量的同伴交往行为,非常利于观察和捕捉。

以下案例呈现了如何有针对性地在集中时间段进行观察。

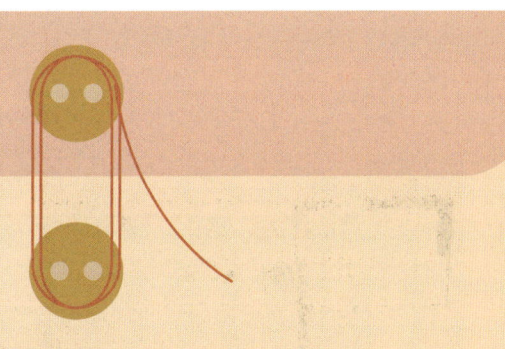

花生宝宝的尾巴

老师在小班创设了植物角,每天早上来园时,孩子们对老师照顾小植物的过程非常感兴趣,一会儿问问题,一会儿摸摸植物的叶子。结合《上海市幼儿园办园质量评价指南(试行稿)》中"3—6岁儿童发展行为观察指引"的评价内容,在"探究与认知"领域的子领域"科学探究"中"2.用一定的方法探究周围感兴趣的事物与现象"指出了幼儿对事物的观察能力的三个水平。因此,老师计划,将孩子观察植物的活动和对孩子观察能力的观察评价相结合,在班级开展种植花生的活动,既能够引发小班孩子对观察、探索、种植、照料植物的兴趣,又能够对孩子的观察能力进行观察评价。

于是老师带领孩子开展了种植花生的体验活动,每个孩子都在花生田里种下了自己的花生,老师鼓励孩子每天对自己种下的花生进行观察,并在观察后进行图符表征,画出自己观察到的花生的变化。

种花生活动的第一天,两个孩子观察到自己的花生长出了小芽,其他二十个孩子没有观察到变化。

图 3-2-1　种花生的第一天

第三天，十六个孩子发现自己的花生发芽啦！

图 3-2-2　种花生的第三天

第四天，有二十一个孩子观察到自己的花生长出了小芽。

图 3-2-3 是一个孩子经过几天的观察，记录下的他的发现。可以看出他能观察、比较自己种下的花生的变化，发现其异同，并且能够采用画画的方式画出自己观察到的事物特征和细微的变化。

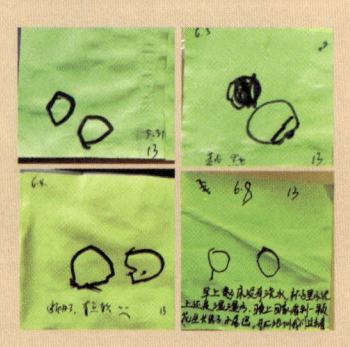

图 3-2-3　伽辰的观察记录

这一案例是将教师对幼儿的观察评价嵌入课程，将课程活动和幼儿发展评价有机结合的典型案例，非常具有借鉴意义。教师没有将观察评价和课程视作不同的两件事，而是将观察评价巧妙地变成了课程的一部分，和幼儿亲身参与的活动紧密结合。从观察评价的角度，我们可以发现，在幼儿对花生变化的观察和表征活动中，教师可以集中就幼儿对事物的观察能力进行观察评价；课程本身也成为了教师的观察计划，对每个幼儿的观察结果都在表征的过程中直观地呈现了出来，教师也便利地采集到了自己需要的有价值的证据。因此，根据观察计划实施证据采集的过程既可以是教师根据评价工具实施观察的行动，也可以是课程的一部分，是幼儿参与体验活动的过程以及幼儿呈现的记录或作品。课程实施的过程即证据采集的过程。

2. 观察后回头审视

当教师根据评价工具和评价计划对幼儿进行观察，证据采集完毕后，观察其实并没有结束。观察不仅发生在即时的一瞬间，也发生在教师采集证据后对证据进行反复分析与思考的过程中。

托班幼儿争抢玩具非常普遍，刚入园时通常需要教师介入，但随着幼儿的成长，部分幼儿开始主动采取协商的方式处理争抢玩具的情况。

康康说："请你给我玩一玩（小汽车），可以吗？"

左左回答："不可以。"康康接着对左左说："可是我很喜欢这个。"

起初，我们只是将这一片段归档至康康在同伴交往玩玩具时的表现，但在后续对幼儿的语言和行为进行解读及分析时，发现了幼儿正在内化来自成人的教育行为。教师感受到了幼儿在教育者预期之外的成长惊喜，也理解了幼儿的真实感受和所思所想。

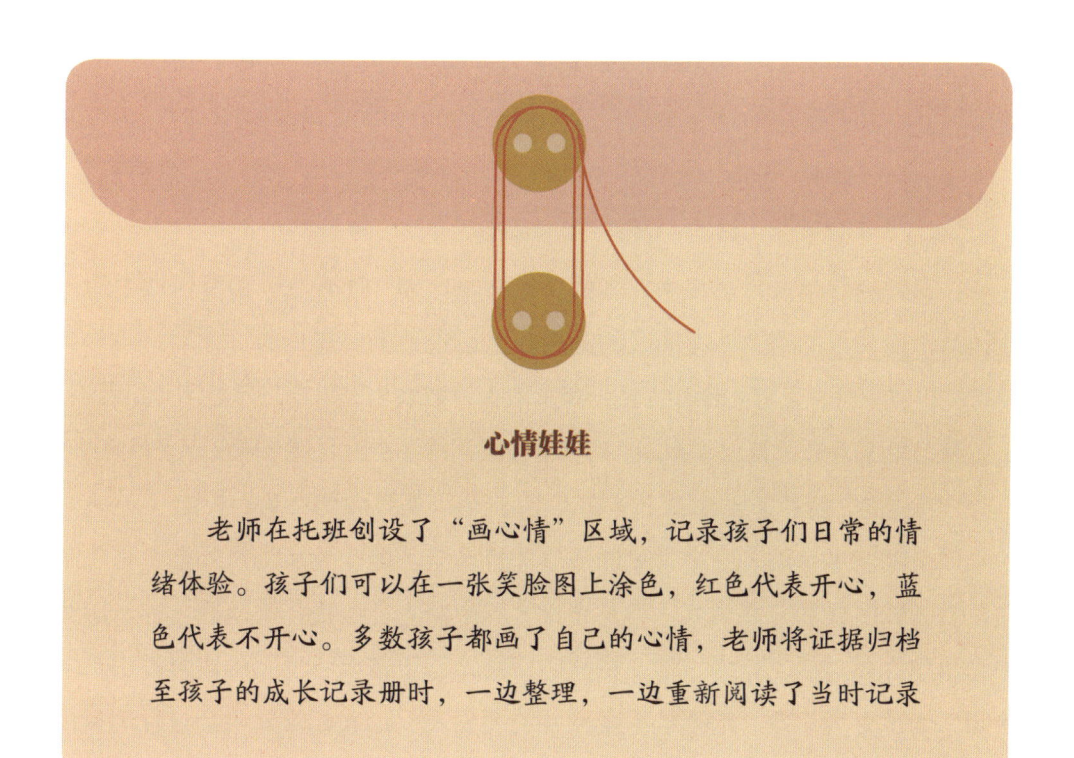

在上述案例中，我们在对自己采集的证据进行回头审视的过程中发现了幼儿的成长变化和真实想法。确实，对证据进行反复审视和分析能帮助教师真正读懂幼儿的发展水平，理解幼儿的真实感受。

以下案例也证明了反复审视关键证据的重要性。

心情娃娃

老师在托班创设了"画心情"区域，记录孩子们日常的情绪体验。孩子们可以在一张笑脸图上涂色，红色代表开心，蓝色代表不开心。多数孩子都画了自己的心情，老师将证据归档至孩子的成长记录册时，一边整理，一边重新阅读了当时记录的孩子的话语。

老师发现，托班孩子的开心往往出现在进行有兴趣的活动时，而不开心往往与分离焦虑、同伴交往中的自我中心有关。心情通过行为表现出来，有的行为是老师在日常观察中能明显观察到的，但有的表现并不明显。老师可通过孩子留下的记录知悉孩子的想法，反复观察孩子在同伴交往方面的发展。

图 3-2-4 "画心情"

在本案例中，教师所做的不仅是将证据贴到成长档案中"情绪情感"方面，更是进一步地阅读幼儿在画心情时的真实感受，发现幼儿在社会交往中的经验水平和学习的密切需求，从而产生了进一步的教育契机。只有理解幼儿的真实感受与需求，才能理解幼儿的最近发展区，理解何为"主动学习"。这也证明了教师对于观察证据进行回头审视和反复思考的重要性。

（二）在观察过程中选择性记录

在日常的观察评价场景中，教师往往按照计划开展观察，但是活动中幼儿往往会出现大量的语言、行为，因此选择性记录是不可避免的。

在户外自主角色游戏中，陈老师正准备计划观察大班幼儿的同伴交往表现，她的观察对象是攸攸和航航，她备好了纸笔准备开始记录，搭班俞老师问道："陈老师，观察是要把孩子所有语言、行为以及作品都记录下来吗？"……

以上案例中呈现了一个常见的观察评价场景，即幼儿园的户外自主角色游戏，教师按照计划开展观察，但是正如案例中俞老师所提出的问题一样，游戏中会出现许多对话、行为、幼儿搭建的作品，是否需要将所有的内容都记录下来呢？为了更为简单、清晰地呈现幼儿的发展表现，我们需要学会进行选择性记录。那么在观察中可以怎样进行选择性记录呢？

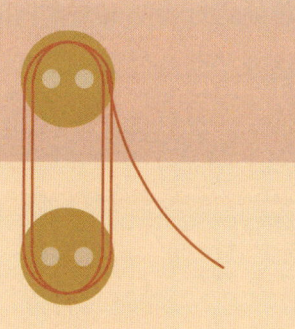

遇见"摘柿子"的孩子

秋天，幼儿园里的柿子成熟了，大班的孩子们计划运用工具来"摘柿子"，李老师则陪着孩子们一起进行该活动。

老师计划观察孩子们在活动中的表现，她初步明确了观察内容，希望能关注问题解决过程中的"学习习惯"以及"人际交往"表现。

活动当天，随着活动的进行，老师在记录纸上记录下了孩子们相关的表现，以下是她的记录内容。

观察记录：
久久和甜甜一起搬梯子。
甜甜对着久久说："你先上去，我来扶着你。"
久久沿着梯子爬了上去，可是试了几次后她都够不着。
甜甜："梯子再搬过去一点，往这边，就好了。"
久久下来和甜甜一起调整梯子的位置。
调整了几次终于摘到了柿子。
……
航航指着树顶说："我要摘'双胞胎'柿子。"
航航、睿睿、昕昕一起架设好了梯子。
睿睿拿来了一根棒子说："给！"
航航伸长了手用棒子不断进行尝试，多次尝试后柿子被敲破了皮，航航说："这个方法不行，太高了，柿子破了，我们还是别敲了。"
……

分析：
面对高处的柿子，孩子们积极动脑，遇到困难不放弃，积极反思原因，调整梯子位置、更换工具，多次尝试采摘柿子。

在采摘中能看到孩子们的分工合作，当遇到问题时，他们会用语言表达自己的想法，其他人也能倾听同伴意见，共同进行采摘尝试。

以上案例呈现了教师进行一次观察评价的过程，初步明确观察内容，随后进行选择性记录并且进行了简单的分析。其中，可以发现教师的记录并非将所有的采摘过程进行白描，而是有选择性地记录了与幼儿"学习习惯"以及"人际交往"相关的关键行为与语言。

对教师而言，在幼儿园的一日生活中有许多类似的观察经历，涉及不同观察情境、内容，相似的是教师可以依据观察内容有选择性地记录，从而更为清晰地呈现幼儿的发展表现。

1. 选择性记录量化数据

当观察内容涉及客观的量化数据时，教师可以直接选择性地记录量化数据，呈现幼儿发展，每月、每学期进行连续性记录，从而了解幼儿的发展变化。如图 3-2-5 所示。

表 3-2-1 《上海市幼儿园办园质量评价指南（试行稿）》中"3—6 岁儿童发展行为观察指引"部分内容

	领域一：健康与体能 子领域1：身心状况		
	表现行为 1	表现行为 3	表现行为 5
1. 具有健康的体态	1. 适宜的身高和体重。 男孩： 身高：98.40—110.90 厘米 体重：14.30—19.82 千克 女孩： 身高：97.30—109.70 厘米 体重：14.01—18.95 千克	1. 适宜的身高和体重。 男孩： 身高：105.50—118.60 厘米 体重：16.34—23.15 千克 女孩： 身高：103.60—116.70 厘米 体重：15.50—21.70 千克	1. 适宜的身高和体重。 男孩： 身高：110.80—126.50 厘米 体重：18.00—27.45 千克 女孩： 身高：110.75—125.30 厘米 体重：17.50—25.30 千克
	2. 在提醒下，能自然挺直、坐直身体。	2. 在提醒下，能保持良好的站姿、坐姿和走路姿势。	2. 能经常保持良好的站姿、坐姿和走路姿势。

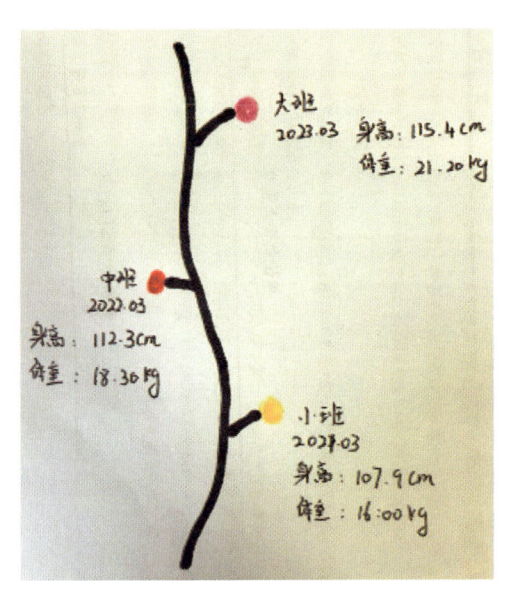

图 3-2-5　选择性地记录身高体重

图 3-2-5 中关于身高体重的连续性记录，可以直观呈现幼儿三年的外在成长变化。

2. 选择性记录语言表达

当观察内容明确涉及与语言相关的表现行为时，教师在观察时需要选择性地记录幼儿的语言，可参考以下案例中所记录的内容。

表 3-2-2　《上海市幼儿园办园质量评价指南（试行稿）》中"3—6 岁儿童发展行为观察指引"部分内容

	领域四：语言与交流　子领域1：理解与表达		
	表现行为 1	表现行为 3	表现行为 5
2. 愿意用语言进行交流并能清楚地表达	1. 能大方地与熟悉的人打招呼，在熟悉的人面前说话。2. 基本会说普通话及本民族或本地区的语言。3. 愿意用语言表达自己的需要和想法，必要时辅以简单的动作和表情。	1. 愿意与他人交流自己感兴趣的话题。2. 会说普通话及本民族或本地区的语言，发音较清晰。3. 能较完整地讲述自己的经历和见闻。4. 能使用较连贯的语言讲述故事。	1. 乐于参与讨论问题，能在众人面前表达自己的想法。2. 说普通话及本民族或本地区的语言时，发音正确清晰。3. 能使用连贯、清楚的语言讲述自己的经历和见闻。4. 讲述时能使用常

（续表）

领域四：语言与交流 子领域1：理解与表达		
表现行为1	表现行为3	表现行为5
4.能较清楚地念儿歌、童谣或讲述短小的故事。		用的形容词、同义词等，能使用表示因果、假设等相对较复杂的句子，语言较生动。

语言是表达认知的载体之一，幼儿的语言表达呈现了其对于事物的认识与理解，因此部分观察内容虽未直接指向语言的表现行为，但教师也可选择性地记录幼儿语言，通过语言来呈现幼儿的相关发展。

观察内容：自我与社会性—人际交往—愿意与人交往，能与同伴友好相处。

航：我来看店，你去和他们说（叫卖）好吗？

攸：好的呀我去！谁来买呀！……

航：你的声音太轻啦！

攸：那你去好了。

航：好呀，我去叫卖，你在这里看店。谁来买呀！……

分析：幼儿在"人际交往"中能与同伴结伴进行游戏，并且在活动中能与同伴分工、合作。

在以上案例中，教师通过选择性地记录游戏中幼儿的语言，从而了解幼儿社会性发展的表现。选择性地记录幼儿语言表达时需要注意的是：

首先，明确记录关键性语言。在活动中，幼儿的语言表达往往是比较多的，并不需要全部记录下来，记录与观察内容相关的即可。

其次，注意记录的客观性。幼儿的语言往往有不完整、重复的特点，记录时尽量避免站在成人视角进行更改梳理，客观地记录幼儿原始的表达，呈现幼儿最为真实的发展情况。

3. 选择性记录作品成果

这里所指的幼儿作品包含绘画、建构、图符记录等，是幼儿进行一些操作后形成的成果。当观察内容明确涉及与幼儿作品成果相关的表现行为时，我们可选择性地记录幼儿作品成果，如以下案例"曲棍球赛场"中所记录的内容。

表 3-2-3 《上海市幼儿园办园质量评价指南（试行稿）》中"3—6岁儿童发展行为观察指引"部分内容

领域六：美感与表现 子领域2：表现与创造				
		表现行为 1	表现行为 3	表现行为 5
2. 具有初步的艺术表现与创造能力		1. 能模仿并唱出短小的歌曲。 2. 能伴随熟悉的或节奏感明显的音乐做动作。 3. 能运用声音、动作等模拟大自然的事物和生活情景。 4. 能运用简单的线条和色彩大致画出自己喜欢的人或事物。	1. 能运用自然的声音、适中的音量和基本准确的音调唱歌。 2. 能运用即兴哼唱、即兴表演或为熟悉的歌曲改编歌词等方式表达自己的心情。 3. 能运用拍手、踩脚等动作，或敲击物品的方式来表现简单的节拍和基本节奏。 4. 能运用绘画、捏泥、折纸等方式表现观察到的或想象的事物。	1. 能运用基本准确的音调和节奏唱歌。 2. 能通过律动或简单的舞蹈动作表达自己的情绪或表现自然界的情景。 3. 能创编和表演故事，并根据表演的需要选配、制作简单的服饰、道具或布置场景。 4. 能运用较丰富的色彩、线条、形状以及材质等表现自己观察到的或想象的事物及感受。 5. 能运用自己制作的艺术作品布置环境、装扮自己和美化生活。

幼儿作品除了体现其表现和创造的能力，同样蕴含着幼儿其他领域的发展，通过选择性记录分析幼儿作品，教师能从其中发现幼儿相关的发展情况。

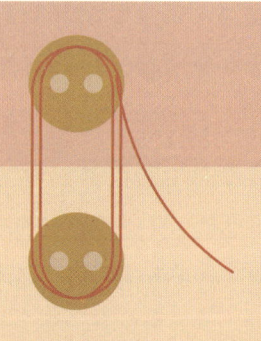

曲棍球赛场

作品1：赛场规划图

教师选择性记录幼儿两份作品，分别为计划以及搭建的结果，并且进行对比分析，从而发现其空间能力的发展。

辰辰说："这边围起来的是比赛的地方，要大一点。然后这里是观众，这里是中二班，这里是中三班，老师在这里。这个旁边是裁判站的地方，他们不能站在里面。"

分析：辰辰用简单的图形和线条呈现了自己的搭建计划，他有自己明确的想法，在计划中考虑到了材料的使用以及摆放的空间位置。

图 3-2-6　搭建计划

作品2：场地搭建

计划完成后，辰辰与伙伴们进行了曲棍球赛场的搭建，他们用围栏搭建场地，用轮胎标记观众场地，并且在裁判所在的地方摆上了记分牌。

图 3-2-7　搭建结果

分析：辰辰按照设计图的空间布局和内容进行了相应的搭建。通过比较幼儿绘制的计划和最后搭建的结果，我们可以发现辰辰能够感知物品之间的空间关系，并且按照示意图拿取物品。

在选择性记录幼儿作品成果分析幼儿相关发展时需要注意以下两点。

首先，解读发现作品本身所蕴含的幼儿发展表现。幼儿作品成果中往往蕴含着幼儿相关的发展表现，如数学认识、艺术创造、探究发现等，因此教师需要有意识地记录和分析幼儿的相关作品。

其次，请幼儿描述帮助建立对作品的理解。幼儿作品背后往往蕴含着他们的思考和想法，当成人无法理解作品的内容时，不妨向幼儿进行询问，通过幼儿的描述理解作品的意义。

4. 选择性记录动作行为

这里的动作行为是指幼儿做出的相关外在活动，包括操作行为、表演行为、游戏行为等。大部分的观察内容都与幼儿的动作行为相关，通过选择性记录幼儿的动作行为，教师可以对幼儿的相关发展情况建立一定的认识。

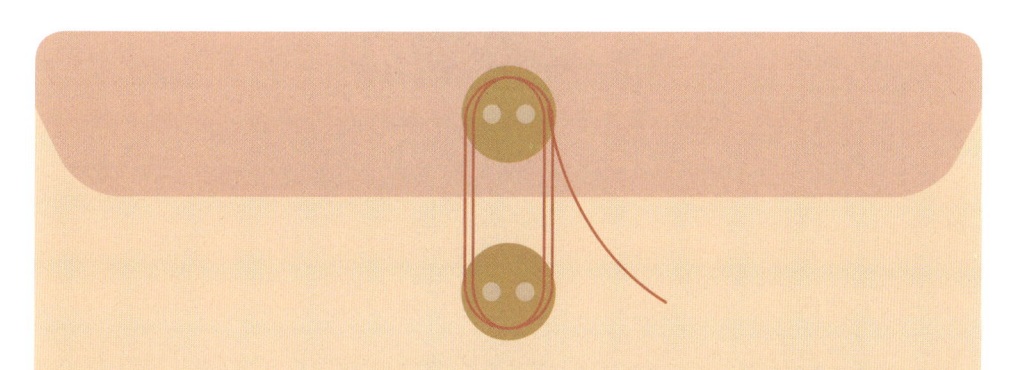

鞋子"回家"

丫丫拿起了一只粉色的平底鞋，然后又往众多的鞋子中看了看，拿起了另一只粉色的鞋子。她将两只鞋子的鞋底贴合在一起比了比，又将鞋子翻转过来，看了一下鞋面，最后将两只鞋子放在了一起。

丫丫将鞋子配对后将它们放进"鞋子商店"中，她先拿起了一双粉色的鞋子，接下去她拿的都是粉色的鞋子，等粉色鞋子都拿完后，她开始寻找黄色的鞋子。就这样丫丫将所有鞋子按照颜色拿取，并将相同颜色的鞋子放在了一个商店中。

丫丫先将鞋底贴合进行大小的比较，然后再观察鞋面的细节，发现是一模一样的之后再将两只鞋放在一起，所以丫丫是能够根据鞋子的外形特征进行配对的。对鞋子进行分类时，丫丫按照颜色拿取，她能够按照鞋子的外部颜色特征进行分类。

图 3-2-8 鞋子"回家"

在以上案例中，教师选择性记录幼儿的动作行为，从而发现幼儿在"数学认知"中关于比较事物大小以及分类的发展情况。选择性记录幼儿动作行为，需要注意以下两点。

首先，观察时捕捉幼儿发展关键动作行为。教师应提前熟悉观察内容，面对幼儿诸多行为，有针对性地捕捉与发展表现相关的关键行为。例如以上案例中丫丫将两只鞋的鞋底贴合在一起进行比较。

其次，记录具体清晰的操作过程。在记录过程中，教师需要客观地记录幼儿的操作过程，避免掺入主观的判断。但这并不意味着完全进行白描式的记录，需要明确清晰地记录下事件背景以及幼儿的关键行为。

通过选择性记录幼儿的语言、作品、成果、动作行为，可以帮助教师体会幼儿的发展。虽然此处将其分开进行描述，但是实际观察时几种方法往往是相互结合运用的，如，动作行为呈现了幼儿的过程性发展，语言表达了幼儿自己的想法和认识，作品和量化数据则呈现了最后的成果，将这几种记录方式融合运用，能帮助教师更为全面地了解幼儿的发展。

三、评价后

如何看待活动中的幼儿？教师不能脱离具体真实场景，以一种抽象概括式的方式思考幼儿，或者割裂地只将幼儿行为匹配评价内容中表现行为的描述。秉持"尊重差异、支持发展"评价理念的同时，教师需要意识到幼儿是自己成长过程中的强大主角，从心底里认识到幼儿是有能力的学习者的形象，带着这样的理念分析幼儿在活动中的成长和发展，思考已有课程的适应性生长空间。

（一）分析是一种专业能力

在观察评价中，专业分析幼儿学习和发展的结果将对幼儿的未来学习产生深远影响。在日常工作中教师面对的是不同的幼儿，除了依据幼儿的一般发展规律组织和实施活动，该如何分析不同特质、不同需求的幼儿，继而提供有针对性的教育帮助，使他们能得到个性化的发展呢？

小熊是新入园的小班幼儿，她每天来园时都伤心地哭泣。一段时间后，她开始独自走进幼儿园，但是进入教室后，她仍然不愿意和同伴游戏。

一天，她坐在椅子上，面朝窗外大声哭泣，手里的纸巾渐渐被揉成一小团一小团的，零碎地散落在她的脚边。

我说："去喝点水吧。"她坐在原处摇了摇头。

威威拿着玩具走到她面前问："你玩吗？"小熊不搭理她，继续哭。

我尝试引导："地上好多纸啊，都是擦眼泪掉下来的。我们去扔掉好吗？"

小熊弯腰捡起碎纸扔进垃圾桶，来回几次整理干净，她的情绪平稳多了。

这种与亲人分离引起的焦虑不安是一种正常的情绪。当教师带着理解的心情去观察小熊时，发现她在伤心的同时也正在努力适应环境，例如开始独自走进幼儿园，用动作回应成人的话，而且愿意听取他人的建议。正是基于对幼儿的专业分析，教师才能提供有效的引导、支持。

专业的观察解读不仅要对行为本身开展分析，更要从幼儿发展的角度看待当下的状态，理解幼儿当下作为一个正在成长的人，在未来发展中具有无限潜力。

1. 从回顾的视角看幼儿纵向发展

发展是一个动态过程，幼儿在不同的时间会经历不同变化。仅根据幼儿的当前表现可能无法全面理解其发展能力和潜力。在开展观察评价时，教师如何结合幼儿过往的表现，观察幼儿在不同阶段的进展和成长变化，从而更准确地解读幼儿的发展呢？

以下案例展示了如何通过回顾，在一段时间周期内多次观察来感受幼儿的成长变化。

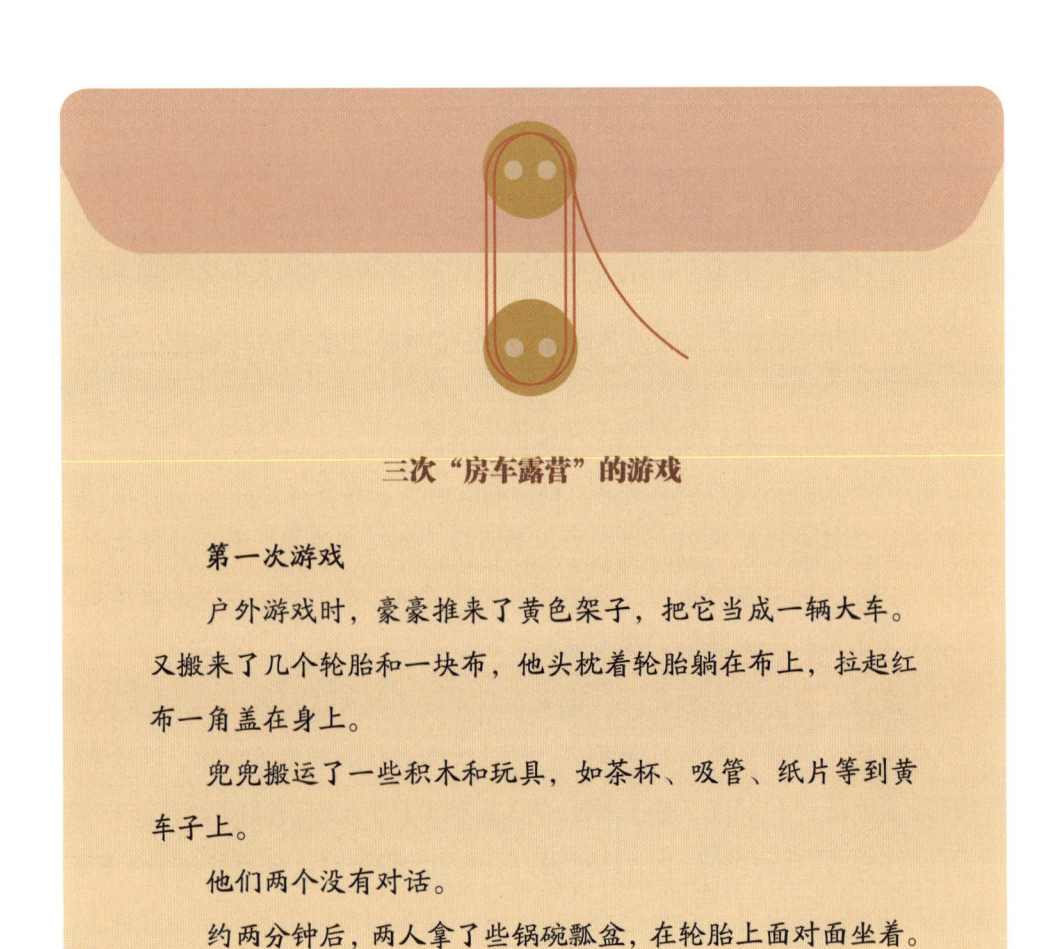

三次"房车露营"的游戏

第一次游戏

户外游戏时，豪豪推来了黄色架子，把它当成一辆大车。又搬来了几个轮胎和一块布，他头枕着轮胎躺在布上，拉起红布一角盖在身上。

兜兜搬运了一些积木和玩具，如茶杯、吸管、纸片等到黄车子上。

他们两个没有对话。

约两分钟后，两人拿了些锅碗瓢盆，在轮胎上面对面坐着。

豪豪拿起水壶往自己的水杯里"倒水",他喝了一口,对兜兜说:"我们一起干杯吧,这是橙汁。"兜兜笑眯眯地也拿起杯子和豪豪一起喝。

这个看似平淡且常见的游戏过程,为什么会吸引关注呢?豪豪在接下来的游戏中会有怎样的游戏行为呢?

第二次游戏

豪豪大声说:"今天,我要和兜兜开房车去旅行。"

伙伴问:"房车是什么?"

豪豪说:"房车就是一辆能开的房子,上面什么都有。"

游戏中的很多孩子来到房车里,他们围成了好几堆,有的在讨论,有的在休息,也有的拿来了小杯子、小盘子等器具扮作在吃东西。豪豪、兜兜也在玩,他们几乎没什么对话。

宁宁突然说:"我以前和爸爸妈妈坐过房车,我们在外面烧烤,我还吃了羊肉串。"

豪豪惊讶道:"烧烤?!"他转头对兜兜说,"我们再去搭个烧烤区吧。"

两人开始了忙碌的搭建。豪豪一边搭一边解释:"这是生火的木炭,这是……"

第三次游戏

一周后,豪豪搭了一个巨大的房车露营基地。不仅占地面积比之前的大,连配套设施也比之前的丰富,露营基地被分成了许多不同的区域,有烧烤区、休息区、床、游泳池等。豪豪拿着软棒在轮胎上转来转去,代表在篝火上烤热狗和香肠。朋友们又逐渐被吸引过来。

扬扬走近,豪豪指着黄色的车说:"这是一辆房车,免费玩。"扬扬瞪大了双眼:"那我能进来参观一下吗?"豪豪手拿一个小纸片,在房车的门框上"嘀——"了一声,然后请伙伴进去参观。

> 豪豪带着扬扬一边走一边讲解不同区域。扬扬说:"我看到视频里的房车是双层的,上面可以住人,下面也可以住人。我要去拿那个白色的垫子搭一个新房车。"他们开始了新房车的搭建……

这是豪豪在半年中的游戏行为的变化,回顾以往并结合当下,原来的豪豪在过去长达半个学期的时间中一直在玩"警察游戏"。这一次豪豪变更了游戏内容,玩起了"房车"游戏。这是一次行为变化!豪豪在游戏中的想象力越来越丰富,相比"警察游戏"时材料使用行为中出现了很多替代行为,创造意愿也越来越强。在和同伴互动时,他时常接纳"好玩"的游戏建议并实施调整,在满足自己游戏需求的同时,也乐意接纳同伴的想法。

每个幼儿都是独特的个体,具有自己的特点、兴趣和学习方式。仅仅根据当前的表现来解读幼儿的发展可能无法充分理解这一行为背后的意义,结合幼儿过往的表现可以帮助教师更好地了解幼儿的个体发展经历。

2. 从前瞻的视角眺望幼儿未来发展的可能

幼儿的发展是一个连续、渐进的过程,当前的表现只是其发展旅程中的一部分。在开展评价中,教师对幼儿行为的分析体现了对幼儿发展的理解,要用发展的眼光和广阔的视野来观察理解幼儿当下的经历,不仅看到兴趣、能力、领域,更要理解幼儿的成长潜力和可塑性。

首先,要尊重幼儿的想法。教育经验不同的教师,在解读幼儿各类行为、思考幼儿发展的问题时会有不同的理解和判断。教师想要提升自己的专业分析能力,先要转变自身的儿童观念,尊重幼儿的个体发展、认知水平、喜好和经验,特别是尝试体会幼儿的感受与体验。要知道我们的教育对象是一群正在不断成长中的孩子,他们的知识经验、认识事物的能力、社会交往技能、语言、思维等每天都在进步,所以我们要尊重幼儿身心发展规律和兴趣,顺应幼儿的需求。

其次,要尝试让自己拥有儿童视角。儿童视角包括儿童自己的视角,也包括教师眼中的儿童视角。已经成为"成人"的我们,要让自己体会儿童的情感,儿童是如何思考问题的以及儿童看待世界的方式，代入儿童的视角想一想他们会想些什么。尝试让自己无限接近儿童视角是提升专业解读能力的有效途径之一。

摇铃的秘密

图 3-2-9 中穿红衣服的孩子叫畋畋，这是他进入幼儿园的第二个星期。这个孩子从出生到进入幼儿园之前的三年时间在非洲度过，由于疫情影响，他在大使馆里生活，除了成人，几乎没有玩伴。进入幼儿园之后不太爱说话，也不太会说话。但是他对幼儿园的玩具、身边的一些物品表现得非常有兴趣，喜欢操作摆弄。

当时他手里拿着铃摇个不停，我不知道他为什么对这个感兴趣，他在玩的时候会想什么。只见畋畋一会儿把摇铃放在耳朵旁边听一听然后盯着摇铃仔细看，一会儿用小手抠一抠铃铛。也许他在想，这么好听的声音到底是怎样发出来的呢？我走上前问他看到了什么，他告诉我：里面有两个小豆子。

他不断重复着看一看、摇一摇、听一听的动作。连续两天他都会选择这个玩具。

畋畋妈妈告诉教师畋畋特别喜欢观察一些小东西，经常摆弄探索，沉浸在自己的快乐中。教师已经大致感受到这个孩子的特点可能是对"探索"非常感兴趣。

新年后的开学第一天，小朋友们带来了自己的兔子灯摆放在教室门口。畋畋拿了一个别人的兔子灯，只见他非常快速地把小兔子翻转过来，按了底下某个部位，兔子灯就亮了。我非常惊讶，这并不是畋畋的兔子灯，他是如何知道开关在哪里的？那只有一个解释，就是畋畋在刚才玩的时候关注过别人的兔子灯并且记住了如何打开开关。他善于观察的能力和胸有成竹的心态让我为他感到惊喜。

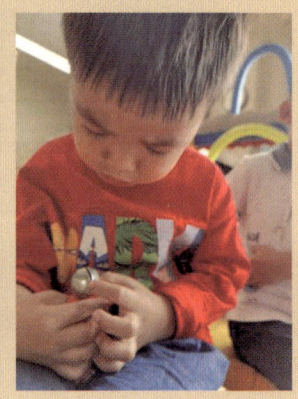

图 3-2-9　探索兔子灯

案例中的畋畋在幼儿园生活的小事件中，经常表现出自己善于观察、动手尝试的意愿和锲而不舍的精神。幼儿通过不断地努力，通过自己的认知来认识这个世界，去建构自己意义的世界。

从一个正在成长过程中的人的角度来看，幼儿可以完整建构自己的知识和意义，可以构建自己的身份认同。也就是说，幼儿是非常强有力的理论构建者，虽然他没有告诉你，但你完全可以看出孩子在想什么。"幼儿园中的畋畋们"知道该怎样去构建假设，去测试以及怎样总结概括测试的结果，形成自己的结论。

从一个面向未来的人的角度来看，我们知道教育正在为一个未来的世界培养新人，教师不能不关心未来。教师要欣赏幼儿作为天生的理论构建者对世界的认知。"幼儿园中的畋畋们"正在通过与同伴和材料互动，发展自己的批判性思维、创造力、想象力、问题解决能力、学习能力。

（二）调整教育行为，提供适宜课程

幼儿在幼儿园生活，在幼儿园课程的氛围中与同伴互动，与材料互动，经历活动，建构经验。教师通过观察评价，不断地进行课程实施并有效地调整，使课程更适应幼儿发展需求。

在动物的主题中，大班幼儿冒出了想要养蝴蝶、探究蝴蝶的念头。为了支持幼儿探究的兴趣，教师和幼儿一起开始了养蝶之旅，从了解蝴蝶的品种，到建造蝴蝶的房子，再到根据需要安装恒温器、加湿器、监控器，又到改造更大的蝴蝶房，调配蝴蝶饲料……

在这个过程中，教师一直在为幼儿创设幼儿需要的课程内容，从了解蝴蝶的品种、蝴蝶生活所需的环境，到饲养蝴蝶的方法、如何搭建更宽敞舒适的房间，课程的内容既关注幼儿对蝴蝶本身探究的兴趣，也包含了对多种能力的促进，如查阅和记录能力，讨论和梳理能力，计划和动手实践能力等。

幼儿的发展是一个渐进的过程，实施幼儿评价对教师而言，不仅仅是获取幼儿发展成果的手段，更是深入了解幼儿成长进程的方式，是为他们创设相应发展和学习机会的基础。教师如何以评价分析为基础，为幼儿提供合适的课程呢？

以下案例呈现了如何通过观察评价来调整教育行为，进而提供适宜课程支持。

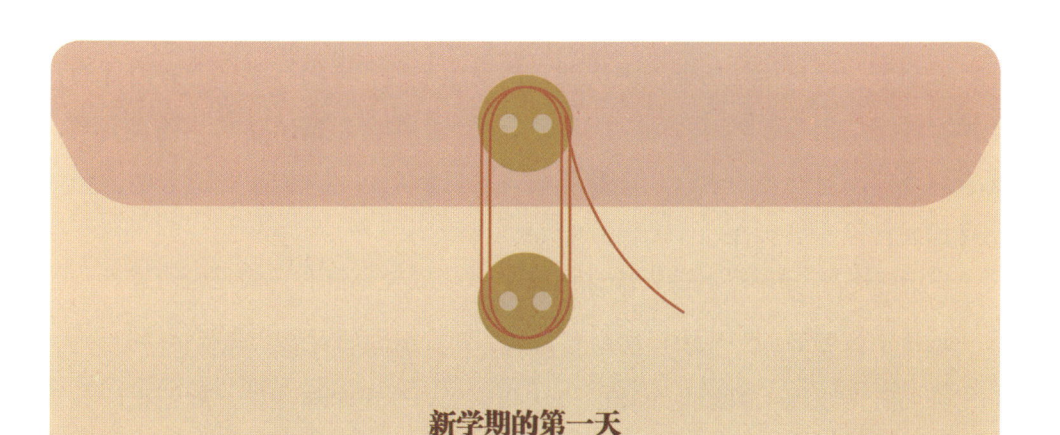

新学期的第一天

进入小班将近一年了，孩子们每每遇到其他老师、阿姨，总需要在我的提示下，才会和他人打招呼，这是为什么？我细心留意了一下，孩子们会招招手、笑一笑，但很少直接开口称

> 呼对方。我猜测，他们是否对这些老师并不熟悉，所以才"敬而远之"呢？
>
> 我询问了孩子们的想法，果然孩子们表示不认识其他的老师。我开始思考，如何让孩子们认识更多身边的人？这类型的课程内容该如何设计？
>
> 于是我收集了园内每位教师的头像，并参照幼儿园的布局制作了一份地图。向孩子出示了这张地图，引导他们在辨别地图中位置和对应教室的同时，认识不同班级的老师。并在活动延伸环节，鼓励孩子根据地图指示，去找一找不同的活动室，去认识照片中老师所在的教室，大胆地跟不同的老师打招呼，了解老师们的模样、兴趣。通过走出教室主动寻找老师、采访老师，获得主动进行人际交往的经验。

这个案例通过了解幼儿发展的问题，分析幼儿可能的需要，设计课程内容，提供有一定挑战性的任务，促进幼儿的成长和发展。

在日常与幼儿相处的过程中，幼儿表现出各种各样的行为，但有的行为并不那么外显。需要教师对背后原因进行分析，例如分析情感需求、认知需求、探索需求等。对幼儿的观察、理解和响应，目的是为幼儿创设更适合的课程。怎样的课程设计更适合幼儿的需求呢？

1. 依据幼儿真实体验进行活动设计

尊重个体差异。每个幼儿都是独特的，具有不同的兴趣、需求和学习方式。我们需要有意识地了解幼儿个体的想法和感受，尊重个体差异，并依据幼儿真实体验进行课程设计。在幼儿园开展每一个活动后，幼儿会产生自己的体验，伴随着成长，他们对自己的体会也有更清晰的认识。而一次的信息收集或许并不足以用于分析，因此需要时常和幼儿就活动体验进行交流。

可以根据幼儿需求设计活动内容。成人安排的各类活动是否真的能成为幼儿喜爱和有意义的活动呢？幼儿对活动的态度、兴趣、坚持或放弃的缘由，都是信息，掌握分析这些信息，可以让教师更了解幼儿的感受体验。幼儿的需求是活动设计的依据。

2. 依据幼儿内在需求调整原有的活动安排

根据幼儿的已有经验设计小小的挑战。有时候，"跳一跳才能摘到果子"比"伸手就可以轻松地摘到果子"让幼儿的收获更大。提供适宜幼儿发展的小小的挑战更能激发潜力。

不断持续观察，发现活动生成的契机。适宜的活动设计不是一蹴而就的，哪怕已经历过调整，还要做好不断持续观察和继续调整的准备。

总之，激发幼儿的兴趣，满足幼儿内在需求是促使幼儿积极投入的重要因素，教师据此设计活动，并注意在过程中进行调整，包括活动时间、活动环节、师幼互动方式等，不断让课程追随幼儿的发展。

第四章

嵌入一日课程中的评价

  在与幼儿相处的寻常时刻，经常会发现他们围在一起说话，或是涂涂画画，这是一种共享的互动。他们也许在交流自己的全新体验，也许在表达自己遇到的困难，也许只是想和同伴分享新奇的发现。幼儿对活动的感受讨论能够成为他们共同的兴趣，能够让他们持续地共享思维。

  幼儿的创造性与想去理解这个世界、想解开奥秘的愿望相联系。当幼儿的兴趣表现出来时，教师应及时识别、支持、提供让它创造性发展的机会。

一、我的体验手记

每一个幼儿都是天生的"艺术家",他们有着敏锐的观察力、细腻的情感与无尽的好奇心,时常围坐在一起涂涂画画,此刻他们正在记录着什么?也许是在活动后,探索新玩具时的全新体验,也许是在照料植物时所遇到的困难,也许是想与同伴分享的新奇发现……这些真实的感受都隐藏在这一份份独一无二的幼儿体验手记中。

（一）手记中的童言童语

"体验手记"或许是个相对陌生的概念,它与普通的绘画作品一样吗?这些手记到底在表达什么?

在与幼儿相处的时间里,教师有很多机会接触到幼儿绘画作品。儿童绘画是幼儿通过对外界的观察后,借助想象,采用涂鸦等方式,借助不同符号进行表征所绘制的作品。而体验手记则不同,体验手记里蕴含了"童言童语"的自主表达,幼儿即刻、真实地呈现自己的感受,采用涂涂画画的形式记录下的当下情绪体验、所遇到的问题以及需求。这些是幼儿真实想法的表达,能反映幼儿园课程对幼儿发展的意义所在。在日常生活中,对幼儿的手记教师不仅要收集,更要解读其中真实的表达。

而收集大量体验手记后,接下来要做的便是深入解析其中的内容。以下案例呈现了一份看似平凡的幼儿手记是如何真实反映幼儿的问题、需求的,教师的解读与分析则让其延伸为了课程内容。

大扫除后,一份手记引起了我的注意。

兜兜：我今天有点麻烦,就是这个拖把上面的布一直掉下来,有点不方便。

与其他手记不同，这份手记非常真实地呈现出孩子在活动过程中所遇到的困难。这正好可以在分享环节与集体共同讨论。

这个话题的出现引发了大家的讨论，同伴们纷纷提出自己的建议。

兮兮："要把毛巾和拖把绑得紧一点。"一边说着一边指向毛巾的方向。

森森："选择一把适合小朋友用的拖把。"同伴们似乎非常认同这个提议，在一旁回应着："对呀。用小孩子的拖把。"

我发现孩子们对劳动工具如何使用很感兴趣，于是我们一同分享"将毛巾绑在拖把上"的方法，并观察身边的成人是怎么使用这类工具的。

幼儿的手记正藏在日常生活中，等待着教师去探寻、发现。每一份体验手记对教师而言都非常珍贵，它真实记录并反映幼儿的感受，以及幼儿内心细腻的情感变化。而体验手记较绘画更能凸显出情感体验。深入了解后，幼儿们的手记不再"扁平化"，而是能立体完整地呈现情绪情感的转变。

在课程实施中体验手记具有不可或缺性，看似简单的图符实则蕴含童心，这些手记仿佛一个个鲜活的个体等待着我们的解读。手记帮助我们及时了解幼儿的需求，让我们更加走近他们的"内心"，拉近师幼间的关系。

以下案例也呈现了手记中蕴含的幼儿的丰富想法。

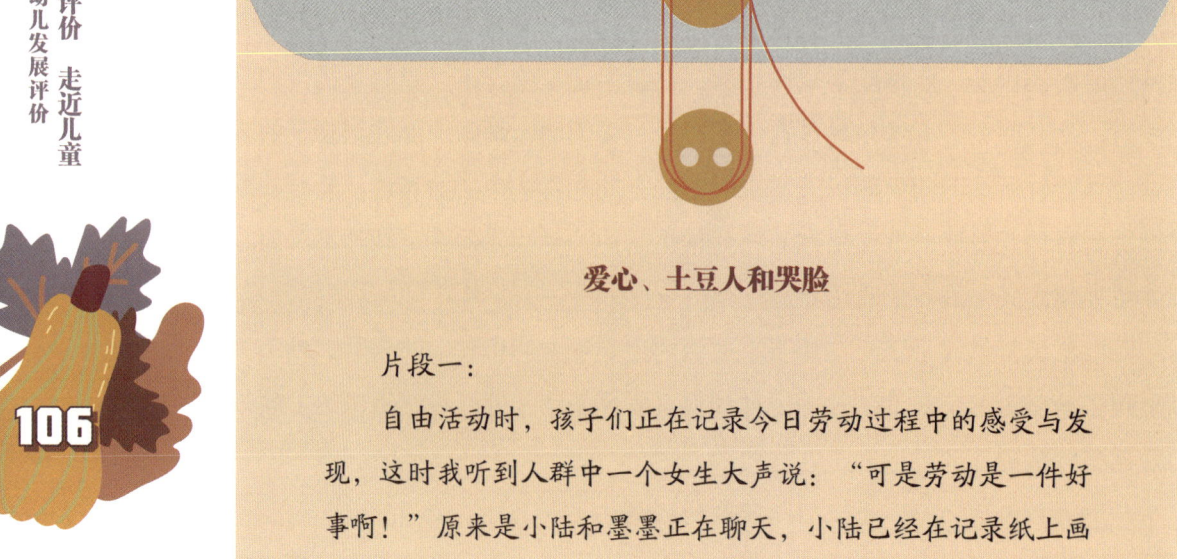

爱心、土豆人和哭脸

片段一：

自由活动时，孩子们正在记录今日劳动过程中的感受与发现，这时我听到人群中一个女生大声说："可是劳动是一件好事啊！"原来是小陆和墨墨正在聊天，小陆已经在记录纸上画了一颗大大的爱心。

小陆说话的音量逐步提高："墨墨说劳动很累的，可是妈妈说劳动是好事。"看她似乎有些气愤。

"所以你画了爱心，是代表喜欢的意思吗？"我又转头看向墨墨，"你觉得呢？"

墨墨摇摇手："哦哟，别的小朋友都要准备去睡觉了，整理助手还要收玩具，很累的呀，很累的。"说完便在纸上画了一个嘴角向下的"土豆人"。

孩子会用爱心、沮丧的表情表示不同的情绪体验，将图符与互动交流相互结合，这不正是帮助我们了解孩子们内心情感的有效途径吗？

图 4-1-1　记录情绪

片段二：

午餐时，谦谦熟练地从筷筒中拿出一袋筷子，又跑到餐桌旁拿出一小把筷子放在餐盘上，随后又拿出几根摆放在一起，便跑到下一桌去分发餐具。很快，他便发完了所有的筷子，完成小任务后，他回到自己的座位，大口吃着蔬菜。

淼淼："老师，爱心桌少了一根筷子。"听到这句话，谦谦离开座位，跑到餐车旁拿了一根筷子并递给淼淼："给你。"然后蹦蹦跳跳地回到座位。

小高："老师，我没有筷子了。"谦谦慢慢地离开座位，拿了筷子递给小高。

放学前，孩子们像往常一样进行劳动小记录，今日我特别观察了谦谦的记录表。他指了指一张小纸片上的"哭脸"表情："今天总是有小朋友来和我说筷子发错了，我不开心。"显然同伴的"反馈"使谦谦的情绪受到波动。

教师："把不开心的理由用录音笔录下来，其他小朋友会来帮助你的。"

果然，谦谦很快就收到了一张答复的小卡片："发筷子的时候，要先数好有多少人再去发筷子。"

图 4-1-2 记录理由

幼儿将活动过程中的体验、感受、困惑记录下来，看似只是生活中的一个平平无奇的小片段，但如果教师不去注意、忽视它，则可能无法及时、准确捕捉到幼儿的真实感受。实际上，幼儿在一日生活中的各个环节都可能产生自己独特的感受和体验。

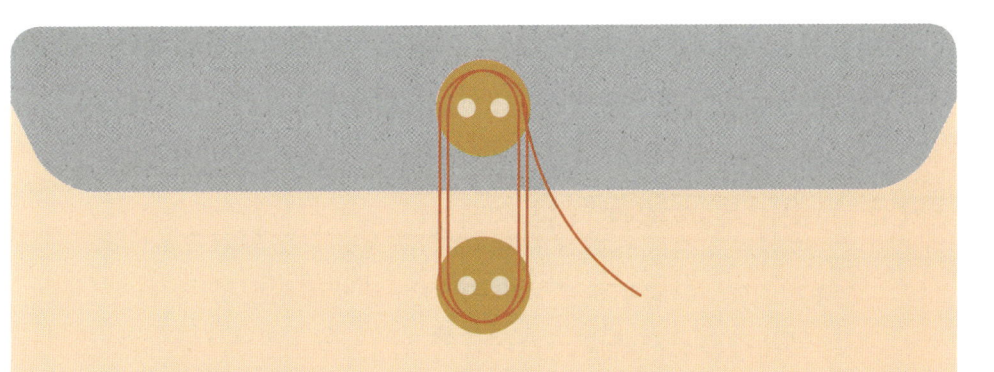

一日生活手记

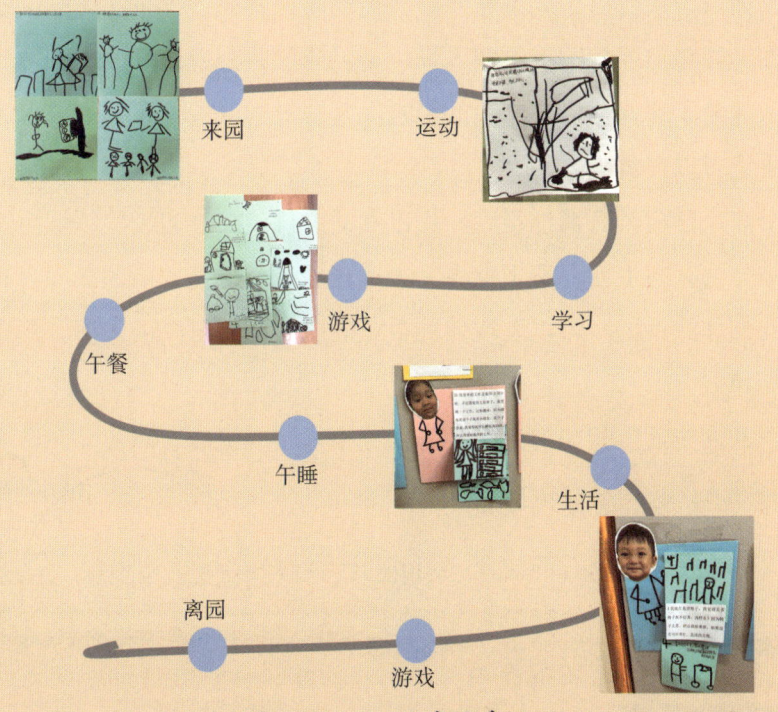

图 4-1-3　一日生活手记

每天来园点名的环节引起了孩子的兴趣：我想知道所有小朋友的学号、我想跟西西一起点名、我想在点名板上打钩。

在运动环节中孩子也有很多自己的想法：这里的路为什么只有轮胎？能不能有其他东西？比如海洋球、路障。

游戏时，孩子常常记录下与同伴之间发生的趣事：我画的是警察局，小的那个人是我，大的是西西，他在捣乱，我把他抓了。

在午睡时又会发生什么事情？孩子的记录：我和宁宁睡在一起。

手记为幼儿提供了更多分享的机会，幼儿们畅所欲言，大胆地表达自己的真实感受与需求。一日生活处处都存在着"童言童语"。

（二）手记里的课程气息

幼儿园的一日生活皆课程，幼儿置身于幼儿园的生活中，也意味着置身于幼儿园的课程中，其体验手记中的表达往往受到了幼儿园课程的影响，带有课程气息。教师希望能够了解课程对于幼儿产生了怎样的影响、幼儿主体对课程有怎样的需求，从而更好地调整实践。而幼儿带有课程气息的体验手记正是一个探寻幼儿视角与课程关系的切入口，可以通过课程视角解读幼儿体验手记，从他们的视角了解课程对其产生的影响以及其对于课程的相关需求。海量的幼儿体验手记可以归类吗？

《上海市学前教育课程指南》提出从幼儿直接接触的经验领域出发，课程内容可被分为**共同生活**、**探索世界**、**表达表现**三个维度。从课程内容视角出发解读幼儿的体验手记，可以发现体验手记的内容分别与共同生活、探索世界、表达表现相关。

与"共同生活"相关的体验手记：这类体验手记内容涉及幼儿个人的健康生活及与他人交往的社会生活。

表 4-1-1 "共同生活"相关体验手记

体验手记	内容记录	教师的理解
	我今天一开始有点不开心，然后就开心了。收拾玩具的时候，拿不动那个垫子，后来薏薏和我一起搬，我就开心了。	攸攸在体验手记中讲述了在运动后收拾玩具的过程中与他人合作交往的经历，她很高兴有朋友能够帮助她。
	有一点点热，我身上有一点点汗，但是我骑车了。	风风在体验手记中讲述自己运动的内容和对自己身体状态的感知。

与"探索世界"相关的体验手记：该类体验手记内容涉及幼儿对自然现象、周围世界的探索发现。

表 4-1-2 "探索世界"相关体验手记

体验手记	内容记录	教师的理解
	我们在看草莓苗的时候，发现了两颗草莓，一颗大一颗小，是绿色的，还没有成熟。下次再看看还有没有新长出来的。	哈哈在体验手记中讲述了自己观察草莓后的发现，他发现了草莓的数量、颜色和大小的特点。
	我发现就是这样的，水上面放积木，这边多一点、那边少一点是不行的，这里就掉下去了。就是一定要两边一样，一起放下去。	航航在体验手记中讲述了在个别化学习中自己的发现，在玩水的过程中他发现两边物品重量一样才能保持泡沫板不没入水中。

与"表达表现"相关的体验手记：该类体验手记内容涉及幼儿用多种方式表达和表现自己的认识及感受。

表 4-1-3 "表达表现"相关体验手记

体验手记	内容记录	教师的理解
	我在挖坑，我很开心，因为我最近很努力地在挖，很好玩。	久久在体验手记中讲述自己在参与种植活动中的挖坑环节时的情绪感受，她特别喜欢参与挖坑的劳动。
	每天画一幅画，然后剪下来贴进去。这个目标现在对我来说很难，因为我很少有喜欢画的了。	秋秋在体验手记中讲述了他认识到自己很难实现当前的小目标了。

(续表)

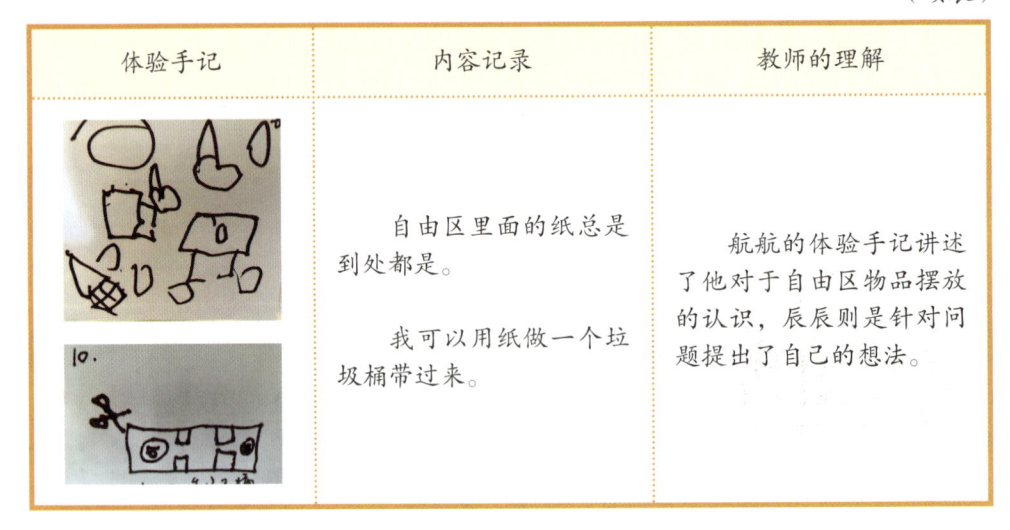

体验手记	内容记录	教师的理解
	自由区里面的纸总是到处都是。 我可以用纸做一个垃圾桶带过来。	航航的体验手记讲述了他对于自由区物品摆放的认识，辰辰则是针对问题提出了自己的想法。

通过对幼儿的体验手记解读，我们可以从幼儿视角出发理解他们的独特感知，发现课程实施中幼儿的需要，通过组织形式的转变、教育方式的调整、材料提供等方式，探寻课程生成的契机。

（三）体验手记里的儿童之心

在平时与幼儿相处的日常生活中，你能发现"儿童之心"吗？

"儿童之心"也许就悄无声息地"藏"在一个浅浅的表情、一个慢慢的动作或是支支吾吾的几个字背后。当看到幼儿哭哭啼啼不肯入园时，教师往往会上前询问"为什么哭呀"，但是幼儿也许并不想表达原因，而是需要"一个大大的拥抱"。当看到幼儿努力尝试做一件事情时，教师往往会上前询问"需要帮助吗"，但其实幼儿此时需要的也许不是帮助，而是"一份鼓励与肯定"。

在解读幼儿的行为时，教师常常会提到"水平""能力""表现行为1、3、5"等，这说明教师对以上概念有一定了解，如何在了解的基础上支持幼儿的发展？在幼儿行为的背后，教师如何感受到"儿童之心"？"梳头小队"的案例就展示了教师是如何捕捉到"儿童之心"的。

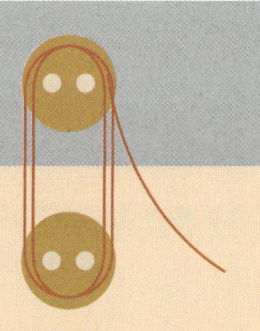

梳头小队

故事发生在一天午睡后，女孩子们排队梳头时，涵涵突然对我说："老师，我想自己梳头。"涵涵突然向我提出这个要求，我有点诧异，但是我也立刻支持了涵涵这个自发性的想法。当涵涵表达自己的意愿后，陆陆续续有其他女孩子也想加入其中，因此，班中就组建了这样一支"梳头小队"。当然学习梳头的过程并不容易，初次尝试梳头，女孩子们遇到了很多困难。

悦悦说："扎头发的时候皮筋总是缠在我头发上弄不来，皮筋太难弄了。"

溪溪说："之前是家人帮我梳的头发，把头发梳得整整齐齐的，没有头发留在外面。我自己梳，就乱糟糟的。"

在"梳头初体验"后，她们各自遇到了不同的问题。于是，我鼓励女孩子们记录自己梳头的问题，围在一起讨论这些问题如何解决，同时制作了一块"梳头记录板"，鼓励她们对自己梳头的过程进行评价

图 4-1-4 梳头记录板

（如，记录梳头的方式——自己梳头还是有人帮助梳头）。

一个月后，我们又进行了一次会议。

高高说："在家里都是妈妈帮我梳头的，然后我想自己梳头，加入了梳头小队后，一直自己练，还有涵涵帮我，教我梳头，我终于学会了。"

溪溪说："我要感谢涵涵，因为我之前不会梳头发，是她教我怎么梳的，我现在学会了。"

杏梁说："我一直练习，虽然有点难，但我还是坚持了一下，现在梳得好多了。"

丁丁："虽然我还不是很会，但我感觉我有进步。"

从"梳头小队"的案例中，能看到幼儿在梳头的过程中经历过失败，他们会在遇到困难时互相讨论，"分享"经验和方法，"探索"梳头的方法；同时也收获了"成就感"，他们会"感恩"彼此的帮助，也会感谢自己的坚持与勇敢。

在这一过程中，教师并没有把"是否学会梳头"这个结果作为评价幼儿的依据，而是提供平台（"梳头小队"队员共同讨论）、提供自评工具（梳头记录板）帮助幼儿记录自己的梳头过程、遇到的问题、体验与感受，在这个过程中幼儿从"不会梳"到"会梳"，从"会梳"到"梳得好"，这是他们的学习过程，也体现了将幼儿的发展与评价幼儿、理解幼儿的行为作为一个共同体的理念。从幼儿的"梳头"体验手记中，教师能发现他们各自的进步，各自在这过程中的独特感受，这些体验带给幼儿的价值是十分珍贵的。

每位教师的身边也潜藏着很多幼儿们的"好奇心""探索之心"……以下案例记录了班级的一次讨论，正是这次讨论，让教师更加走近"儿童之心"。

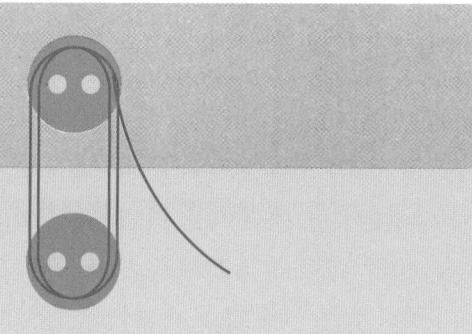

沙池里的小苗苗

假期过后，小朋友们经过沙池，看到沙池里居然长出了绿色的小苗苗，于是他们就蹲在沙池边上，讨论起了小苗苗。

逸晗说："我觉得可能是沙漠植物，是仙人掌。"

烨烨说："如果是仙人掌的话，怎么可能那么小呢？"

逸晗解释道："这个是仙人掌幼苗，它扎得不那么深，有可能会成长。"

溪溪说："我也觉得不是仙人掌，因为仙人掌生活在沙漠里，沙漠里很热。我们幼儿园的沙池不那么热，怎么可能是仙人掌呢？"

班班说："只要是有沙子的地方仙人掌都能长！"

逸晗说："对！仙人掌不可能只在沙漠里，它在沙子里就证明了它可以在任何地方生存，除了海里——它会被淹死的。"

杏梁一直默不作声，但在此时她却轻轻地说了一句："我感觉不是仙人掌，因为仙人掌有刺，它没长出刺。"

此时此刻，孩子们都沉默了……

于是我问孩子们："怎么判断这个小苗苗到底是不是仙人掌幼苗呢？"

逸晗说："那就等它长大，看看像不像仙人掌。"

为了能够更好地看到小苗苗的成长，也为了保护小苗苗，孩子们决定为"为小苗苗搬家"。

溪溪："我们移苗苗呢，可以拿个盆子，然后里面装一点沙子，把苗苗小心翼翼地摆进去。"

杏梁："先用铲子把小苗苗弄出来，然后赶紧在土里挖个小洞洞，把小苗苗埋起来。"

班班："我有点反对，因为用铲子的话可能会切断它的根。"

溪溪："我觉得可以用耙子，不用铲子。"

小苗苗来到了我们班级后并不顺利……过了几天，小苗苗就枯萎了。为此，他们对小苗苗的枯萎又开展了一次讨论，分析小苗苗枯萎的原因。

溪溪说道："我每天都给小苗苗浇水，可是，它还是死了。"

班班猜测："是不是我们搬家的时候没把根保护好？"

逸晗推断："仙人掌肯定不会因为浇水就死掉的，它身体里能储存水，这个一定不是仙人掌。"

最后，班班提出："我家附近有一棵热带植物，我把叶子拔下来，过不了三天它就长出新叶子来了。"

大家又开始了新的讨论……

图 4-1-5 为小苗苗搬家

"沙池里的小苗苗"活动一共经历了三个阶段。

第一阶段，幼儿们围坐在一起，共同讨论"小苗苗是什么"。幼儿总是对周围的一切抱有一颗"好奇之心"，哪怕是一些微小、容易被成人忽视的东西，就像这棵毫不起眼的小苗苗一样，他们乐意结合自己的经验大胆推测，也乐意和伙伴们分享自己的看法。

第二阶段，为了更好地照顾小苗苗，幼儿决定帮小苗苗"搬家"。幼儿对于"搬家"这件事进行前期细致的讨论，从"小心翼翼"这四个字中可以看出溪溪对小苗苗的"怜爱之心"。在讨论移苗工具时，幼儿们一致同意用耙子，而不用铲子，因为他们害怕弄断根，这展示了幼儿内心中独特的"细腻之心"与细致入微的"思考之心"。

第三阶段，幼儿们围坐后，共同分析"小苗苗枯萎"的原因。看到小苗苗的枯萎，溪溪心里非常"悲伤"，同时她也非常自责，担心是不是因为自己为小苗苗浇水才导致它枯萎。班班非常善于思考，他立刻联想到是不是移苗时没有把根保护好。

这个案例能让人感受到幼儿的"好奇之心""探索之心""怜悯之心""细腻之心"等。他们对事物始终抱有好奇心，秉持着探索热情；他们对微观世界的观察能力远远高于教师的预估；他们的情感细腻真挚，表达方式各不相同。这些珍贵的"儿童之心"中潜藏着他们细腻的内心世界。

表 4-1-4　儿童之心

儿童之心	儿童之心的表现	对儿童之心的记录
快乐	儿童表达自己的对某件事情/事物的情感体验	哈哈哈哈，你的肚子里有黑色的魔法虫，要开刀把它拿出来！
悲伤		我们班输了，好难受。
喜爱		我喜欢画画，我想开画展！
好奇	儿童通过观察提出问题	为什么叶子上会有洞洞？这些洞洞会不会影响植物的生长？
探索	儿童对某一事物的新发现（事物本身具有的特点）	为什么沙池里会长出小苗苗？
自豪	儿童解决了某些问题或困难	我今天做泡泡水失败了，我放了一点点洗手液，下次我把洗手液和洗洁精混在一起。
思考	儿童对某件事情进行思考	下一次我会……
共情	儿童能理解他人的情感	我也想给全班28个小朋友抱抱。

（续表）

儿童之心	儿童之心的表现	对儿童之心的记录
怜悯	儿童对某一事物/同伴产生同情	我想把我种的麦草都给小猫吃。
分享	儿童愿意将事物分享给同伴、老师等	老师老师，我想分享我的发现！
感恩	儿童能主动表达感恩或回报他人	我要谢谢妈妈给我这个回忆。
……	……	……

以下案例均呈现了一日生活中无处不在的"儿童之心"。

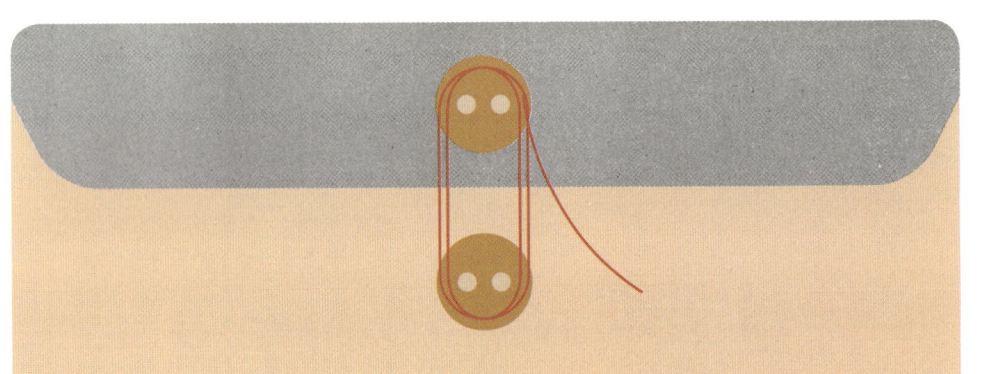

哈哈，你的肚子里有黑色的魔法虫，开刀把它拿出来
——快乐之心

乐乐来到帐篷，这里今天是医院角色扮演区域。齐齐扮作医生坐在地毯上，打开医生的小盒子，翻找着什么。乐乐捂着肚子假装呻吟道："哎哟哎哟肚子痛。"

齐齐手指地毯："躺下，我帮你照一下。"他翻找出塑料薄片，在乐乐肚子上来回搓。"哈哈哈哈……"乐乐笑起来，"痒死了。"

齐齐按住乐乐肚子，认真地说："你的肚子里有黑色的魔法虫，要开刀了。"乐乐笑着躺下去，一动不动。

齐齐到隔壁娃娃家拿出一把玩具菜刀，对着乐乐的肚子开始"开刀"。乐乐一边笑一边捂着肚子，齐齐一边笑，一边在乐乐身上"开刀"："这里（腿上）也有虫子，这里（胳膊上）也有虫子……"他俩笑着滚在一起。

游戏结束后，齐齐和乐乐一起在记录册上画下几根黑色扭曲的"虫子"。

我们班输了，好难受
——悲伤之心

操场上，大二班和大三班正在进行一场跑步接力友谊赛，孩子们个个铆足力气，冲向终点。

"加油！加油！大三班加油！"肉肉在人群中不断为大三班加油鼓劲。

可是大三班输了，肉肉一脸失望，垂头丧气。

肉肉叹了一口气说道："我们班输了，好难受。"

过了一会儿，肉肉在队伍中说道："我们要练习跑步，超过大二班！"

我想在毕业前，给小朋友们开个画展
——信念之心

老师："马上就要毕业了，你们有毕业心愿吗？"

溪溪："我想在毕业前，给小朋友们开个画展。"

老师："没问题！但是办画展可不容易哦，要准备些什么？"

溪溪："我回去调查一下。"

第二天，溪溪带着调查结果来园，一进门，溪溪迫不及待地对我说："老师，我查过了，第一，开画展要让小朋友都知道有这个活动；第二，需要"复杂"的作品和道具；第三，还要准备发言稿。我一定会完成我的愿望！"

叶子上怎么会有洞洞？这些洞会影响植物生长吗？
——好奇之心

偶然的一天，大二班的孩子来到小农田里，发现亲手播种的茄子已经长出叶子了，但是凑近一看，叶子上有好多洞洞！秋秋提出："叶子上怎么会有洞洞？这些洞会影响植物生长吗？"

于是孩子们展开了猜测。

西西："我觉得肯定是虫子咬的。这个洞会有影响，因为树叶是有叶脉的，如果洞在叶脉上，把叶脉都吃没了，它这样就没水分，就干死了，所以我觉得要多浇水。"

晨晨："我觉得如果是被虫子咬的话，它会被咬死的，它死掉了我们就不能继续种了。种出来也可能不好吃，因为被虫子咬过了。"

欣欣："我觉得不会影响，它还会长出新的叶子。"

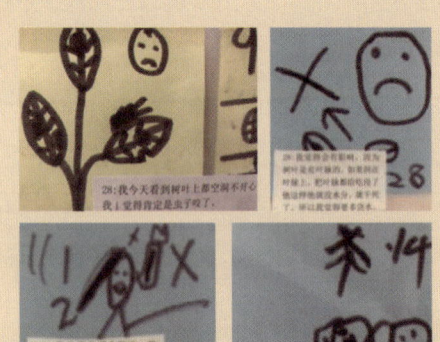

图 4-1-6 对叶子长洞的猜测

沙子里怎么会长出小苗苗？
——探索之心

一天，孩子们路过沙池边，对悄悄出现的小苗苗产生了疑问，他们尝试探索这棵小苗苗究竟是什么。

三个孩子表达了他们不同的观点。

安哲说："沙子里怎么可以长出小苗呢？这又不是泥土。我也不知道是谁种的。"

班班从远处小跑过来,他弯下腰仔细看着这些小苗苗,还用手摸了摸苗苗,他说道:"沙子里有一个水洞,沙子里很湿润,每个湿润的地方都会长出小苗,但是必须要有鸟进去种种子,这样才会发芽。"

逸晗也加入了讨论,她猜测:"小苗苗的种子可能是从沙漠干旱的地方吹过来的。来到了我们的沙池里,它一看是沙子就扎根下来了。"

然后我就成功了!做泡泡水真的不简单!
——自豪之心

"我也想做泡泡水,我要吹出好大的泡泡。"

"好啊,那你准备材料试一试哦。"

安哲一共经历了三次制作泡泡水的过程,他分别有以下不同的感受。

"第一次做泡泡水,我猜我会成功。然后我拿了杯子、洗手液,我先把水放进去再挤洗手液,洗手液挤少了,第一次就失败了。加油,别放弃。"

"第二次,我准备了吸管和筷子,搅拌得快一点了,洗手液加多了一点,只有一点点泡泡,成功了一点点。"

"第三次我成功了,我吹出来了一个大泡泡,洗手液和洗洁精都放了,我用筷子搅拌得很快,然后我就成功了!做泡泡水真的不简单!"

图 4-1-7 做泡泡水

下次我要用竹竿拿球
——思考之心

这是一次在运动过程中的"小意外"。仔仔和朋友们在打曲棍球,突然球飞到池塘中央去了,这可怎么办呢?

只听见仔仔说道:"交给我,我去捡!"

只见一个"勇敢"的身影,"啪嗒啪嗒"径直冲向池塘中央,原来是仔仔不顾鞋子被弄湿也要捡回"飞走的球"。

捡回球后,仔仔似乎并不是那么高兴,因为他的裤子、袜子和鞋子都湿透了。于是他说道:"下次球再飞走,要用竹竿把球顶到岸边,或者用捞网捞。"

图 4-1-8 捞球的办法

我要给班级里所有人抱抱
——共情之心

小蓝莓是班级中年龄最小的妹妹,班级中其他孩子就像照顾小妹妹一样,经常照顾她。在一次语言活动中,小蓝莓听到故事里的小熊要给它的朋友一个大大的拥抱后,小蓝莓也举起了手。

她说道:"我也想抱抱,我要抱28下。"

"为什么是28下呢?"

"因为我们班有28个小朋友,我都想抱抱他们。"

我想给小猫吃所有的麦苗，让它排出毛球
——怜悯之心

在花园里的一个角落中，种植着茂盛的小麦。春天的脚步临近，麦穗逐渐茁壮起来，此时却迎来了"不速之客"——小橘猫。它趁着孩子们在教室时，偷偷跑进花园中肆意妄为地啃食着孩子们辛苦种植的麦苗。对于"麦苗被小猫吃掉了怎么办？"孩子们展开了各自的思考。

图 4-1-9　小猫啃食麦苗

宁宁说："我不愿意给小猫吃掉麦苗，好不容易种出来的。"

彤彤说："要么给它吃一半，还有一半不给它吃。"

俊俊却说："我想给小猫吃所有的麦苗，让它排出毛球。"

图 4-1-10　孩子们对小猫吃麦苗的思考手记

老师老师，我想跟其他小朋友分享
——分享之心

"老师老师，我们今天发现了植物怪怪的地方，我要把这些奇怪的地方告诉小朋友！"

带着一丝发现新大陆的惊喜之情，带着一丝渴望被更多人知道的期待之情，熙熙主动向我提出了这个请求。我即刻对她的请求表示支持，熙熙也面带微笑，仿佛被注入了力量、更专注地带领着她的"植物怪怪小队"观察植物的"奇怪变化"。熙熙一股脑儿地将自己的发现"全盘托出"，全都分享完了。她迫不及待地和我约定："下一次我们还要分享！"

谢谢你给我这封信和这个回忆，我很爱你
——感恩之心

大班的孩子们即将毕业，家长们录制了许多视频、音频表达对自己孩子的期许与祝福，在看完爸爸妈妈的家信后，高高和益晗主动提出想要给妈妈留下一封回信。

高高流下了眼泪，在信中说："妈妈说的那些话我感觉很感动，我想妈妈和爸爸，我也爱妈妈和爸爸。"

益晗向老师借了手机，给妈妈发了语音说道："妈妈我爱你，谢谢你给我这封信和这个回忆，我很爱你，谢谢！"

图 4-1-11 感恩父母

"儿童之心"就是这样悄无声息地出现在生活中的每一个角落，也许一件微不足道的小事背后就潜藏了"儿童之心"。只要教师拥有一双善于发现的眼睛，一对善于倾听的耳朵，就能走近幼儿，发现这些珍贵的"儿童之心"。

二、我的预约活动

通过幼儿的行为解读与话语分析，教师不断发现幼儿的兴趣和需要，尝试理解不同幼儿的个性和逻辑。幼儿作为预约活动的主人，在活动缘起、儿童计划、儿童实践和儿童回顾的过程中，不断地与同伴沟通交流、表达建议、提出质疑和建构经验。在这样一次一次和幼儿对话的过程中，教师也在不断追随幼儿的步伐，理解幼儿的选择，走进幼儿的视角。

（一）由体验手记萌发的幼儿预约活动

在日常的幼儿园一日活动中，教师时常会看见幼儿们聚在一起讨论些什么，可能是喜欢的动画片，可能是一个小笑话，可能是最近吃到的小零食；抑或是两个幼儿因为一点"小矛盾"正在"争论"时，周围还围了一群观望的"观众"，时不时发表自己的看法……

在这类常见的场景中，教师是否考虑过这些问题：幼儿们为什么会出现这些行为？他们为什么会讨论？为什么会争吵？他们在想些什么？

自由活动时间，孩子们三五成群地进行着自己的活动，有的孩子在下棋、有的在折纸、有的在劳动、有的在画画。就在这时，有四个孩子围着一个玩具柜"交头接耳"起来，原来上面有好几道用记号笔画出的痕迹……

心怡："这个柜子好黑呀。"

一辉："刚刚谁在这里画画？怎么画得乱七八糟的。"（一辉一边说一边用手指去擦柜子上黑色的印记，擦了几下，他抬手看了看手上淡淡的印记，离开了。）

小雅："这个黑线要用抹布擦的。"（小雅说完就去找保育员了。）

几个孩子等了一会儿没有等到小雅，这时笑笑说："我知道抹布在哪里。"说完他跑去厕所，找来了抹布，打开水龙头沾湿抹布，并尝试拧干水,然后用抹布擦拭痕迹,但是没有擦干净。笑笑对小伙伴们说出了自己的结论:"这个痕迹擦不掉了。"

一直在旁边观察的心怡对笑笑说:"用水是擦不掉的,你要用肥皂擦。"心怡去洗手间找来了洗手液,将洗手液挤到了橱柜上,最后擦掉了这些"黑线",把整个橱柜擦得干干净净。

这个案例呈现的是一个非常悠闲的自由活动,在自主的氛围中,幼儿们有充分的时间发现自己感兴趣的问题,提出自己的设想,并用自己预设的方法解决问题,验证自己的设想。上述案例中四个幼儿对于"如何擦掉记号笔痕迹"有四种不同的设想,并且每个人都用行动验证了自己的设想。一辉用手擦拭、小雅尝试求助成人、笑笑找来了毛巾试图借助工具解决问题、心怡迁移了自己的生活经验用洗手液擦拭痕迹,每个幼儿行动的背后都体现了自己独特的经验和视角。

一日生活中,其实还有许多类似的教育场景。当教师沉下心去聆听幼儿的话语,观察他们的行动和表情时,会发现他们热烈讨论的、孜孜不倦反复尝试的行动背后都源于两个字:兴趣!当教师捕捉到这些片段时,一定要重视这些幼儿活动兴趣的信号,因为它可能蕴藏着日常生活中由幼儿兴趣产生的教育契机,教师需要蹲下身倾听、陪伴、询问幼儿们的想法,在不打扰他们自主探索的前提下,保持观察,了解幼儿们对什么感兴趣。

从以下的完整预约活动案例中,可以看到幼儿在整个活动中经历了四个阶段,分别是缘起、计划、实践、回顾。教师在这个过程中是隐藏的支持者,在幼儿遇到困难时,提供适切的帮助。

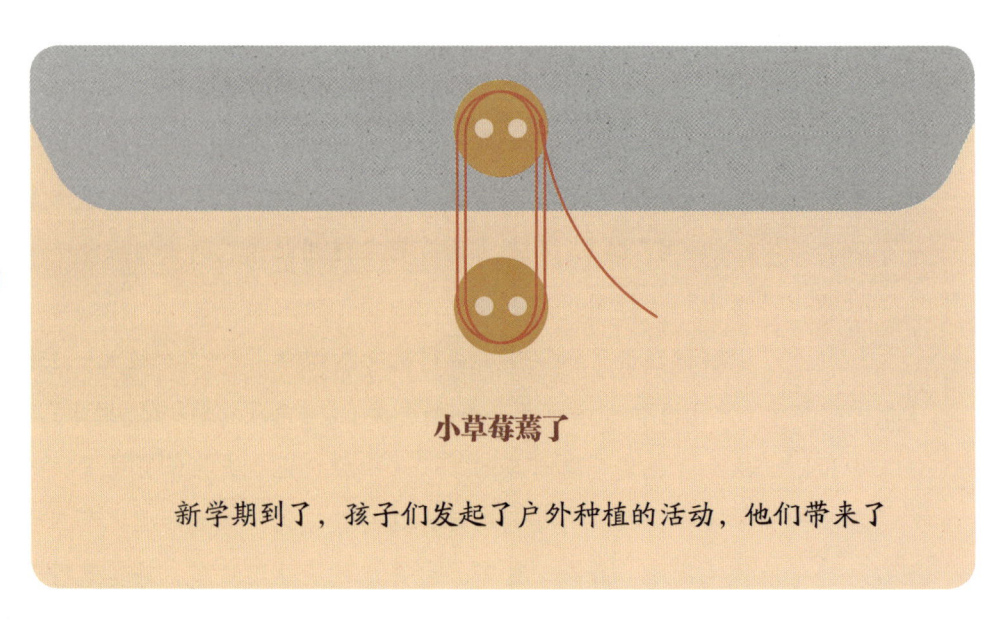

小草莓蔫了

新学期到了,孩子们发起了户外种植的活动,他们带来了各种各样的种子,有的人种二月兰、有的人种白菜、有的人种向日葵,其中有一组孩子要种草莓。

图 4-2-1　各种植物

缘起

一段时间过去了,孩子们饭后散步时,本来直直的队伍,越来越歪了。原来是孩子们想要走近种植地,看看小草莓。

小王:"老师,草莓的叶子有点掉下来了。"

晗晗一边说一边捡起泥土想给我们看:"肯定是我们没有浇水。你们看,土好干啊。其他的孩子听到后都蹲在地上摸起了泥土……"

班班:"老师我想画一张海报,上面要告诉小朋友怎么照顾草莓。"

班班:"我觉得照顾草莓需要做的事情很多。第一,要除掉野草、把野草扔进篮筐;第二,要给小草莓浇水;第三,给草莓晒太阳;第四,每天看看小草莓。"

这张"照顾小草莓"的海报吸引了11名幼儿。

图 4-2-2　"照顾小草莓"海报

幼儿们总是不停地看、听、摸、动，积极地运用感官去探索、去了解这个世界。哈哈发现了影响动植物生长的因素；班班在他的头脑中把照顾植物的记忆关联起来，然后用画画这种表征模式表达自己的记忆。在这个过程中，幼儿们的学习很自然地发生了。

计划

图 4-2-3　讨论浇水的时间

看着这张海报，小王不停地问："什么时候去照顾小草莓？"

小胡："明天有空就去浇水。"小王追问："明天什么时候？"

小胡："等吃好点心有空就去浇水。"

小王不依不饶："吃过点心之后，我们要照顾班级里的小植物呀。"

小胡："我们照顾好班级的植物后就可以给小草莓浇水。"

小王再次反驳："可是那个时候我们要去学本领了呀。"

彤彤："那我们吃好饭去给小草莓浇水。"

班班也提出不同的想法："吃好饭我们要把图书角搬出来，看会儿书就睡觉了，哪里有时间呀？"

彤彤："如果吃好饭有时间多出来就可以去。"

小王终于提出建设性意见:"谁吃饭吃得快就可以去!"

大家对"时间"的话题讨论了大约十分钟。小王、小胡、彤彤、班班都提出了各自的意见。因为小王的执着,照顾草莓的时间从"有空就去"到有了具体的时间点。幼儿的讨论涉及几乎全部的一日活动安排,从吃点心到学本领,再到吃午餐,因为各个环节紧凑,被其他幼儿一一否决。其实从对话中能发现每个幼儿的语言背后有着自己的逻辑和思考。

佳宁:"我们班老师很早很早来了之后,就去给小草莓浇水。"

教师反问:"我来浇水吗?"

班班:"最好是我们去浇。我们跟着老师下楼去给小草莓浇水。"

我惊喜于班班强烈的愿望,他要亲自照顾草莓,那是他的最爱,可能他对自己种植的草莓有着尤为不同的情感吧。同时我能体会到自己的"言下之意"能被幼儿敏锐地捕捉到,那是我们每一天在一起产生的默契。

佳宁:"我们7点就来吧。"

小王:"我们可以和哥哥姐姐一起来吗?"

佳宁:"不行的,门卫叔叔肯定不让我们进来的。"

佳宁好像自己找到了解决方案:"要不,我们去和门卫叔叔说一下,求求他们让我们进来吧。"

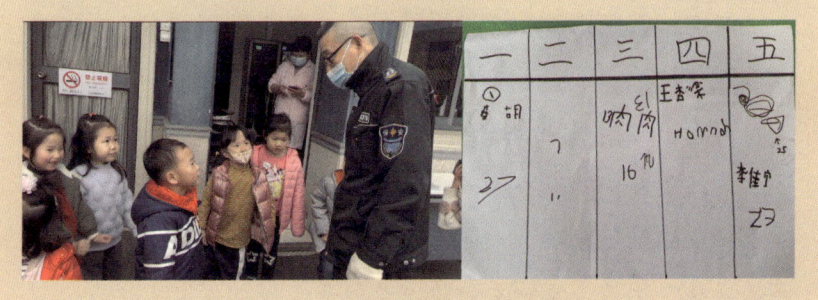

图 4-2-4 主动和门卫叔叔沟通

幼儿有着强烈想要照顾草莓的愿望,各自想了多种方法。难道因为门卫的规定,大家就不能提早来园了吗?教师有什么办法可以帮助幼儿实现这个愿望?我建议大家设计一个照顾小草莓的时间安排表。每个参与讨论的幼儿都在上面签下了自己的名字。随后他们拿着申请书,去和门卫叔叔沟通。

实践

周一到周三,连续三天,都无人前来照顾小草莓。

小胡:"我和我妈妈说了,但是她没送我来。"

彤彤:"我忘记啦!"

仇仇:"我不想继续照顾小草莓了,我觉得太累了。"

图 4-2-5 杏梁独自照顾小草莓

周四,天气很冷。杏梁冒着严寒,早早来到学校。他一个人来到种植地,拿起了工具,为小草莓浇水和除草。

周五,又是小草莓独自成长的一天。

一周五天,只有杏梁一个人来照顾小草莓。难道这个挑战对于中班的幼儿来说太大了?还是幼儿们已经没有了照顾小草莓的兴趣?于是,又一次讨论由此展开。

回顾

图 4-2-6　给爸爸妈妈写信

教师："这一周，你们是怎么照顾小草莓的？"

杏梁："我那天很早来照顾小草莓了，我戴了个手套，拔掉了很多野草，还给小草莓浇了水，我很开心。"

小朱、晗晗、悦悦听着，在一旁不说话。

悦悦："我不想照顾小草莓了，太累了。"

教师："好的，那其他人呢？"

小朱、晗晗："我想照顾的。"

教师："照顾小草莓需要早点到幼儿园，你们有什么好办法吗？"

佳宁："你们可以给爸爸妈妈写封信，把这件事情画下来。"

幼儿的每句话背后都有自己的想法。在这件事情中，有的幼儿把原因归结到父母身上，有的幼儿觉得持续照顾的压力太大，有的幼儿还想继续坚持。在幼儿回顾的过程中，他们有机会去和彼此讨论他们的想法，去了解别人的观点，去决定进一步的探究方向。而教师可以不断修正自己的视角，让活动保持在"儿童关心"的范畴内，不断感受到幼儿作为自主学习者身上所蕴含着的各种可能性。

以上案例展示的是完整的幼儿预约活动。由幼儿发起、招募拥有同样兴趣的伙伴开展的"预约活动"已经成为幼儿园课程实践的一种方式。

1. 预约活动是什么

"预约活动"是课程创生的切入口，其内容和形式来源于师幼共情与共建，具有四个实施原则：活动缘起、儿童计划、儿童实践、儿童回顾，并浸润在四条行动路径中。

行动路径一：依据幼儿的想法，教师支持幼儿共同讨论活动内容。

行动路径二：以幼儿设想、同伴协商设计为主，教师退后并支持活动的开展。

行动路径三：活动中，教师需关注幼儿已有经验，观察记录幼儿活动过程，并思考是否介入以及如何介入。

行动路径四：活动后，支持幼儿相互交流活动体验，记录幼儿个性化的表达表现。

这是一种独特的动态过程，开放的形式让幼儿和幼儿、幼儿和教师的对话、协商有了更多的可能性，让幼儿的学习方式更加"自发、自主"。在具体的实践中，每个环节如何进行预约活动呢？

（1）关于活动缘起

当教师蹲下身聆听幼儿的声音、解读幼儿的行为时，会发现许多"预约活动"生发的契机。有的预约活动是社会实践活动、有的是探索性活动、有的是表达表现的活动。教师在发现兴趣的同时，可能还需要思考以下几个问题：班级里多少幼儿想要参与此次预约活动？其中谁是有经验的，谁是没经验的？预约活动前，幼儿有哪些"共同"和"不同"的想法？切记，当发现了幼儿的各种兴趣之后，千万不要急着开始为幼儿设计各种丰富的"课程内容"，不妨先听听幼儿们的"建议"和"计划"。

（2）关于儿童计划

在实践中会发现，幼儿们带着自己独特的视角和生活经验对活动的发展做出自己的判断及预期。他们非常乐意和同伴、老师一起制订自己简单的行动计划。而且，在制订计划时他们还会带着"质疑"的精神，对彼此的意见进行阐释。此时，教师可能需要思考：一起参与这个活动的伙伴是谁？他们共同做了什么事？在过程中提了什么问题？幼儿有没有问题？如果是认知、技能、思维或情感等方面的问题，则可进一步启发幼儿联系经验进行思考。

（3）关于儿童实践

制订好计划后，幼儿们就会按照自己的想法开展亲身实践活动，而这个过程一定不是一帆风顺的，幼儿们会遇到各种问题和"挫折"，需要教师给幼儿

时间和空间的支持。什么时候给予幼儿支持？什么样的支持能够给予幼儿进一步探索的空间？这是教师在提供帮助前一定要思考清楚的。

（4）关于儿童回顾

当幼儿完成了他们的活动后，不要忘记组织一场简单的"讨论会"。鼓励他们在活动结束后，有时也可以是活动中，对自己的活动情况进行回顾和反思。

2. 预约活动的发起和实施

预约活动作为课程班本化实施的一条途径，其活动发起者是谁？教师在其中的角色是怎样的？

在课程实践中通过对幼儿实施观察，鼓励幼儿通过多种方式充分表达体验和愿望，形成幼儿个性化"体验手记"。教师可支持幼儿分享课程经历或手记内容，发现幼儿的兴趣、问题、争论等探索需要，赞赏幼儿的想法，鼓励幼儿提出设计，从而萌发"预约活动"。探索"活动缘起—儿童计划—儿童实践—儿童回顾"的预约活动实践模式。

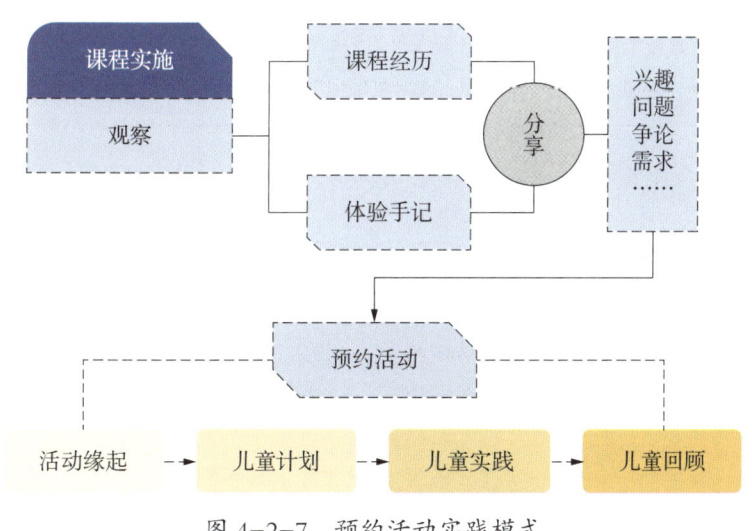

图 4-2-7　预约活动实践模式

（1）预约活动内容来源于幼儿主体

依据幼儿在课程中萌发的想法或问题，幼儿为主、教师支持，协商和讨论形成预约活动的内容。

（2）预约活动的过程以幼儿设想、同伴协商设计为主，教师退后实施活动

教师需关注幼儿已有经验，尊重幼儿自己的选择、观察记录幼儿活动过程，并思考是否介入以及如何介入以激发幼儿的活动兴趣，支持幼儿持续探索的热情。在预约活动过程中教师支持幼儿创建环境，以保持幼儿继续活动的快乐体

验。在预约活动后，支持幼儿相互交流活动体验，记录幼儿个性化的表达表现。在预约活动过程中教师一直起着隐形支持作用。教师要时刻关注幼儿的各种想法，幼儿们的想法可能不会直接说出来，这就需要教师共情幼儿的行为所透露出来的情感，并尽可能满足幼儿的个性化需求，或将幼儿们在生活中遇到的挫折、争吵，变成他们的活动内容，以激发幼儿的积极性和探索欲。

3. 预约活动"四根线"质量评价

在活动过程中教师要倾听幼儿表达、观察幼儿行为、记录活动过程；选择合适的方式参与幼儿活动，观察幼儿的游戏、探索、操作，简单记录活动发展脉络。有的预约活动并不是一次性的活动，而是会持续一段时间，此时我们需有意识地收集幼儿的想法、建议、问题、线索，支持幼儿形成后续的活动，满足幼儿进一步探究和学习的愿望。

预约活动的质量如何保障？谁来判断？本书尝试探索提供一条教师在预约活动中自主开发和创新实践的评价途径。

预约活动从何而来——基于"起点"的思考
第一根线，活动缘起：本次预约活动产生更倾向于师幼共建的哪一端？

```
0                                                          10
幼儿                                                      教师
```

思考提示点
❖ 班级里多少幼儿参与了此次预约活动？其中谁是有经验的，谁是没经验的？
❖ 预约活动前，幼儿有哪些"共同"和"不同"的想法？

预约活动的设计——关注主动建构
第二根线，幼儿状态：本次预约活动中，幼儿感兴趣的程度是？

```
0                                                          10
低                                                         高
```

思考提示点
❖ 幼儿一起参与的伙伴是谁？他们做了什么事？提了什么问题？
❖ 幼儿有没有形成问题？如果是认知、技能、思维或情感等方面的问题，则可进一步启发幼儿联系经验进行思考。

预约活动的保障——空间、环境、材料、时间
第三根线，活动资源：本次预约活动中，环境适宜吗？材料充足吗？

```
0                                                          10
一般                                                      适宜
```

思考提示点
❖ 哪些材料或工具满足幼儿直接操作、体验和表征的需要？
❖ 幼儿需要多少时间、怎样的空间来进行体验和展开讨论？

> 预约活动的教师——态度、情感、经验等互动
> 第四根线，教师支持：本次预约活动中，我的介入和互动能支持幼儿发展吗？
> 0   10
> 一般   适宜
> 思考提示点
> ❖ 我的介入是不是适宜？我还可以创设哪些机会支持幼儿的想法？
> ❖ 有没有赞赏幼儿行为背后的独特视角和思维过程？

开展预约活动后，教师创设幼儿分享情感经验的机会，倾听幼儿的真实感受，如情感、收获、问题等，体验预约活动对幼儿发展的价值。

（二）预约活动中师幼共建的两端

1. 共建的预约活动

幼儿在小班时更愿意在教师的带领下进行活动，那会让他们产生安全感和秩序感。幼儿们逐渐长大，对周围生活中的人和事越来越熟悉，他们将随之产生更强的好奇心和求知欲，会积极地运用感官去探索、了解新鲜事物，也能够用语言表达自己的意愿和想法，自主选择伙伴共同开展活动。

与大年龄的幼儿相比，小年龄的幼儿更倾向关注自我的想法，欠缺对他人建议的倾听和理解；他们虽然有许多兴趣点，但可持续时间一般不长、不可控；他们遇到问题时更容易打退堂鼓……因此，有时候预约活动是建立在师幼共建的基础上的。

在共建的预约活动中，教师的作用是什么？如何有效推进活动的开展？与此同时教师还应思考在活动中的站位，是应该较为靠前、推拉并举，适时地推进活动，还是应该更为放手、静待花开。

即将迎来六一儿童节，我们发起讨论"你想在节日当天做哪些有趣的事情"。幼儿纷纷提出自己的想法，"我想要在操场搭帐篷和同伴一起露营""只要和朋友在一起，不管做什么都很开心""天气太热了，想和好朋友一起玩水，比如打水仗"……大家的想法各不相同，那么我们该怎么做？如何选择呢？于是我们在班级发起投票，幼儿自由选择最喜爱的活动，最终选出的活动分别为打水仗和露天野营。

新的问题随之产生，"你需要哪些材料？""你想什么时候参加活动？"……幼儿以小组为单位，绘制自己的活动计划。同时，教师也借助

班级群与家长共同联动，帮助幼儿收集打水仗、露营所需要的各类材料，如雨衣、泳帽、水枪、水桶、帐篷、小竹篮等材料。经过一系列的准备工作，我们的六一活动终于即将拉开帷幕啦。

回顾活动的前期准备环节，教师和幼儿分别做了以下事情。幼儿，他们自主地提出自己的想法，大胆表达在活动当天想要进行的活动，并用投票的形式自主选出自己最想参加的活动，寻找伙伴与自己共同制订计划。而教师在其中起到的作用则是组织幼儿讨论，为幼儿提供交流的平台，帮助幼儿梳理想法与经验；同时做好保育工作，了解家长需求，关注对幼儿的生活照料。

可见，师幼共建活动是由幼儿和教师共同参与并推进的，幼儿提出想法、发起活动，教师适时进行支持。幼儿作为活动的主体，教师从旁辅助，共同推进活动。在实践中我们发现，"推拉并举"与"静待花开"对中班幼儿而言都是有效策略，这两者可以相辅相成、双向并行，更好地凸显幼儿的参与度与自主性。

土豆，我爱土豆

有一天幼儿路过菜地，看到土豆有了大变化：

"这个土豆长得好高，马上要变成土豆树了！"

"它有多高呢？"——这个问题的出现，让幼儿的讨论更加热烈了……

教师即时捕捉幼儿的兴趣，并在班级中开展讨论，将个体的经验与集体进行分享，此时教师以"同伴"的身份参与其中共同讨论，并记录下幼儿对话的内容。

1. 土豆有多高呢？——一起去量身高

幼儿纷纷提出自己的想法。

小王："有一百那么高！"

瑶瑶："给它量一量身高，量一下就知道了。"

教师发现幼儿给土豆量身高的经验其实源自生活，也许是在检查身体时量身高的经历启发了幼儿。他们相互分享，提出要让土豆"站直"，并且直接记录在尺上，用圆点标记出土豆的高度，最后记录下日期。在讨论中，大家决定用最简单的方式做一把"标记尺"。教师与幼儿共同制作测量工具，这样便可以直观地看到土豆的生长变化。

图 4-2-8　量一量

2. 土豆苗怎么变弯了？——一起扶正苗苗

幼儿发现精心照顾的土豆不仅没有长高，还"弯下了腰"，于是他们用图符记录下自己的发现，他们的对话中又产生新问题：

葡萄："弯了还怎么量身高？"

幼儿一次次提出自己的解决方法，但都觉得并不可行，同伴也不断提出自己的疑问。

"多喝水会长高。"

图 4-2-9　土豆苗弯了

"那要等很久很久才会变直。"

"把它摆直，量身高用手拿。"

"那我们回班级了，走开后它又要弯了。"

此时幼儿之间"僵持不下"，教师采用提问的方式进行介入，借助抛问题的方式激发幼儿思考："现在我们需要想个办法，怎么才能让土豆苗保持直直地站着呢？"

幼儿："用个小圈，如果又弯腰就把它挂进去。"

教师："小圈？怎么挂？"

幼儿："用绳子绑起来，一圈一圈又一圈。"

教师："怎么绑？"

幼儿："绑住它的头，就不弯了。"

教师："你们可以自己试一试，看看可不可以。"

图 4-2-10　幼儿讨论解决问题

教师适时地介入，结合抛问题、追问的方式，鼓励幼儿不断地思考、寻找解决方法，而并不是直接告诉幼儿答案。看似参与讨论，却又"全身而退"。此时教师所采用的推进方式就是发现问题、分享问题、观察幼儿、等待幼儿。

3. 土豆怎么变黄了？——一起去寻找答案

一段时间后，土豆苗变黄了。

小王："为什么会变黄色？"

葡萄："是生病了吗？可是它一直喝水的。"

> 教师:"到底是什么原因?现在土豆苗变黄了我们应该怎么办?"
>
> 小王:"回家让爷爷帮我查一查。"
>
> 教师:"如果找到答案,欢迎你们分享哦。"
>
> 在讨论时幼儿分享了不同观点,最近计划带着工具去一探究竟。在幼儿的共同努力下,两棵变黄的小土豆苗被连根拔起,他们小心地捧着,并把泥土冲洗干净,带回班级和朋友们分享。

基于以上案例,可以看到,在师幼共建活动中,教师是这样来凸显幼儿的主体角色的。

(1)及时捕捉幼儿的兴趣

活动中,尝试为幼儿创设实际操作、体验的机会,鼓励幼儿大胆表达自己的想法,尝试通过查阅、讨论等方式,探究问题并尝试解决。发现个别孩子的兴趣,借助分享,通过同伴间的对话引起更多幼儿的参与兴趣,及时捕捉幼儿的需求,在互动中引起更多幼儿的兴趣,从而生成、推进活动。

(2)记录幼儿行为和对话

在过程中,教师发现幼儿尝试自己解决问题时,可充分利用一日生活中的分享环节,邀请参与的幼儿向同伴介绍收获,并分享活动视频,鼓励幼儿完整表达自己的想法。

当幼儿产生问题时,教师不必迅速加入幼儿的讨论,但当话题无法推进时,可以适当借助质疑、问题引导等方式激发幼儿思考。当幼儿有新发现时,及时利用分享环节与幼儿共同讨论,为幼儿提供互动的平台,从而更好地引发生生互动,幼儿一来一往的对话也能帮助教师更好地了解他们的想法,并给予适当的支持,例如材料、环境等方面的支持。

(3)鼓励幼儿将想法变成现实

幼儿自主提出的想法,他们往往更加愿意实行,参与性也更高。可以借助图符,了解幼儿想法,鼓励幼儿自主搜集信息,并提供分享的机会。很多时候幼儿会遇到困难，教师可以参与对话，但要注意不主动提出解决方法，而是鼓励幼儿在问题中寻找策略。当幼儿探索出可行的方法时，引导幼儿自主尝试搜集材料，用实践的方式验证自己的想法。

2. 主动发起的预约活动

当幼儿对于幼儿园一日作息生活更了解、更熟悉时，他们往往能够打破时间限制、空间格局的边界，做幼儿园的"小主人"，经常能够结合自己的经验、兴趣，提出一系列"有意思"的活动邀请。

在操场的一角，孩子们正聚在一起，弯着腰在讨论着什么，原来是材料筐里多出了"水枪"，他们一边把玩水枪，一边问我："我们可以在幼儿园里打水仗吗？"

鲁宁、琛琛和琦琦进行了消防员的游戏，有了水枪以后，三位"消防员"玩得很开心。在游戏后的分享环节中，他们分享了自己的游戏内容。

鲁宁："今天我们是消防员，我们用水枪装水灭了树林的大火，因为火太大了，小的灭火器没有用。"

水枪一下子引起了孩子们的兴趣，大家纷纷讨论起来。

馨馨一下子就站了起来，大声说："水枪我玩过的，水枪可以把水射很远。"

悠悠附和："我也玩过的，我在家里和爸爸一起玩的，我们打过水仗。"

杰杰说："我也想打水仗，明天我们可以在幼儿园里打水仗吗？"

他们好奇心强，对周围世界的求知态度非常强烈，也善于表达自己的发现与需求，且能够通过合作协商的形式解决问题。在活动的萌生、推进、发展等每个阶段，他们才是活动真正的组织者、策划人、解决者与思考者。

在日常生活中，幼儿兴趣的产生也许源于周围生活，也许源于观察发现，也许源于一场幼儿与幼儿的互动讨论中……每当兴趣在幼儿脑海中一闪而过时，一场预约活动的雏形也就诞生了。

案例"足球赛"就是一个由幼儿主动发起的预约活动。

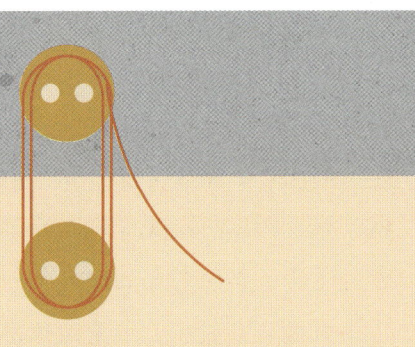

足球赛

佳宁:"我昨天和爸爸一起看'世界杯'了。太好玩了,我看到半夜。"

涵涵:"昨天晚上我也在电脑上看世界足球杯。在家我也踢了一会儿足球。"

丸子:"我看了足球赛,我看到'乌克圭'(其实是乌拉圭)对韩国队,但是我看着看着就睡着了,没看见最后的结局,也不知道到底谁赢了。"

涵涵:"我们可以跟小朋友玩一次踢足球,老师可以帮我们拿一个球、一个网(准备足球和球门),我们下次来试一试好吗?"

肉肉:"好啊,我也想踢,要么我们来个踢足球的活动!"

于是肉肉制作了一张足球海报,张贴在教室的一角。

"谁想和我们一起踢足球?把学号贴拿过来贴在海报上。"

"要踢球的都来找我。"

……

图 4-2-11 足球海报

以上对话中幼儿们在向同伴传递"邀请的橄榄枝"。邀请形式逐渐多样化,这些源于幼儿的日常想法,最常见的外显形式是

"言语邀请";其次,则是信函邀请,例如制作海报、邀请函等。他们常常不吝啬自己的邀请,期待有更多的同伴加入其中。

瞧,不一会儿,海报上贴上了1个、2个……21个学号贴,他们成功邀请了志同道合的朋友们一起参加"足球赛"。

足球赛报名完成了,但是足球赛的规则有哪些呢?

第二天,好几位孩子拿着各自关于足球赛的调查结果来了,他们围坐在一起分享自己查到的足球赛规则。

蔡蔡:"足球赛有个裁判,拿到两个黄牌要下场,拿到一个红牌要直接下场。黄牌是犯规,红牌是犯规得很严重。"

益晗:"足球赛不能用手碰球,守门员才能碰球,不是守门员就不能碰球。"

佳宁:"我查到的是两个队伍各设一名守门员,要有替补队员。比赛分上下半场,半场45分钟、整场90分钟。射进球门得一分,得高分的获胜。"

小羽:"拿到三张黄牌就要下场;而且不能推人、不能挤人。"

孩子们边听边记,似乎也觉得其他朋友说得有道理。

老师:"听了四位小朋友的介绍,你们觉得我们的足球赛有哪些规则?"

小羽:"我觉得90分钟很长。我们是小孩,少一点,踢30分钟吧。"

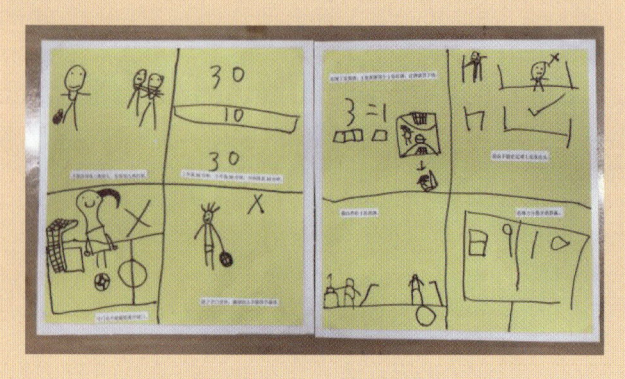

图 4-2-12 足球规则

蔡蔡："我们还要休息一下，休息10分钟怎么样？要不然会很累。"

益晗："好啊，然后踢足球时不能用手碰的，只有守门员可以。"

佳宁："而且守门员只有一个，还要有个裁判。"

蔡蔡："裁判要有红牌和黄牌，黄牌是犯规，红牌是犯规得很严重。"

小羽："球踢出去了也要给黄牌。"

佳宁："最后看谁分数多，就赢。"

孩子们主动地回家查阅足球赛规则的资料，在这样一场小小的"会议"中，大家你一言我一语，就将足球赛规则商量好了。可是哪天去踢呢？孩子们又开展了新的讨论。

悦悦："最近都好冷，出去都冻成冰棍了。"

佳宁："那我回去查一查天气吧，要选个晴天。"

小羽："我也想查一查，我们可以找不冷的那一天。"

老师："好的，那么你们查一查下一周的天气，选择最合适的一天我们来比赛哦。"

最后，带着调查结果，孩子们一致约定在12月16日这个天晴且不那么冷的日子进行比赛。

比赛开始了！孩子们踢得如火如荼，我在旁也不断地记录孩子们在过程中的问题，观察他们的行为作为回顾的依据，在过程中我记录了以下几个幼儿提出的问题。

"裁判怎么不看？"（讨论裁判的工作内容）

"替补队员为什么（在刚开始踢球时）也上（场）了？"

"红牌的3号为什么还在踢球？"（指向规则的落实）

"风太大，裁判翻的分数又变成0分了。"（指向问题解决）

"球传给我，你站在我后面去。"（指向同伴合作）

最后，飞豹队以2∶0战胜了冲锋队，飞豹队的成员们获得了奖杯与奖牌。

比赛结束后,我与孩子们一起坐下来回顾这场精彩的足球赛,孩子们开始了讨论。

佳宁:"我的身体很热、很累,我一直在抢球,很热。足球比赛太好玩了,下次我还要搞一个篮球比赛。"

逸晗:"我有点不开心,因为我没有赢。"

图 4-2-13 赛后回顾讨论

乐乐:"我一直守着球,球一直没有来。"

仔仔:"队员不在我前面,我传球都不知道传给谁。"

悦悦:"我今天是裁判,我一直在传达消息,他们连续犯规我看得好累。但是我忘记提醒红牌的人要下来了,所以3号一直在上面踢。我有点忙,分数牌我明明翻过了,但是可能风太大又变回去了。"

可以看到孩子们对于同一场"足球赛"有完全不同的感受,有的孩子对自己的身体变化非常关注;有的孩子非常在乎比赛结果;有的孩子甚至延伸出对不同球类比赛的兴趣。这些就是孩子们个性化的差异,也凸显出他们是独一无二的个体。

根据以上案例,可以得出,在预约活动前期,当幼儿们产生预约活动的萌芽时,当幼儿在预约活动中产生问题时,教师可以这样做去支持幼儿自主实施预约活动。

(1)主动加入幼儿,鼓励幼儿递出"橄榄枝"邀约同伴加入

察觉兴趣,倾听想法。当幼儿们主动地发起对于某一话题的讨论时,教师可以与幼儿们坐在一起,耐心地倾听他们的讨论与想法。从这些讨论中,能够

发现幼儿真实的兴趣和想法。

提供环境支持，创设"活动公告板"。当产生活动契机时，幼儿们会向同伴传递"邀请的橄榄枝"。为了记录幼儿的兴趣，也方便让当天未来园的幼儿了解活动详情，在班级中可以设置一块"活动公告板"，鼓励有相同兴趣的幼儿在"活动公告板"的海报、邀请函中贴上自己的学号贴纸或者做相应的标记，表示"想加入"。

图 4-2-14　活动公告板

（2）鼓励幼儿主动计划，召开"会议"与同伴进行商讨

提供"会议桌"，鼓励幼儿面对面交谈。在班级中，幼儿经常对于不同事物展开一系列的讨论，有时可能只是几句短短的"只言片语"，有时也可能会争执到面红耳赤……教师可以提供一张桌子，请他们耐心坐下来，面对面交谈，就像"开会"一样，并适时提供纸、笔，鼓励幼儿们记录发言者的话。

久而久之，幼儿们在遇到问题时，便会主动召集伙伴们共同围坐在桌子旁边，轮流进行发言表达自己的想法与见解，形成"会议"的意识。

在预约活动中，"会议"中的讨论包含对预约活动的物质准备、策划规则、问题解决等，由幼儿自己担任会议主持、决定发言顺序、思考发言内容等。这些讨论承载着幼儿对活动的"所思所想"，充分体现了幼儿的自主性。

把握介入时机，寻找关键问题。在"会议"中，教师以平等的讨论者身份加入"会议"，倾听幼儿的想法，并且尽可能"后退"，尊重幼儿对活动的思考，满足幼儿表达想法的意愿，用"听"代替"说"，用等待代替介入。

当幼儿在讨论中"冷场"时，教师可以分析幼儿"冷场"的原因，如果是由于幼儿缺乏"生生互动"的意识，则可做适当的提醒与引导；如果幼儿遇到"不会提问"的情况，教师则可以思考幼儿"抛出的问题"是否表达恰当，帮助幼儿调整表述方式；如果幼儿对同伴提出的问题"不能理解"时，教师可以帮助提问，如"你们听懂他的意思了吗？谁来说说他说的是什么意思？"鼓励幼儿进行有效的生生互动。

（3）鼓励幼儿主动解决遇到的问题

在幼儿预约活动中，幼儿往往会不断地遇到问题，教师可通过各种方式隐形支持幼儿自主思考解决问题的方式并进行实践。

对于幼儿解决问题时的回应支持。在大班预约活动中，当幼儿遇到问题时，会期望教师回答或帮忙解决。此时，教师首先可以认可幼儿想要开展活动的愿望，通过将问题"抛"回给幼儿们的方式，如"谁能帮他解决问题""你们觉得可以怎么做呢"适时引发幼儿之间的交流讨论，让幼儿尝试自己解决问题，从中探寻幼儿行为背后的想法。

对于幼儿解决问题时的环境支持。幼儿在自主讨论的过程中，你一言、我一语，"生生互动"时经常只关注自己的想法，忽略他人的问题，难以集中注意力倾听同伴的建议。因此，教师可以创设幼儿解决问题的讨论区域，也许是一张"讨论桌"或教室中的一个小角落。当幼儿们产生问题时，可以提供笔和纸，鼓励幼儿们自行记录与讨论，提高幼儿参与问题解决过程的兴趣。

（4）鼓励幼儿在预约活动后主动思考回顾

幼儿在不同的预约活动中收获了许多，有快乐的情感体验、有问题解决的方法策略、有同伴交往的经历等，通过预约活动后的回顾环节组织，引发幼儿对于活动进行自主思考。

结合幼儿的记录进行回顾。在活动结束后，教师可以与幼儿一起回忆刚刚发生的事情与细节，鼓励幼儿记录内心真实感受，可以用一幅画或一句话，让幼儿自主回顾、表达感情、梳理问题等。

结合幼儿在活动中的照片与视频进行回顾。在预约活动开展的过程中，教师可以提供一台手机拍摄、记录幼儿的活动情况。在回顾环节，将拍摄的照片和视频与幼儿一同观看，也许会有不同的发现和感受。幼儿通过这些照片与视频可以重新体验活动的乐趣，增加对活动和学习环境的归属感；还可以在脑海中建立一个连续完整的框架，理清事物之间的逻辑关联和发展过程。

结合幼儿的活动计划进行回顾。将计划与实际活动进行对比，帮助幼儿回顾计划中的内容是否合理，哪些目标达成了，哪些内容实践了。这有助于今后进一步优化活动计划与准备。总结活动过程中出现的问题，当幼儿遇到相同问题时帮助他们回忆上一次是如何解决的，上次的解决策略是否还能解决这一次遇到的问题。这样，幼儿才能真正形成解决问题的策略。

（三）幼儿预约活动中隐藏的教师

在幼儿园的一日生活中，如何既满足幼儿生活需要、生长规律，又满足幼儿各种兴趣、问题和计划？如何支持幼儿作为主体角色创造自己每一天的经历？幼儿预约活动的内容和形式来源于师幼共情与共建——幼儿为主，教师支持产生的各种课程活动。那么教师在幼儿的活动中起到什么作用？

幼儿园课程内容的发起者是谁？本书一直在探索一种可能性，就是发起的活动应该来源于幼儿，来源于幼儿的兴趣、问题、假设甚至想象，课程活动完全由幼儿发起。

> 在寒流侵袭的清晨，子琪发现了一小块冰块，他兴奋地拿给乐乐："我手上还有水。"乐乐递给了小朱，小朱递给了瑶瑶，瑶瑶扔在地上说："这么小。"子琪一直跟着冰块，他从地上捡起像小指甲盖那么小的冰块："如果游泳池里放满水，我们就能拥有一个大冰块啦。"
>
> 五六个孩子跑向游泳池，开始了对"大冰块"的畅想。

幼儿眼中的世界如此细腻，他们能看到成人通常不会关注的事物。从课程内容的角度来说，首先，明确幼儿会根据自己的理解和体验创造出鲜活的经验，这些鲜活的经验是课程的重要组成部分。其次，教师在幼儿的活动中尽量多听多记少插话，有意识地观察每一个幼儿参与活动的兴趣差异，倾听幼儿之间如何探讨问题。教师无疑起着支持幼儿活动的作用，支持的目的是体现和推动幼儿"主动"，这样的支持是隐藏的，是不可或缺的。

以下案例呈现了教师是如何发挥隐性支持作用的。

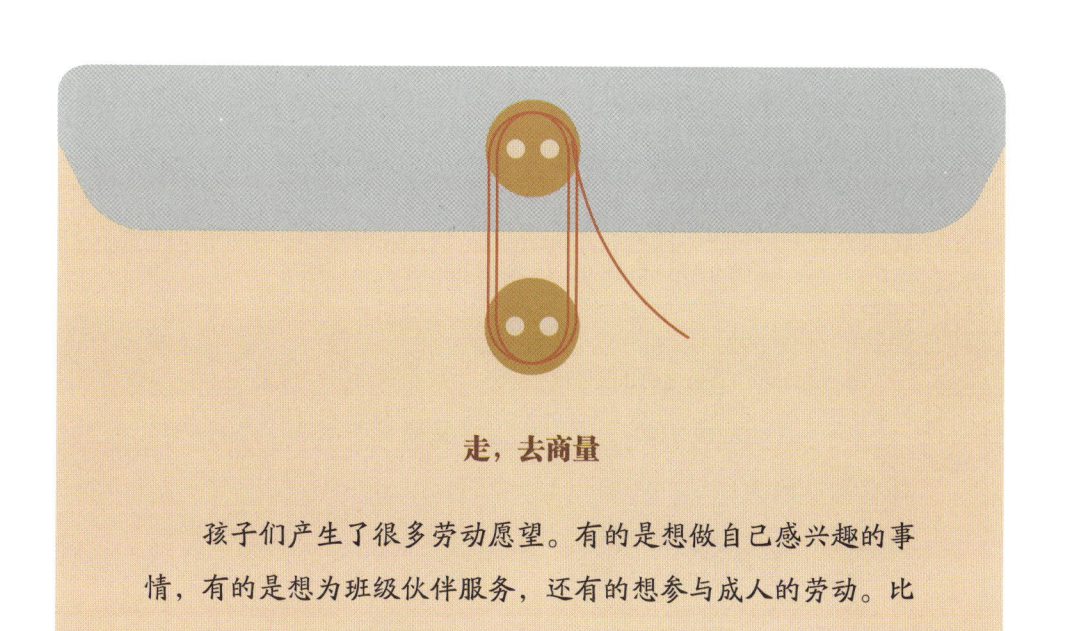

走，去商量

孩子们产生了很多劳动愿望。有的是想做自己感兴趣的事情，有的是想为班级伙伴服务，还有的想参与成人的劳动。比如学着门卫叔叔摆放一米栏，学着外勤人员清洗游泳池、修剪枯树枝，跟着老师给皮球打气等。幼儿园一天的生活中那些成人看起来不起眼的、习惯了的小事，在孩子们眼中都是劳动。孩子们在幼儿园生活了好几年，每天都跟老师接触，多一点跟其他人接触、交流和相处的机会是一种特别经历。很希望帮助幼儿把"想做的事情"变成"能做的事情"，于是我和孩子们共同商议，一起约定怎么样才能参与大人的劳动，于是讨论主题有了：我们想跟你一起做这个劳动，可以吗？

活动前，我预设了四个方面的内容。

1. 预设活动目标

目标一，根据设想的劳动内容寻找劳动伙伴，商量时间、工具及劳动内容。

目标二，在走出教室与人商议的过程中倾听他人、表达自己、尝试解决问题。

2. 预设大致的活动地点

可能会在三楼小安剧场进行大桌会议，在一楼清洁阿姨休息室、一楼门卫室、一楼厨房门口进行实地商量。因为这三个地点是工作人员的劳动区域。

3. 预设我的过程行动

我将全程走在孩子身后，鼓励小组组员按照设计的预期路线找到这些对象。当孩子找到对象后，记录他们的对话，尤其是他们感兴趣的内容、遇到的问题以及当下的反应。

4. 预设我的关键提问

如果要加入他们的劳动，可能需要做哪些准备？怎样在过程中提供支持？

以下是对过程的记录：

幼儿行为表现描述：
孩子们到了大班产生了很多劳动愿望，例如卢慕宸就提出来，特别想要去幼儿园的食堂，看看能不能帮食堂的大妈妈剥毛豆、择菜，他的想法立刻得到了很多朋友的赞同。
钱璟羡慕地拉着卢慕宸："我也想跟你一起去。"
但是徐紫馨却说："我不想去食堂，食堂里面很危险，小孩子是不能去的。我想去打扫游泳池，很好玩的，可以把叶子捞起来，哈哈！"
她的想法一说出来就有很多孩子举手要跟徐紫馨一起去。大眼睛悠悠说："我们人多力量大，我们需要更多的力量。"
于是参与幼儿园成人的劳动活动就开始了。

活动来源

幼儿交流（师生交流）过程记录：
第一次预约活动：孩子们兴冲冲地围到小桌前。
第一组卢慕宸说："我们要去食堂，可是食堂阿姨会不会给我们进去呢？"钱璟对着他的耳朵悄悄说："我们进去的时候要有礼貌地跟她说谢谢你让我们进去劳动，这样她就会同意了。"
我的解读： 我在旁边立刻感受到孩子们预料到了困难，并且正在想办法，这是一个开展礼貌教育的契机。
第二组大眼睛悠悠一直在跟徐紫馨说："我们可以相互帮助，我们需要更多的力量，我们可能需要一双套鞋。"
彤彤问："可是我们到哪里去找套鞋呢？"悠悠说："我们可以去问打扫游泳池的大妈妈要一双套鞋呀。"
我的解读： 我立刻意识到这些孩子萌发了社会性交往的愿望，这也可以成为一个契机。
第三组刘子渊很兴奋地拉着小衰和瑶瑶，他们几个人商量着要去帮门卫叔叔搬一米隔离栏，拉隔离栏上的红带子是他们一直向往的。
讨论之后，第一组和第二组兴冲冲地绘制了地图，他们要去找食堂阿姨、清洁工大妈妈商量可不可以参与她们的劳动。第三组说："我们跟门卫叔叔非常熟悉，而且我们也知道在哪里找得到他们，我们不需要画地图。"

活动过程

活动时间	参与人员	活动地点	活动所需资源
周期性活动时间：2021年9月11日—2021月10月	曹老师+三组共计约十五名孩子	幼儿园食堂、操场、大门口	劳动清洁工具等

活动过程：
活动当天孩子们邀请我来参加他们的大桌会议，我问："你们叫我来干吗？"他们说："我们要去找食堂阿姨、清洁工大妈妈和门卫叔叔商量事情。"
我抛出了第二个问题："可是到哪里去找他们，你们知道吗？"孩子们拿出了地图："我们有地图，我们知道在哪里找到他们。"我暗自得意，因为他们的行为反映了前期预约活动中孩子获取的新经验。
孩子们带着我走，先来到游泳池附近。他们对着清洁工大妈妈说："你能借给我们一双套鞋吗？"可是没想到大妈妈竟然抛出了一个难题："我这里只有我自己用的，这双套鞋是大人的，你们要清扫游泳池得自己准备一些工具呀。"当时我就看到悠悠一脸惊讶，徐紫馨望着大妈妈说不出话来。
接着孩子们带我来到了食堂，他们按照提前设定的那样敲了敲门，卢慕宸对着食堂阿姨说："我们想来剥毛豆可以吗？"钱璟在后面蹦蹦跳跳。可是没想到食堂的阿姨靠在门口笑眯眯："你们小孩子是不能进食堂的。"小衰在后面失望着大声问："那我们长大了可以来吗？"大家哄笑起来。可是阿姨说："长大了也要健康证，有健康证的大人才能够进食堂。"不知谁轻轻地在旁边说了一句："岂有此理！"
最后我们来到了幼儿园门卫处。门卫叔叔倒是很高兴地同意孩子们来帮忙，可他却抛出了一个挑战："你们要来帮我摆放一米栏，早上7点30分就要站到这里了，你们能行吗？你们早上起得来吗？"当时刘子渊就高兴地说："我起得来我起得来。"他一边说，一边在记录纸上写了7:30。可是瑶瑶却失望地说："什么？这么早，我是晚上11点睡觉的，我不可能来这么早的呀。"
我在一旁忙着拍摄孩子们与成人交流的视频和照片，并进行记录。

第四章 嵌入一日课程中的评价

> **活动回顾**
>
> **幼儿回顾：**
> 回到大桌会议的现场，孩子们进行了对刚才实践活动的回顾。
> 我抛出了一个问题："大家商量得还顺利吗？"
> 没想到只有几个孩子零零星星地说顺利，大部分的孩子说不太顺利。我想，孩子们分了三组进行了30分钟的实践，他们并不一定完全记得自己小组面临的问题。所以我提了一个帮助回忆的问题："究竟发生了什么事？刚才大人们是怎么跟你们说的？"这下打开了孩子们的话匣子。
> 刘子渊说："门卫叔叔叫我们7:30就到，我一点也没有问题，我早上6点就起来了。"
> 瑶瑶却大声反对："可是我不行呀，我晚上睡得很晚，我的爸爸比我还要晚，他要1:00才睡觉呢。"大家笑了起来。
> 本来我想插一句话，问问更多的孩子怎样才能早点起床，可是孩子们能听得懂关键问题，不需要我的"提炼"自己就讨论起来了。刘子渊对着瑶瑶说："那你就快一点吃早饭，一边走路一边吃早饭。"
> 瑶瑶不甘示弱，立刻反驳："那我不会被噎吗？"
> 旁边一直在听的琪琪站起来："我有一个好办法，你叫你的外婆早一点喊你起床不就行了吗？"
> 我终于插进话去小结了一句："原来当你想要去完成一件事的时候要做好更充分的准备，包括晚上早一点睡，早上早一点起来哟。"
> 卢慕宸站了起来："我们这一组非常不顺利，要有健康证才能进食堂。"
> 刘子渊又帮卢慕宸也出了主意："那你们就让老师帮你们把毛豆拿到教室，你们在教室里剥不就好了吗？"
> 我本来又想在这里进行"提炼"，没想到孩子们不需要成人帮助，他们自己一问一答。
> 卢慕宸笑眯眯地说："可是老师有老师的事情呀，他们一边要带我们，一边还要在办公室里用电脑。"
> 刘子渊说："我们不是有三个老师吗？一个老师用电脑，一个老师带班，还有一个老师就可以帮忙了呀。"钱璟在一旁直点头同意刘子渊。
> 最后打扫游泳池的悠悠着急地说："曹老师，我们没有套鞋怎么办呀？"我巧妙地将她的问题抛回给她："也许你问的不应该是我，你应该问问你的组员。"这引发了悠悠小组的后续讨论。

将幼儿视作主动探寻者的角色，支持他们的兴趣成为课程活动的组成部分，教师的支持作用可以通过遵循以下方式来体现。

1. 我在，却看不见我

幼儿的活动中教师全程参与，但不干预幼儿自己的决定，不将自己的想法强加在幼儿活动中。教师的支持是隐性的，若非特意寻找，在幼儿的活动中几乎看不到前后忙碌的教师身影。

首先，创设具有启发性和开放性的活动氛围。支持幼儿与同伴讨论，使幼儿想说、敢说、乐说，大胆表达自己的想法，提出问题、假设、创想……

其次，教师的站位和角色要凸显幼儿的主动性。教师在幼儿身后，但是教师的耳朵、眼睛要靠近幼儿，倾听幼儿表达，观察幼儿行为，记录活动过程，选择合适的方式参与幼儿活动，观察幼儿的游戏、探索、操作，简单记录活动发展脉络。可能在过程中需要设计一两个关键问题，尝试提示幼儿归纳与展开对后续的思考。

除此之外，提前设计预约活动的准备工作。教师支持以幼儿为主体建构活动主题，幼儿自主商量活动时间与场所，准备活动材料，向周围同伴发起预约（如发起活动时间、邀请参与者、设计活动内容等）。如，教师通过鼓励幼儿发起邀请和鼓励幼儿自行开展圆桌会议两种方式倾听幼儿的愿望及计划。

邀请展板：幼儿用自己的方式绘制活动愿望，用录音标贴呈现自己讲述愿望的声音，教师用文字概括幼儿愿望，便于小伙伴看到和听到，产生共同愿望，共创活动的起点。

圆桌会议：每个班级创设圆桌会议区域，会议时间由幼儿自行约定，幼儿自行组织、讨论共同话题，教师参与并进行关键话题记录。

2. 在前进与后退中不断调整步伐

"评价要支持每一个幼儿个性化发展"这句话实际上是很不容易做到的。因为幼儿阶段的敏感期很多，幼儿变化很快，发展过程有的时候曲折，有的时候螺旋上升，有的时候甚至短期停滞，也有的时候一下子跳跃得很快。作为教师，我们是顺其自然、静待花开，还是创造机会、推拉并举？

面对各种各样的发展需要，活动中教师的支持并不是一成不变的，不是始终后退、不跟幼儿交流、完全顺其自然，也不是一直介入、主导、在关键时候指导幼儿的活动走向；而是要根据幼儿的需求，相应形成灵活多样的支持行动。有时候"推一把"，有时候以退为进，有时候给一个会心的微笑，有时候提一个小建议……教师提供适切的支持性行动才能帮助幼儿呈现他们各自不同的课程经历，实现个性化发展。

首先，思考在先，行动在后。小威廉·E. 多尔在《混沌、复杂性、课程与文化（一场对话）》中指出："孩子们能够分享他们各自不同的观点与理解，使他们能够质疑、证明以及触动彼此的想法，相互帮助把各种不同的理解交织起来。"也许教师不需要急着提出自己的想法，不需要急于给出一个答案，不用要求幼儿按照成人的思维方式进行活动，教师首先应思考如何帮助幼儿们从他们各不相同的已有经验和想法中，找出某种解释和整体构思，然后再实施行动。

其次，适度前进与后退，形成灵活支持策略。李季湄老师曾说：教育有两个相互制约、对立统一的基本点——价值引导和自主建构，从而有效保证每一个儿童的发展。教师的支持是为了幼儿能够主动，既体现价值引导，又注重幼儿快乐地学习。

当幼儿产生了兴趣，我们需要与之共情，产生共同的热情，同时深入了解幼儿的兴趣，支持幼儿做想做的事情。

当幼儿产生了愿望，我们要接纳幼儿们的发现，重视幼儿自己构建的理论，去挖掘、捕捉和幼儿的生活经验、已有认识相结合的教育契机。

当幼儿活动进行顺利但偏离了预期的轨道时，我们不要强迫和介入，可以顺其自然，观察并记录他们是如何交流的，分析活动走向偏离的原因。

当幼儿的探索遇到问题，我们需要有意识地与幼儿进行深度对话，深度不等于深奥，注意对话应是幼儿能理解的，能引起思考、理解、分辨、表达、讨论、交流、体验、感悟的，这样才能提升他们的认知。

当幼儿的兴趣减弱、无法持续探索时，我们需要给予情感支持、鼓励或者重新引发其好奇，满足其需求。积极地锻炼和培养幼儿。

总之，幼儿预约活动是教师实施观察评价后的课程支持行为，明确教师的隐性支持和多元支持后，幼儿的主体角色自然能够显现出来。

活动的高精设计少了，更多的是与幼儿共情、共建；组织活动时的"你问我答"少了，更多的是引发生生互动；教研活动内容追逐高大上少了，更多的是谈论幼儿发展的"小事件，小问题"；教师口中"为了幼儿"的话少了，更多的是考虑如何"基于幼儿"；将关注幼儿的兴趣、经验和需求作为课程建设的机会之窗。

第五章

评价中的多元主体

幼儿在家庭中的表现更为自然与真实，家长是幼儿成长过程中最重要的陪伴者，他们能提供在幼儿园里"看不到"的细微与点滴的幼儿成长片段。幼儿是自己成长过程的主角，他们时常表达自己喜欢什么、愿意做什么、有什么感受，表达自我成长的懵懂意识。幼儿、家长和教师都是评价主体，来自多元主体的描述能展现更完整更立体的幼儿。

  本章将围绕幼儿生活场域中的多元评价共同体，探讨如何引导家长一起开展观察，探讨幼儿参与评价的方法策略。多方携手走进评价，共同合力支持幼儿的发展。

一、教师在评价中的分工与合作

教师在评价的过程中，只有看得足够"多"与"广"，才能看到幼儿更多的成长过程，发现幼儿更多的发展特质。想要看得更多、更广，这就离不开教师之间的分工与合作。教师往往需要根据评价内容，因时因地主动地进行分工，比如根据站位或评价内容进行分工。当然，任何形式的分工之后，几位班级教师之间需要及时沟通，将各自观察到的幼儿行为表现与发展状态进行交流，形成对幼儿更完整的分析与了解。这样一来就能更加生动地呈现完整的幼儿形象。尽量避免由于教师之间的分工，形成对幼儿割裂、片面的看法。

（一）合理分工，看到幼儿的更多面

幼儿在园的一日活动中，时时处处皆可评价。教师可通过以下这些方式来分工，各自开展对幼儿的观察。

1. 各自观察部分幼儿

为了更加有针对性地观察某一个或者某一部分幼儿，教师可各自观察部分幼儿。比如在分组活动中，一部分幼儿由一位教师观察，另一部分幼儿则由另一位教师观察。又如在幼儿自主游戏时，两位教师选择在某一时间段（可以是十分钟），分别观察进行不同游戏主题的幼儿。这样做的好处是每位教师观察相对固定的幼儿，往往会比随意地观察更有目的性，对幼儿评价证据的收集也能更全面。

2. 根据空间特点分工观察

活动中由于教师站位以及场地因素，可能会出现一个教师无法观察全部幼儿的情况。此时，教师可以根据空间特点对某一区域的幼儿进行观察。比如在区域活动中，一位教师负责观察在教室某几个活动区域中的幼儿，另一位教师观察剩余活动区域中的幼儿。在连续几天的观察之后，教师能了解不同幼儿在同一个区域中活动的情况，并根据不同幼儿的需求及时调整区域活动内容。

3. 分工整理评价信息

在观察与评价的过程中，教师会收集到许多评价信息和证据，包括幼儿的照片、视频、录音、幼儿作品、幼儿行为描述等。班级教师需要将这些评价证据进行及时的分工整理。如，一位教师可以负责纸质评价证据的整理，另一位教师则可以负责电子评价证据的整理。

以上每一种不同的分工方式各有其优缺点。在实际运用的过程中，如果教师一成不变地采取某种固定的分工方式，往往会导致对全班幼儿的整体观察与评价不够完整。不论是单次评价活动的分工，还是阶段性评价活动的分工，都应当是灵活机动的，教师可以根据当时当下的评价需求或者客观的环境因素及时地进行调整。

（二）通力合作，看到完整的儿童

在开展分工之后，教师最终要将观察到的幼儿行为表现进行交流，将收集到的评价证据进行合并，以保证评价的全面与客观。如，教师可以围绕幼儿在不同活动中的状态进行分析和评价，互相沟通交流，以构建更完整的儿童形象。除了语言上的交流，教师还可以通过技术手段，如用云盘共享文件夹的方式，与搭班教师共享不同幼儿的评价证据。评价信息的互通能让教师避免对幼儿发展状况形成片面了解。

在每次评价活动过后，教师都要进行交流沟通，形成教育合力，这样才能看到更完整的幼儿。任何形式的分工与合作都是为了看到更完整和立体的儿童形象，因时因地的合理安排往往需要教师的教育智慧。

二、评价中的小伙伴——支持幼儿参与评价

评价中，幼儿进行自评、他评不是最终的目标，"引导幼儿参与评价"的做法也不是固定的、能够简单复制的。以下内容将介绍在幼儿世界里，幼儿如何认识自己，用怎样的方式记录自我成长。

（一）活泼童趣的多元表征——进行过程性记录

幼儿表达自己想法的方式是多种多样的：作品里藏着自己的奇思妙想，手记中藏着许多有趣的问题。教师可通过游戏化环境，以各种互动的方法吸引幼儿表达自我，例如粘贴纸、玩魔方等，以此了解幼儿行为背后的想法。

1. 动手操作：贴贴乐

幼儿爱玩游戏，在游戏情境中他们会感到放松和自由，也会主动表露自己的真实想法。小贴纸很受幼儿喜爱，可别小看这些"粘粘贴贴"，其中隐藏的元素，例如大小、颜色、形状只要经过简单设计，就能让幼儿的想法和需求被"看见"。

如果不记录，教师很难清楚地了解每个幼儿的喝水情况。因此教师准备了大、中、小不同的毛球，幼儿们根据自己的感受，每喝一杯水就在杯形底卡中贴上相应大小的毛球。

图 5-2-1　用毛球记录喝水情况

看，小刘一早上喝了3大杯、2小杯水！为什么今天平平喝了5杯水呢？经过了解，原来平平今天有些感冒，保健老师提醒平平要多喝水。平平记住了保健老师说的话，对"身体不好的情况下要多喝水"建立了初步概念。

粘贴纸的方式简单便捷，通过幼儿喜爱的小游戏、小道具的辅助，不仅能吸引幼儿参与其中记录过程，而且能体现幼儿当时的想法。

老师为了让小班新生尽快熟悉环境，缓解分离焦虑，创设了"打招呼"的互动环境。来园时，幼儿通过掷骰子的方式决定自己用什么方式和老师、同伴打招呼。老师预设了三个打招呼的方式：抱一抱、握握手、笑一笑，并预留了三个空白区域。幼儿将今天打招呼的方式在对应图片处用小圆点

图 5-2-2　记录"打招呼"

进行记录。掷骰子的方式充满不确定性和趣味性，十分吸引幼儿。同时，这样老师也可以清楚地通过点的数量、颜色等了解幼儿打招呼的情况。当然，幼儿也可以用自己个性化的方式打招呼。

幼儿早上来园时主动向老师和同伴打招呼，是社群生活中文明礼仪的一种表现。小班部分新生面对不熟悉的环境和人时可能会害羞、紧张，这是正常的，所以需要教师在创设适应环境时，考虑到幼儿需要，提供富于变化的多种打招呼游戏方式。幼儿在掷骰子的过程中，会对"我今天用什么方式打招呼呢"产生期待和猜想，这样幼儿会放松心情，觉得上幼儿园这件事情变得更开心了。

"贴"的方式对幼儿来说是简单有趣的记录方式，记录心情、想法、选择……记录一切成长的过程。教师在看到"趣味"的同时也要了解幼儿行为背后的互动与表达。

2. 语言记录：说说心里话

幼儿可以有一百种表达自己的方式：有的幼儿喜欢用象征符号、涂鸦表达情感，有的幼儿更喜欢用语言来表达自己的想法，有的幼儿通过艺术作品表达想法，有的幼儿乐意在集体面前大方、开心地用肢体语言讲述今天的故事，还有部分幼儿比较害羞，喜欢自言自语表达想法……在幼儿园，不同特质的幼儿都能找到适合自己的表达方式。

今天孩子们的心情怎么样？老师在班级里提供了点读笔，听听他们说了什么。

"今天游戏的时候，有'小偷'来了，被我抓住了！"

"我今天和毛毛一起在'烧烤'，吃了好多羊肉串。"

图 5-2-3　幼儿表达

"琳琳没来，我有点想她，我喜欢和她一起玩！"……

在信息技术赋能教育教学的当下，教室里也有了更多便于幼儿操作、又能记录幼儿表达感受的"小工具"，如：迷你音块、录音墙、话匣子等，幼儿在说、录、回放收听的过程中不知不觉表达了感受、想法，也逐渐提高了表达的自信。

在一次游戏分享中，孩子们发现有些同伴记录在问题墙上的画根本看不懂，孩子们提出了自己的想法：

乐乐："我们可以把自己的问题用录音录下来。"

嘟嘟问："那我的回答呢？"

图 5-2-4　问题墙

豆豆说："回答可以录在另一个数字按钮里呀。只要做好标签，让别人明白哪个答案回答哪个问题就好。"

就这样在大家的建议下，"话匣子"不仅成了听故事的工具，也成了班级里的电子互动墙。

幼儿可以有一百种语言，一百种思考、游戏、说话的方式。对幼儿来说，分享是根据自身的主观意愿进行的，他们在这种开放、自由的环境中充分体现出分享、表达的意愿。借助信息设备给幼儿创设自由、宽松的语言环境，提供多元的表达途径，鼓励和支持幼儿与成人、同伴交流，让幼儿想说、敢说、喜欢说并能得到积极回应。

3. 绘画表达童画记

幼儿喜欢绘画涂鸦，尝试用绘画语言与外界沟通，在对外界的探索中不断寻求新的答案，发现自己与周围事物的联系。幼儿的涂鸦是引领我们进入其内心世界的重要途径。我们可以从这些看起来可能不起眼的涂鸦中发现线条与幼儿骨骼肌肉发展、手眼协调的关联，色彩运用与情感情绪成长的关联，造型与空间概念发展等种种关联。

有时候，教师只需要提供一些随手可得的彩色铅笔、记录纸，幼儿就会自发地对"自己感兴趣的事情"进行过程记录。不仅提供材料，还给予时间、空间和机会，让幼儿们自由观察、自主尝试和探究。通过幼儿们的记录可以了解他们眼中的发现，近距离地感受他们在做自己感兴趣的事情时的喜悦和想法。

春天，看到池塘里游动的小蝌蚪，看到厨房里发芽的土豆，孩子们都感到新奇不已，想去了解、照顾它们。于是，关于动植物的观察和照料内容成为牵引孩子内心的一个重要事件。教师在孩子们的饲养种植区提供了一块"体验手记"记录板。"我的土豆长高了，我很高兴！""我发现小蝌蚪会在水里拉屎！""我的萝卜发芽了，因为我给它浇水了！""我帮土豆搬家了。放在窗台上它可以有更多的阳光。"……孩子们自由地用图符的方式记录在饲养种植类的劳动中的体验，教师协助他们将记录内容呈现在记录板上。日积月累，孩子们的记录越来越丰富。孩子们会纵向地翻阅自己的记录并整理成小图书《蝌蚪长大了》，也会去看看其他小伙伴的劳动体验手记，了解同伴的想法、发现、做法和感受。

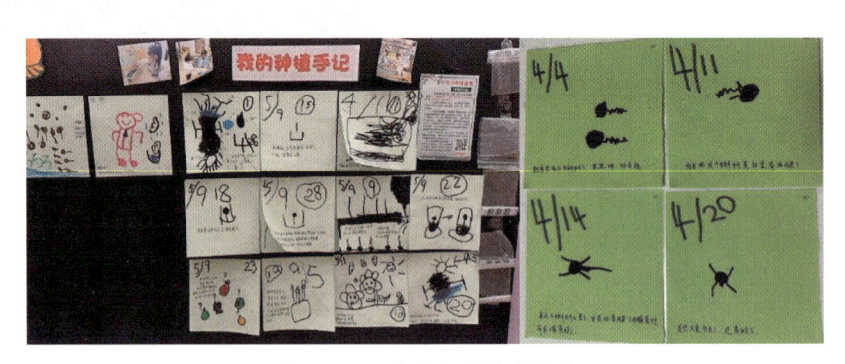

图 5-2-5　自由记录劳动体验

幼儿的记录反映了他们探究的过程，将绘画记录制作成"童书"的方法有助于幼儿回顾自己以往的感受，连续地进行比较、发现和思考，逐步养成乐于表达自己熟悉的事物与现象的能力，初步形成亲近大自然、热爱大自然的情感。

4. 创设环境：当个设计师

幼儿也是幼儿园环境创设的主人，有充分的自主权。幼儿会基于自己的经验与需要，对环境创设或改造提出自己的想法，化身为"空间设计师"。鼓励幼儿动手设计班级环境有助于培养创造力与想象力。以下案例记录了中班幼儿在创设午睡环境过程中的奇思妙想。

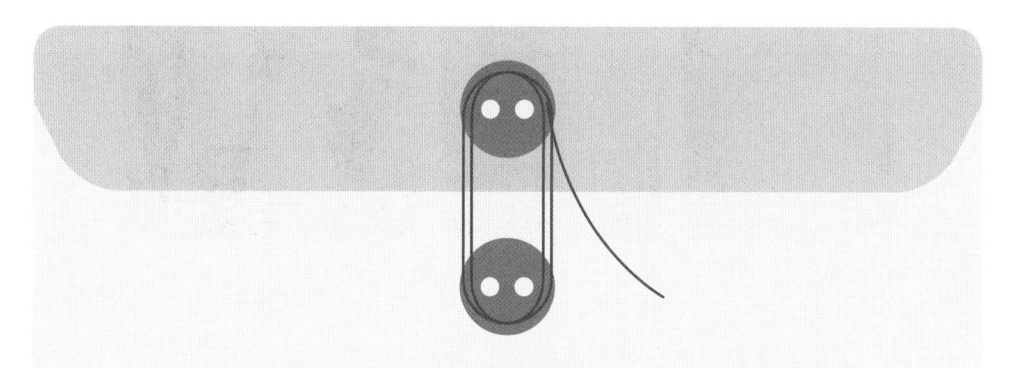

午睡环境大改造

关于午睡，每个幼儿的感受和想法各不一样。什么情况下会睡不着呢？幼儿这样说："很黑的地方我就会害怕，我就会睡不着了。""太亮了，我就睡不着，我要暗一点。""太热了就睡不着。""小猪（玩具）不在，我睡不着。"

图 5-2-6 什么情况下睡不着

怎样才能为幼儿创设更舒适的午睡环境呢？对于"怎样让自己睡得更舒服"这件事，他们都有自己的想法。

小丽："我想把床搬到离阳台近一点的地方，会亮一点。"

龙龙："如果你喜欢亮一点的话，可以用小夜灯，我家里就有一个小鸭子的灯，就不害怕了。"

伽伽："我喜欢黑一点，亮了睡不着。"

图 5-2-7　这样睡得更舒服

小宝:"上次坐飞机的时候,妈妈给我在眼睛上戴一个东西,我就睡着了。我想把它带来。"

悠悠:"我在家里睡觉,妈妈都给我放很温柔的音乐……"

慢慢地,孩子们的床被搬到了自己设计的最佳位置,同时"午睡百宝筐"诞生了!"百宝筐"中放置了幼儿带来的安抚娃娃、眼罩、小夜灯等物品。幼儿在午睡前可以根据自己的需要选择和使用。

在以上案例中,教师没有根据自己的判断来为幼儿创设舒适的午睡环境,而是后退一步,将环境创设的自主权交到幼儿手中。教师走近幼儿,倾听幼儿,发现每个幼儿的睡眠习惯与需求各不相同,看到了每一个独一无二的幼儿。

在幼儿园中幼儿的生活空间可以由幼儿自己决定,除了设计午睡的小床摆放位置外,还可以改造活动室、布置自己的小餐厅、美化自己的教室……鼓励幼儿做个设计师——设计自己的游戏和生活区域——是教师们日常使用的方法。一方面,幼儿提出自己的想法,倾听他人的想法,感受每个人的独特,感受想法得以实现,感受自己可以决定自己的成长环境。另一方面,教师们感受到幼儿眼中的世界是什么样的,幼儿有哪些需求也许是成人完全没有想到过的,为后续提供个性化的教育支持打好"理解"的基础。

（二）伴随快乐的成长体验——进行过程性评价

在幼儿的眼里，自己和好朋友都在慢慢长大，周围的世界也逐渐清晰起来。因为幼儿的自我意识逐渐增强，对事物逐渐形成自己的认知和判断，进行过程性评价可直观记录下幼儿的变化。

1. 我眼中的自己——记录自评过程

有时候幼儿很明确自己此时的感受是什么，如"我和小艺一起设计了未来城堡，很开心""今天跳绳跳了十个，比上周多，我好厉害啊"。幼儿乐于表达自己的感受，能够体验到自己正在成长，如何让幼儿的记录呈现幼儿对自己的看法呢？

策略（1）：在一个时间周期内持续记录

"班级小助手"活动进行了2个月，孩子们记录了很多在过程中的体会。小倪的记录引起了我的关注。

图 5-2-8　小倪的记录

12月1日，小倪第一次做小助手，他画了一个水龙头："我是水龙头小助手，小朋友把龙头开得很大很大，水都浪费了，我跟他们说要节约用水，非洲小朋友没有蓝色的水。"

12月8日，小倪选择了做午餐小助手："每个人吃饭都要用两根筷子，悦悦夹豆子总是掉下去，我想给悦悦拿两根好用的筷子。"

1月16日，小倪是种植小助手："浩浩的花断了，叶子黑了，叶子也黄了，我告诉浩浩，它去了天堂。"

从这些记录中明显可以感受到，小倪对"助手"这个角色的自我定位。12月1日，他认为浪费水是不好的行为，联系到以往听过的"非洲缺水"的经验，就将自己的经验传递给小朋友；12月8日，他关注到同伴使用筷子的困难，想帮助同伴解决困难；1月16日，他关注到同伴的心情，并通过自己的想象来安慰朋友……

用持续记录的方法将自己做的事情记下来，记录自己当时的感受，这是自评的方式之一。

策略（2）：和小伙伴一同商量记录的内容和方式

不论是用"贴一贴"的方式还是"画一画"的方式，不论是用打钩的方式还是涂色的方式，支持幼儿与小伙伴一起共同商量"要记录什么，怎么记录"，幼儿熟悉了自己讨论出来的记录方式后，方便、快速、直观地记录结果。

孩子们在运动后对照纸上的提示进行自我感受的回顾，并在属于自己的记录纸上贴相应颜色的贴纸。不同颜色表示自己今天在运动中出汗的程度：

图 5-2-9　运动后出汗程度记录

- 红色——大汗淋漓——"哒哒滴"
- 黄色——微微出汗——"黏黏汗"
- 蓝色——没有出汗——"滑溜溜"
- 紫色——不仅没有出汗，而且体感较冷——"直哆嗦"

这些手工纸的颜色和对应出汗量的程度都是幼儿共同商议决定的，每天运动后幼儿在底卡上贴上相应颜色的圆点，每天贴一个小圆点。一周之后，可以明显看到每个幼儿运动量的情况。

策略（3）：进行复盘和回顾、计划

教师可以引导幼儿一起聊聊事件背后的原因，接下来可以怎么办，明天有什么计划等话题。

进入新学期后，大班幼儿来园时间调整到7:45。可是部分幼儿仍然存在迟到现象，甚至在校门即将关闭时才来。为了帮幼儿养成良好的生活习惯及时间观念，我创设了"时间管理小达人"墙面。幼儿讨论决定将来园时间分为三个时间段并用三种颜色在时钟上表示，7:45—8:00是蓝色区域，8:00—8:15是黄色区域，8:15—8:30是红色区域。幼儿根据自己来园时分针所在的区域了解自己是否准时。幼儿在来园时根据时间用不同颜色的圆点贴打卡。

认识时钟的幼儿可以根据时间打卡，不认识时钟的幼儿可以根据颜色来判断今天自己是否准时来园。

幼儿根据来园时的时间区域颜色用相同颜色的圆点贴来进行打卡。如：当天幼儿是在7:50来园的，则用一个蓝色小圆点来进行记录。在乐乐的记录表中，我们还看到乐乐记录下了当天的活动："今天我来得很早，和米米一起搭了轮胎山！"

图 5-2-10　认识时钟

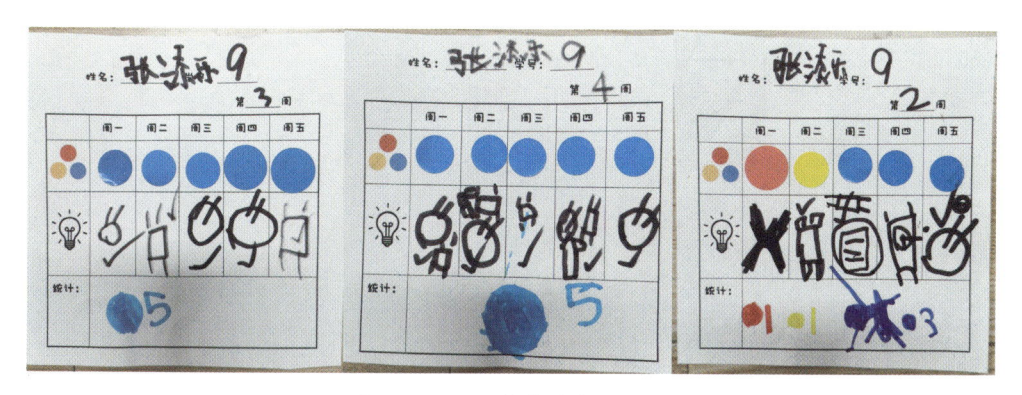

图 5-2-11　乐乐的来园记录

解决了判断时间早、晚的问题之后，怎样才能提醒自己准时来园呢？孩子们也分享了各种各样不迟到的好方法：早睡早起、吃饭穿衣动作快、早上不要让爸爸妈妈叫好几次才起床……

通过一面墙来让幼儿直观地了解自己的来园时间并进行记录，在回顾打卡记录的过程中，发现自己来园的情况并尝试改变，聊一聊为什么，想一想接下去怎么办。

与纯粹记录的最大区别则在于幼儿逐渐产生了内在明确的观点，他们将自己构建起来的"概念"通过自己的方式呈现出来并记录下来，这也是初步的"自评"。

在交流、回忆、假设的过程中，幼儿逐渐感受到世界不仅仅包含所看到的物质，不局限于得到一个玩具带来的满足，开始更看重诸如愿望、意图、想法、观念等精神世界的范畴。进而产生尝试调节自己行为的意识。这对幼儿的发展有着十分深远的意义。

2. 别人眼中的我——记录他评过程

幼儿生活在集体中，社群互动是他们认识世界的重要途径。通过表达对同伴行为的看法，通过回顾刚才发生的事件中自己的想法，通过预测明天的事件可能有什么结果……幼儿已经在进行他评了。

如何帮助幼儿了解同伴对自己的评价以及回顾自己的评价呢？

策略（1）：大家一起讨论对同一事件的不同想法

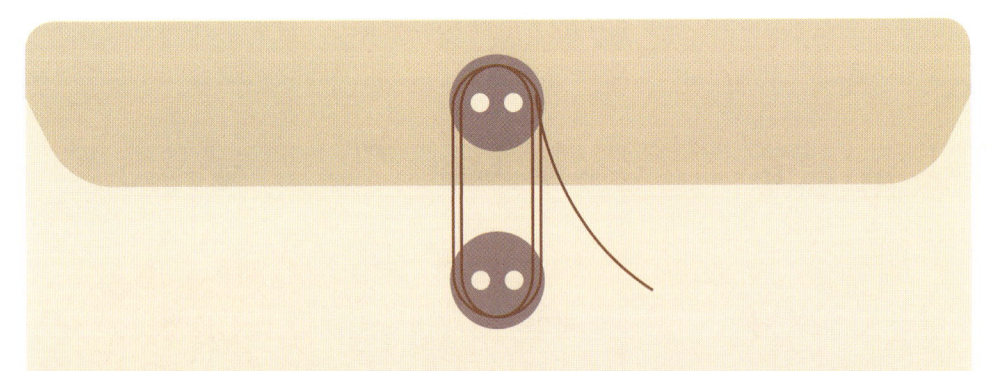

音量"点点"

你平时说话有没有关注过自己的音量呢？你的音量是多少呢？

辰辰："我给自己的音量打5分，我觉得我的声音不大也不小。"

而牛牛却认为辰辰的音量能打10分："辰辰在我们看书时声音总是很大，我的耳朵都要震聋啦！"

悦悦："我给自己5分，我的声音很好听的，不大也不小。"

小怡："我给悦悦两个分，一个是5分，一个是3分，她回答问题的时候声音听不见，平时听得见。"

……

图 5-2-12　给音量打分

幼儿对自己音量的评价与同伴产生了差异，这让幼儿开始感受到，原来"我认为正好的事情，别人不一定也认为正正好"。这引发了幼儿的后续思考。"什么时候需要调节音量？""学本领发言的时候声音响一点大家才能听得到。""表演的时候声音要大。""看书和午睡的时候声音要轻一点，不然会打扰别人。"

在讨论后幼儿们了解到在不同的场合中音量大小也应不同，在班级这个集体中要考虑到"我的声音是不是打扰到同伴了"。通过将幼儿们的评价结果展示出来的形式推动幼儿对于"音量"这件事进行重新思考，幼儿也慢慢地学会在不同场合调节自己的音量。

班级是幼儿接触到的第一个集体，从一次关于音量的评价引发幼儿的思考，幼儿会意识到"我不再是一个人，而是生活在社群中的一分子"，从而调整自己的行为更好地适应集体，为以后更好地适应社会生活打下基础。

策略（2）：大胆猜测他人的想法和原因

幼儿的语言表达能力与自我意识不断发展，他们乐于和同伴分享自己一日生活中的想法。引导幼儿大胆猜测，幼儿在猜测中讲述理由、推断过程；在事件发生后，对照自己原本的猜测，进行回忆和验证。

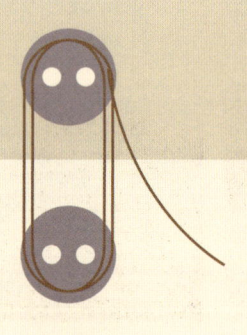

一起来点名

大班孩子决定每天两个人配合点名，一个人记录，另一个人点名。

今天轮到飞飞和宁宁，宁宁报名字，飞飞在点名表上做标记。慢慢地，宁宁报名字的速度越来越快，飞飞开始喊："你等一等，太快了我都来不及记了。"宁宁："肯定是你记得太慢了。"两个人谁都不肯让步，第一次点名在两个人的吵闹中结束了，点名结束后两个人都在自己的体验手记中记录了自己"初点名"的感受。

图 5-2-13　第一次点名，不太顺利

在点名这件事情上，飞飞和宁宁认为与对方很难配合。怎样才能配合起来呢？

果果："每个人都找自己的好朋友，这样肯定能点好名。"这个说法立刻得到许多人的赞同。

老师立刻对幼儿这个共性认知提出问题："一定是好朋友才能配合好吗？如果飞飞和宁宁再试一次，你们猜，他们能不能配合好？"孩子们都在摇头。

大部分孩子都猜飞飞和宁宁不是好朋友,他们肯定不能配合好。

第二天两个人点名时,宁宁放慢了自己的速度,而飞飞一只手指着学号另一只手做标记,速度也变快了。结束后,老师立刻对孩子的猜测提出问题:"你们昨天不是说,飞飞、宁宁不是好朋友肯定无法配合,为什么今天他俩却能配合起来呢?"

孩子们猜测,"一个慢一点,一个快一点就能配合""眼睛还要看着你的队员,看看她的速度""你跟着她的速度就能配合"……孩子们感受到原来两人合作时不能只顾自己,要根据同伴的表现调整自己的行为,大家都能为别人着想才能配合好。

图 5-2-14　第二次点名,好多啦

人与人之间对彼此主体意识的相互理解,当今心理学家和人类学家称之为"主体间性"。上述案例中幼儿通过猜测事件的结果大胆表达自己的想法,通过猜测为什么成功的原因产生人与人主体之间的交互理解,幼儿对自己的认识从"我要""我想"逐渐转变到"同伴眼中的我",自我意识和社会性都在进一步发展。

策略(3):幼儿自己协商解决问题

随着逐渐成长,幼儿在与同伴的相处中想法更多了,自我意识增强了。教师帮助幼儿解决问题这件事几乎每天都在发生,只有教师能"多快好省"地解决幼儿之间的争执吗?其实幼儿自己也能解决问题。

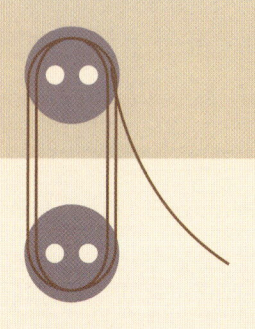

教室里的谈判

班级里几个男孩总喜欢凑在一起做警察游戏。一天，在游戏进行到尾声时，他们竟然打闹起来。我立即制止了游戏并询问："怎么回事呀？"

"警察"指着"路人"，义愤填膺："他是坏人！我要抓住他。"

"路人"一脸委屈："我不是坏人。"

"警察"："他总是到我们警察局门口来偷看。"

"路人"："我只是来看一看，你就叫我走开，警察可以这么不讲道理吗？"

"警察"："你为什么拍我的帽子？！"

"路人"："……我跟你玩玩的呀！"

原因找到了，争执的理由在于"路人"的动作引发了"警察"的不满。由于双方各有道理，目前无法说服对方，于是教师把整个过程拍成视频，引发了教室里的一次"谈判"。

图 5-2-15　谈判桌

有的孩子赞同"警察"，认为"路人"不应该总是到警察局门口张望，而且不能动手拍"警察"的帽子，这是"袭警"；有的孩子赞同"路人",认为开玩笑为什么要当真呢。

教师:"这样吧,你们赞同谁就在谁面前的小卡片上贴小圆点,赢的一方要接受对方的一个建议哦。"经过投票,"警察"以22票的绝对优势获胜。但是也必须接受"路人"的一个建议,路人的建议是"碰到事情要先问,不可以随便抓人"。

孩子们通过自主谈判,自发形成了第一个"游戏规则"。

幼儿在集体中学习与生活,时常会发生矛盾,产生争执,"谈判桌"是一个交流和倾听的区域,让幼儿听见他人的想法。这给予了幼儿自己解决问题的机会。

幼儿回顾活动过程中产生的矛盾,友好协商,表达观点和分享经验。而类似谈判桌这样的民主协商区、辩论台则是呈现幼儿在互动中真实想法的平台。教师尤其需要注意仔细倾听,找到幼儿想法不一致的地方,帮助幼儿共同梳理问题的症结,要克制"教育冲动",用"让幼儿自己谈判"的方式给予幼儿自己解决问题的机会。这样,幼儿才能够通过表达观点拓展经验。

三、评价中的同行者——协同家长参与评价

在评价共同体的推进过程中,家长对评价这件事存在很多困惑:幼儿的评价是什么?而面对家长困惑的同时,教师在协同评价中同样也遇到了难题:如何通过协同评价让家长了解评价的价值?如何让家长真正走进幼儿的世界,并发挥家校教育合力呢?本节将从推进教师和家长的评价主体协同性入手,寻找让家长一起走进评价的好方法。

(一)交流共同体——让评价角度更多元

教师、家长和幼儿是评价中的多元主体,其中家长作为幼儿生活中最重要的陪伴者,对幼儿的发展发挥着至关重要的作用。因此,我们要和家长建立紧密的联系,通过日常多样的沟通和交流,和家长一起推开"评价之门",探寻评价对幼儿个性化发展的重要性,共促多元主体评价的有效推进。

面对家长的众多疑惑和不解,教师可以通过一些小妙招让家长在"做"中了解评价,在"做"中参与评价,让评价这件事从抽象的概念转化为家长触手可及、日常能做的事情。

1. 一份邀请函——参与幼儿园的活动

对家长来说,幼儿在园的生活是模糊和抽象的,他们一般只能从幼儿回家分享的只言片语中、从家长会中、从与教师沟通的寥寥数语中大概了解幼儿在园做了什么、进行了什么活动、认识了哪些同伴。对于评价这件事,家长则更加不了解,他们无法从零散的、片段的交流中真正理解评价是什么,无法将评价与幼儿的日常生活联系在一起。

因此,教师可以站在家长的视角,以"邀请函"的方式创造机会让家长走进幼儿园,亲身感受幼儿的生活,观察幼儿的行为表现,通过实际操作来感受

评价这件事。以下案例中，教师给小班新生的家长发出了一份"邀请函"，请家长进园感受幼儿快乐的在园生活。

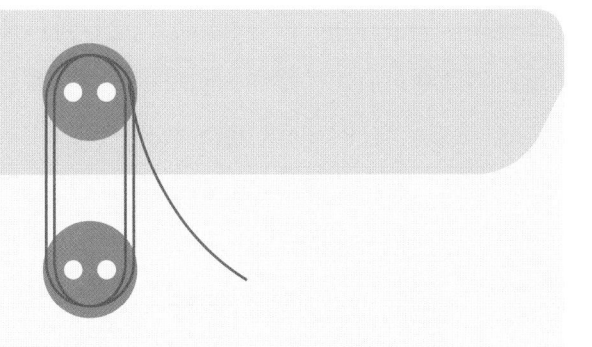

班本化家庭教育指导活动——快乐的幼儿园生活

今天，老师在家长群发出了一份邀请函，邀请家长周六和孩子一起参加班本化活动。听到这个消息，我非常开心，孩子今年刚上幼儿园，我也想去看看孩子在幼儿园的表现怎么样。

活动开始前，老师给每位家长发了一份记录表，让我们记录一些孩子的表现："活动中，家长可以给孩子做一些记录，比如可以看看孩子对幼儿园环境是不是熟悉？愿意和哪些小伙伴坐在一起玩？孩子在活动中的情绪怎么样？孩子最喜欢今天的哪一个游戏？……大家也可以给孩子拍一些照片和视频。"虽然不知道为什么要记录，但我还是很认真地给孩子拍了一些视频和照片，记录了孩子在活动中的表现。

活动结束后，老师把家长都聚在一起，请大家互相说说今天看到了孩子的哪些表现，我也进行了介绍："我发现孩子在幼儿园的生活还是很精彩的，他认识了好几个小伙伴，而且玩的时候很勇敢……"徐老师听了大家的介绍，开心地说："爸爸妈妈们，我们今天尝试对孩子进行了一次观察，也就是对孩子的评价，大家记录的内容就是孩子们成长过程中的证据，通过这些证据我们可以看到孩子在很多方面的表现，看到孩子在园与在家的不同。"听了徐老师的介绍之后，我对自己做的记录有了新的认识，原来幼儿园的评价是这样的。

案例中的老师借助班本化活动，以"邀请函"的形式让家长进园感受和体验幼儿的在园生活，并将评价巧妙地隐藏在此次活动中。

活动开始前教师给每位家长发放了记录表，并介绍了在活动中可以观察什么、怎么观察，观察目标、内容和方法，这样可以让家长在初次尝试观察时能够有所依循。活动结束后，教师和家长进行交流，家长在讲述中回顾观察到的孩子的行为表现，表达自己的观察感受。教师在活动中不仅请家长参与、体验了幼儿园生活，而且请家长初次感受了一次过程性评价。这种方式可以让家长在潜移默化中进一步认识评价，感受评价可以怎么做，让家长也成为幼儿的观察者和记录者。

因此，教师可以主动发起类似的家长进园活动，让家长在不同环节中了解自己的孩子。在每次活动中，教师可以有意识地让家长看到孩子在不同方面的发展情况。家长可以在家中尝试观察和记录孩子的行为表现，与教师形成家园互通的幼儿个性化评价模式，绘制出更加立体、全面的幼儿成长轨迹。

2. 一个约谈日——交流幼儿成长的不同面

吸引家长参与对幼儿的观察评价的方式方法很多样，除了教师邀请家长进园，教师也可以鼓励家长主动与教师交流幼儿的行为表现，即家长和教师进行一对一约谈。

"菡菡在家里吃饭总是依赖大人，不知道她在学校是不是也这样。""辛辛最近有点小心事，这是怎么回事呢？""我们家诺诺是班级里最小的孩子，不知道她这段时间在幼儿园适应得怎么样。"家长对幼儿在园的生活非常关心，也会将幼儿在家的行为表现与他们在园的情况联系在一起。因此，如果家长想了解幼儿的某一行为或者阶段性行为表现，除了日常的短信和电话沟通，也可以主动与教师联系进行面对面交流。

这种交流是家长根据幼儿发展的需求有选择地进行的。以下案例展示了家长根据需求与教师预约谈话沟通的情况。

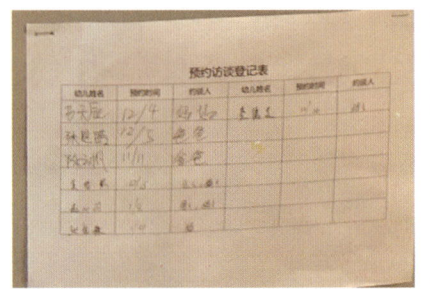

图 5-3-1　预约单

我家悦悦进小班已经两个月了，感觉和之前有了一些小变化，不知道孩子具体在幼儿园怎么样，我想找两位老师聊一聊。于是，我向两位老师表达了自己的想法，并在预约单上填写了周二下午4点半见面。

家长们根据自己的需求提出约谈时间和地点。这种由家长主动发起的交流往往源自他们在日常生活中对幼儿认真、细致的观察，家长希望从更加立体的视角看到幼儿在园多方面的成长和变化。家长在约谈中与教师进行幼儿在家和在园情况的信息互通，呈现出幼儿更加真实、具体和全面的发展轨迹，为后续支持幼儿科学成长提供有效评价证据。

3. 一次沙龙会——分享幼儿的成长故事

在幼儿成长的不同阶段，家长们会产生各种各样的困惑，幼儿园也可建立沙龙会机制，让家长有机会面对面进行分享，其中一些共性的问题则可以成为沙龙会的主题。

以下案例中，不少家长都对幼小衔接这一话题感兴趣，因此家长群体之间开展了一场幼小衔接家长沙龙活动，家长们分享自己的心得和体验，共享幼儿成长故事。

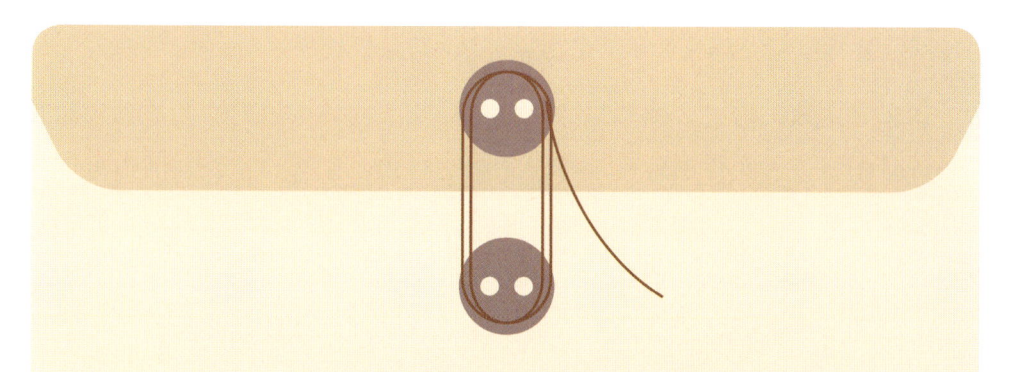

幼小衔接大家说——家长沙龙经验共享

大一班家长会结束时，好几个家长围在吴老师身边。

木木妈妈说："吴老师，木木马上要上小学了，现在连自己的物品都不会整理，桌子上一团糟。"

子子妈妈说："我家孩子没有一点时间观念，每天吃早饭慢吞吞的，结果天天来幼儿园迟到，到了小学可怎么办？"

睿睿爸爸说："我家睿睿学习习惯不好，每天坐在书桌前不到10分钟注意力就分散了。"

……

面对几位家长的问题，吴老师说："幼小衔接确实是一件很重要的事情，既然大家都对这个话题感兴趣，那就来一次家长沙龙吧，我们一起来聊一聊孩子在幼小衔接过程中应该注意些什么，怎么做好衔接。大家畅所欲言，分享各自的好方法、好经验。"

一场幼小衔接家长沙龙活动让不同家庭聚在一起，家长们在面对面的交谈中，分享对幼小衔接的看法，在家中有哪些好方法可以引导幼儿进行幼小衔接，家长可以做些什么准备……在讨论中，家长对这个话题的认识越来越清晰，育儿经验越来越丰富，幼小衔接的困惑也在慢慢减少。

在多元主体评价中，教师和家长看到的是不同场域中的幼儿，创设家长参与评价的机会和条件的背后是尊重家长的视角。家长和家长之间也可以就某一话题形成不同的沟通群体，如家长沙龙活动，围绕部分家长都关心的话题进行互动交流，让家长们在思想和经验的交流与碰撞中产生共鸣，理解幼儿的心理和行为表现，学会从不同的视角了解幼儿，感受幼儿世界的丰富和有趣。

（二）沟通小妙招——让评价过程可操作

家长是幼儿成长的重要陪伴者，也是评价的重要主体之一。通过怎样的方式能让家长看到幼儿的成长与变化？在邀请家长共同参与评价时可以给予家长怎样的支持？一些简单的方法、便于操作的工具不仅能够帮助家长进入评价，还能帮助家长慢慢了解"儿童世界"。

1. 妙招一：说说宝宝的故事

作为与幼儿最亲近的人，每当聊起幼儿的"故事"，家长们都兴致勃勃。虽然每个幼儿的家庭环境不同，但在聊天的过程中，能发现家长其实有一些共性的关注点，教师的适时推动还能促进家长之间互动交流。在这个过程中，评价已经悄然发生。

故事分享汇

背景：家长平时会经常记录一些幼儿生活小故事。进入小班下学期后，我们发现越来越多的家长开始关注幼儿的"社会交往"。留意到家长这一"热点话题"后，我们利用某天放学的时间开展了一次"故事分享汇"活动，邀请有兴趣的家长一起来分享"集体中的幼儿"小故事。

家长A："我家佳佳平时与我们相处时还是挺健谈的，有时还会主动关心我们。比如说，每次爷爷奶奶上下楼梯时，她会提醒他们走得慢一点；地上有水时，会提醒我们注意安全不要滑倒。可每次放学来接她时，总看到她一个人静静地站着，也很少看到她和小朋友交流。"

家长B："我们家宝贝也是的，感觉在幼儿园与家里特别不一样。但我问她在幼儿园有没有好朋友时，她倒是能说出一堆，也不知道是真是假。"

家长C："我们家明明的个性跟你们家的太不一样了，他看到谁都特别热情，一点都不怕生，看到楼下不认识的叔叔阿姨还主动打招呼。我就担心他在幼儿园有时不顾别人的想法,表现太热情了,反而大家都不愿意和他一起玩了。"

教师:"其实大家所说到的都是在小班年龄阶段比较常见的情况。有些幼儿在熟悉环境中的状态与在陌生环境中截然不同,这是因为他们在通过自己的方式初探周围世界、建立安全感;有些幼儿逐渐有了主动与人交往的意识,但还不太了解合适的与人交往的方式,需要成人不断提醒……"

在上述案例中,通过"故事分享汇"让家长自然而然地参与到"评价"中,这是一种便捷简单的"家长共同参与评价"的方式。这些话题是他们自身感兴趣的、这些幼儿故事是他们所观察到或者共同经历的。对他们来说,分享时只需要最直接的白描,不需要进行额外的梳理或者提炼。

在互动分享的同时,我们还可以看到家长对于"教育"这件事的理念及对于幼儿行为的观察,通过家长与家长之间、家长与教师之间的分享交流,为家长后续能够客观解读幼儿行为表现打下基础,而后续教师对家长所分享的故事的梳理收集,也成为幼儿成长过程的证据。

2. 妙招二:与家长共同解读童言童语

幼儿喜欢提问、喜欢接触各种新奇的事物,这些行为都说明幼儿渴望了解周围的世界,对周围的事物充满了好奇心。在幼儿成长的过程中,往往需要一些平台来帮助他们构建对于自己、周围的人和周围事物的认识,也就是在这个过程中,我们可以倾听到幼儿很多真实的感悟或者想法,幼儿会通过自己的表达方式将自己对外界事物的感受、态度等信息传递给他人。

在以下案例中,家长陪伴着幼儿一起阅读,倾听、解读幼儿对于故事的感受。家长对幼儿话语的解读,能让教师看到幼儿不一样的一面。

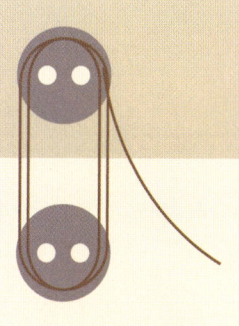

乐阅读,"慧"阅读

"慧"阅读是本学期开展的一期班本化家庭教育指导活动。结合班级幼儿年龄特点,我们挑选了4本比较适合小班年龄段幼儿阅读的绘本,同时匹配上传相应PPT及阅读提示,家长在与孩子一起进行绘本阅读的过程中,可以通过提问、观察等方式与孩子一起关注绘本中的画面细节,一方面可以推动孩子尝试观察画面、发现细节,另一方面也可以鼓励孩子大胆表达自己的想法。

那怎样可以同步了解孩子在阅读故事后的感受呢?在与孩子共同阅读后,我们鼓励家长试着让孩子挑选出自己"最喜欢的故事"并说一说喜欢的理由,家长将孩子回答的原话如实记录,试着去发现孩子内心的想法。

关于"我为什么喜欢这个故事?"这个问题,两名孩子的分享如图5-3-2所示。

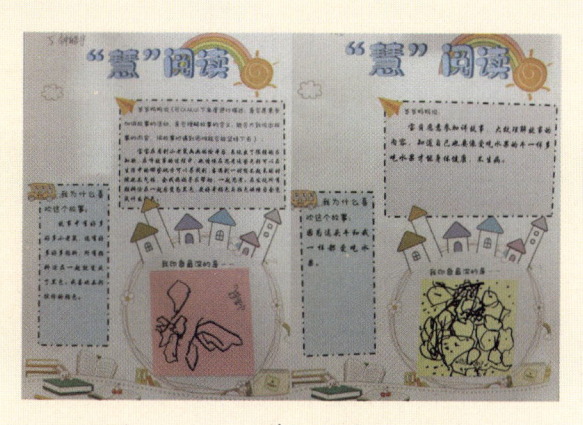

图5-3-2 "慧"阅读幼儿分享

表 5-3-1　家长与教师的共同解读

孩子语言	家长解读	我们发现
因为这头牛和我一样都爱吃水果。（图5-3-2右）	本来以为宝贝喜欢故事的原因是这个故事中的主角形象非常可爱，没有想到却是因为他发现牛和自己一样都爱吃水果，太有趣了。	记录之后的互动能够让家长更直观地了解幼儿的内心想法。作为成人的我们一直想了解幼儿到底在想什么。而这种方式正好为"了解幼儿"提供了契机。当家长跳脱出"家长身份"从客观的角度去关注幼儿活动背后的想法，试着去解读"幼儿内心"时，或许还能同步关注到幼儿自身特质、兴趣、需要和情感等方面的情况。
故事中有好多好多小老鼠，还有好多好多颜料，所有颜料涂在了一起就变成了黑色，我喜欢"五彩缤纷的黑色"。（图5-3-2左）	听说最近老师问他们最喜欢的颜色是什么？她说是"五彩缤纷的黑色"，应该是对故事中很多颜色混在一起变成黑色的现象印象很深刻。	通过家长的记录，我们对于幼儿所说的"五彩缤纷的黑色"才有了真正的理解。日常，幼儿所说的话语大多与其自身经历有关，幼儿园的生活经历只是他生活中的一部分，而家庭这个场域中还会呈现出幼儿的更多面。把家长纳入其中能帮助教师看到那些行为或语言背后的"原因"，而正是这些家园信息的互通，让我们离儿童世界更近了一点。

对于幼儿的记录可能只有只字片语，但聆听记录之后却让我们直观地了解了"幼儿视角"下他们的想法，这些真实所感能为后续对幼儿进行个性化的教育提供支架，这也能成为推动幼儿持续发展的依据。

3. 妙招三："随景随记"的观察工具

当家长愿意去记录幼儿日常的故事、试着去分析幼儿行为背后的原因时，

其实家长已经将评价逐步融入日常生活中。但家长的协同参与并不只是为了让家长看见幼儿在活动中的表现,而是促进教师与家长从不同角度理解幼儿的表现,从而更好地促进幼儿发展。借助合适的评价工具,能确保家长可操作,同时又能"同频同步"地呈现幼儿的过程性表现。

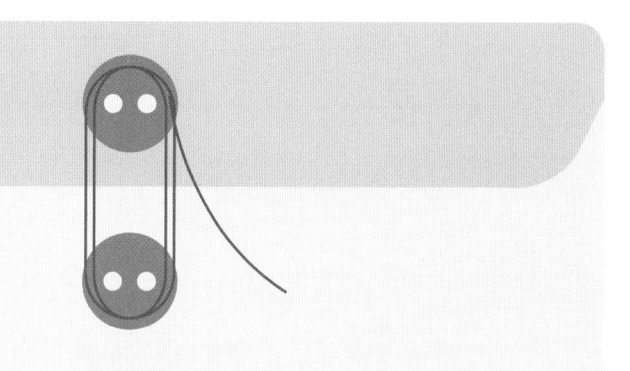

走过荡桥的你

背景:

孩子们对园内的各种运动器械逐渐产生了浓厚的兴趣,他们会对器械进行不同的组合。如将轮胎与竹梯组合变成"云梯",将多个垫子垒高变成"跳高台"……结合幼儿兴趣,我们决定开展一次"小小运动之旅"的家长观察分享活动,邀请家长共同了解幼儿在园的"运动故事",并对每个区域设计了一张简单的记录表。在运动区域中,包含了孩子又爱又怕的地方——荡桥。

过程:

开展观察分享活动前,我们向家长解读了下发的记录表格(如表5-3-2所示,以"荡桥"区域为例)。表格中的内容包括一些基本信息,如幼儿姓名、活动时间、记录者等。此外请家长记录下幼儿在走过荡桥时的关键行为表现,比如当时的表情、情绪、具体动作等,如果幼儿在走荡桥的过程中发生了明显的变化(情绪、行为等),家长可把发生变化的时间也一并进行记录。除了幼儿在运动中的表现,家长也可以记录幼儿在其他方面的表现(如坚持性、遇到问题时解决的方法等)。

表 5-3-2　幼儿行为表现记录表

幼儿姓名	幼儿行为表现					简单记录
	到路口后停下，不愿意前进	双手扶住两边的扶手往前走	双手扶住同一侧的扶手往前走	走到荡桥中间停下，不愿意前进	双手扶住两边扶手走过荡桥	

这张表格可以帮助家长更多地关注到幼儿在活动中的过程性行为。在活动中，我们看到家长是这样记录的——

小林很自信地走上荡桥，双手扶住两边的扶手，大步地往前走。

浩宇一上去荡桥就晃动起来，他双手抓住一侧的扶手走走停停，不过最终还是走过了荡桥。

小月往前走了几步突然哭了起来，嘴里还不停地喊着："妈妈，你扶住我呀！"我对她说："你不要怕，妈妈在这边等你。"小月深吸了一口气，大概5秒后，她再次试着往前走，一边走一边说："妈妈，你等我……"走过荡桥后，小月终于笑了……

当所提供的观察工具中的提示变得具体明确时，家长的记录中便会呈现出更多幼儿行为的细节。

这类评价工具的提供不仅是为了让家长更直观地了解"究竟可以观察什么"，还可以全方位地呈现出幼儿在一个活动中的表现（情绪、兴趣、态度、能力等）。当家长亲身与幼儿共同经历时，他们所看到的、所感受到的一定远比日常教师的描述更加生动和鲜活。

此外，对于家长结合活动过程所记录的内容，我们也会开展后续的筛选梳理，这种"联动"的方式让教师和家长能够同频关注到每个幼儿的发展轨迹。

便捷好用的"小妙招"或者评价工具能够更好地促进家长了解和理解幼儿——了解幼儿内心所需，理解幼儿行为背后的原因。通过教师与家长共同开展评价，既有利于促进幼儿发展，也有利于通过幼儿园与家庭的双向互动不断增强教育合力。

（三）观察多外延——让评价内容更全面

在协同家长参与幼儿个性化发展评价的工作中，评价前与家长共同关注内容的选择、工具的设计让评价有了良好的开端，评价中通过各种形式的沟通与家长们实时互动为多元主体评价打下了坚实的基础。幼儿在不断经历成长，因此评价也在不断拓展，观察内容与观察主体的外延让我们的评价内容更丰富、更全面。

1. 成长连连看——家长的持续性观察

评价不是由一次观察获得结论的，幼儿无时无刻不在发展。家长可以通过持续性的观察，发现幼儿的点滴成长，教师也可以根据家长提供的观察故事指导家长如何支持幼儿进一步发展。以下案例是一位家长对幼儿短期内行为的持续记录。

> 片段一：
> 今天我和涵涵一起读了绘本《今天我是一粒黄豆》，在阅读绘本时涵涵十分专注，指着图片告诉我她看到了什么："这个女孩在床上滚来滚去。"我："她说自己是一粒黄豆，黄豆不用睡觉。"涵涵接着指向下一幅图片："他喝了好多水，哇！发芽了。"……就这样，涵涵跟着我的讲解，我们一起完成了第一次跟读绘本。
>
> 在看图说话时涵涵指着图片说："黄豆磨一磨变成豆浆啦……黄豆变成豆腐了……黄豆又变成香干、豆芽、腐竹、豆腐皮了……黄豆能变成那么多东西呀。"

这是家长向教师分享的亲子阅读小故事，真实再现与幼儿的互动过程。教师了解到这个片段后与家长共同分析发现：涵涵在讲故事时愿意用较连贯的语言表达，但是形容词用得较少，语言还不够生动。她基本能看着图片讲出故事大概情节，不论是跟读绘本还是独立看图说话，涵涵都对绘本内容十分专注，能够坚持。

与家长沟通时教师还发现，阅读绘本的过程中涵涵对于黄豆的生长变化很感兴趣，发现原来生活中有许多常见的食物是黄豆变成的。于是教师鼓励家长：

"既然涵涵对于黄豆的生长变化很感兴趣,那为什么不试试和涵涵一起种一种黄豆呢?一起观察黄豆会不会像绘本上说的那样变化。"

教师和家长通过对幼儿兴趣进行共同解读,发现新的教育契机:一起尝试种黄豆。评价行为得以延续,评价内容也扩展到另一个领域。

片段二:

表5-3-3　幼儿、教师、家长行为记录

时间	幼儿表现	教师支持行为	家长行动/发现
第1天	涵涵:"黄色的,好小,比我的指甲还小。"说完涵涵在家里寻找可以盛放黄豆的容器,她找到自己的玩具小盒子,把黄豆全都放进去了。接着她又兴冲冲地去接水,一边浇水一边说:"多喝点水,你们要快快长大哦!"	赞同家长和涵涵一起种黄豆的做法。	提问:现在黄豆是什么样的呀?
第2天	涵涵起床第一件事情就是去看黄豆,她惊喜地和我说:"妈妈,你快看!黄豆变大了,它们的衣服还破了!"	建议家长和涵涵一起了解种黄豆的步骤。	我和涵涵一起上网查阅资料,了解怎么样种黄豆。
第3天	涵涵依旧是起床就去看黄豆,并惊喜地发现:"妈妈,黄豆脱光光了,这颗长芽了!"		我低头看时发现豆子里藏有一株很小的嫩芽,没想到涵涵观察得那么仔细。我说:"现在它们发芽了,要给黄豆换一个家了。"我找到了一个有洞的盆,涵涵很积极地要帮黄豆"搬家"。
第4天	涵涵:"这个芽最高,比我的指甲高一点。这个芽没我的指甲高。"		涵涵发现黄豆芽长长了,还用自己的手指和黄豆芽比高矮。
第6天	涵涵发现黄豆芽比自己的大拇指高了,这次她又换了根手指和黄豆芽"比身高"。	建议家长为幼儿提供测量工具。	我找来一把直尺,涵涵可以用直尺来量一量黄豆芽的高度。

从家长提供的观察故事中，我们可以发现在一次亲子阅读中教师和家长发现了幼儿的兴趣，支持幼儿的兴趣并延伸出后续的观察。

幼儿是不断发展变化的个体，评价是追随幼儿发展而不断延伸的。幼儿成长无终点，评价工作无终点，除了评价行为的持续外，评价内容也在不断地扩展和丰富。

2. 小鬼当家——让幼儿自评、互评

每一位幼儿都是极具个性的独立个体，随着幼儿年龄的增长，他们的自主意识也不断增强，对于自己的事情越来越有"发言权"，他们逐渐能对自身行为和他人行为进行评价。幼儿在成长中会逐渐将自己的行为和别人的行为作比较，也会通过同伴的评价了解自己，从而尝试调节和控制自己的行为，这对健全自我的人格具有十分深远的意义。

大一班小主播

昊哲是小主播活动中第一位播报的幼儿，他播报的主题是中秋节："马上就要中秋节了，我们一家人订好了饭店一起吃团圆饭……"

昊哲："我刚刚说的声音有点小。"

小艺："他的声音很轻，我听不太清楚。"

依依："他站得好，没有小动作。"

第一次播报新闻，孩子们对于小主播的关注点主要集中在小主播的音量和站姿上。

图 5-3-3 第一次播报后的评价

小柠檬第二次播报新闻:"11月18日早上会有狮子座流星雨,我爸爸就是狮子座……"

播报结束后其他幼儿对于小柠檬的表现提出了自己的想法。

音音:"第一次播报得有点短,这次变长了,而且很有意思。"

墨墨:"对的,这次的内容比上一次更加丰富。"

涵涵:"小柠檬播报得很流畅,我听得很清楚。"

随着小主播活动的推进,大家除了关注小主播的站姿、音量、是否流畅等,也开始关注新闻内容。

祺祺:"今天我播报的新闻是《鹅鹅鹅》,这是我和妈妈

图 5-3-4 第二次播报后的评价

一起去看的话剧，主要说的是……"祺祺的新闻播完，大家有不同的想法了。

涵涵："我感觉这次的新闻更像一个故事。"

米米："我听不懂这个新闻，我没见过没有朋友的人。"

大家开始讨论，什么样的内容才是新闻……

图 5-3-5　讨论什么是新闻

小主播活动的前期，幼儿的评价是关注当下主播的表现，慢慢地幼儿开始关注新闻的内容是否有趣、是否合适，最后评价对象也逐渐延伸。幼儿们在评价中慢慢了解到主播是什么样子的、什么是新闻、可以怎么播新闻、观众要怎么听新闻、听了新闻后我们有什么变化等。评价内容不断延伸、评价对象逐渐扩展；幼儿在自评、互评中认识自己、了解周围的世界。

3. 生活多棱镜——更多生活同伴齐加入

在双职工家庭中，父母工作比较繁忙，而陪伴幼儿更多的是祖辈，他们对幼儿生活上的照料和观察往往更加细致。祖辈家长可以让我们看到家庭中幼儿更加真实自然的表现，提供很多更真实的评价信息。

用照片记录幼儿的日常行为对祖辈家长来说比较简单，他们一般更关注幼儿进餐、睡眠、穿衣等生活方面的行为表现。以下案例展示了祖辈家长是如何参与评价的。

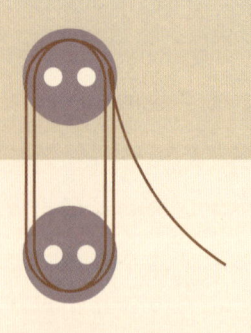

肉肉和翔翔的假期生活

假期刚结束,肉肉的爷爷奶奶和老师聊起肉肉的假期生活,从爷爷奶奶的表述及照片中看出来肉肉在家里能做到自己动手吃饭,也有劳动意愿,想要帮助家人做一些家务。

图 5-3-6　肉肉的假期生活(肉肉爷爷拍摄)

肉肉爷爷:"那天给肉肉做了很多她爱吃的菜,鸡蛋、牛肉、菠菜,肉肉都是自己吃的,没让我们喂!"

肉肉奶奶:"肉肉看见我在扫地,她也要拿着扫把,说扫一扫家里。"

1.26	翔翔爷爷:"今天中午吃饭自己不想动手,是我喂了才吃完的。"
1.27	翔翔爷爷:"翔翔说想吃鱼,中午我做了清蒸鱼,他不要吃,一定要吃红烧鱼。"
1.30	翔翔爷爷:"今天中午起床是自己穿的外套,没让我帮忙也没有穿反。"
2.4	翔翔爷爷:"今天的饭菜都是他喜欢吃的,我们没喂,他自己吃得很快。"

从祖辈的描述中能看出翔翔和肉肉的不同，翔翔有时吃饭需要成人帮助，对食物的烹饪方法有自己明显的偏好，假期在家有时能自己动手穿衣服。

　　很多人会觉得祖辈照料幼儿可能更会出现"偏爱""代替"等情况，但其实并不都是这样。因为与幼儿相处的时间更多，祖辈的照料更细致，就能看到很多容易被父母忽略的细节，这能让父母从另一个方面了解幼儿。如上述案例中翔翔不爱吃清蒸鱼，更喜欢红烧鱼，其实翔翔不是挑食，而是对烹饪方法有所偏好；有的父母看到孩子午饭吃得较少，觉得可能是挑食，但从祖辈那了解情况后却发现原来是因为孩子在餐前吃了水果……其实在祖辈记录中我们能发现很多幼儿成长的细节。

　　除了观察内容外延，评价主体也有外延。观察内容的外延意味着观察评价的持续和领域的扩展，评价主体的外延意味着对幼儿的观察评价更全面。评价内容的不断丰富、评价主体和评价对象的扩展，帮助我们全方位多角度地参与到幼儿评价中，只有这样才能真正做到多元主体协同支持幼儿个性化发展。

第六章

对评价的回顾与交流

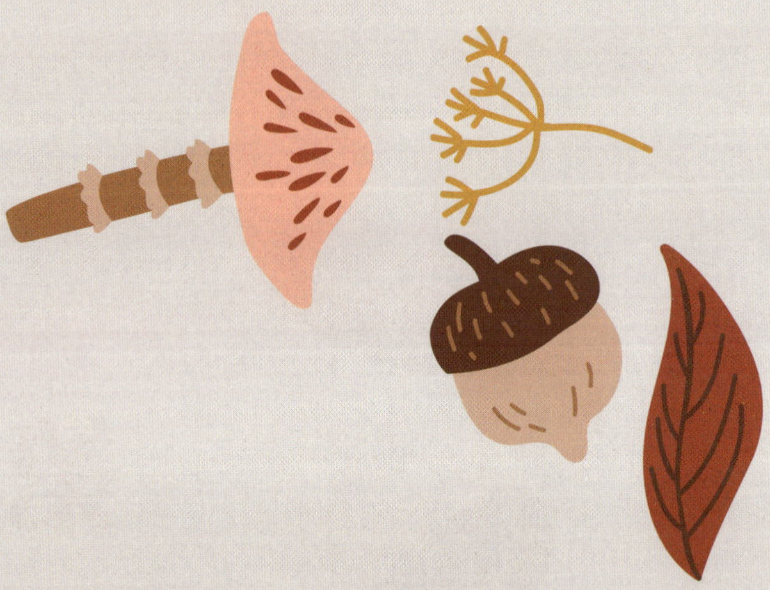

一、幼儿成长点滴，美好的毕业礼物

一份档案袋不仅记录了幼儿在园三年成长的点滴，同时也见证了幼儿的成长与变化。随着年龄的增长，幼儿自主意识逐渐增强，尝试主动参与并发起活动。在与同伴的交往中，幼儿从关注自己到开始关注他人，同伴意识增强。父母、教师作为评价共同体在与幼儿互动的过程中对幼儿的了解更加全面，亲子关系、师幼关系逐渐加深。这些成长和变化就像一份美好的毕业礼物，陪伴幼儿踏上新的旅程。

（一）幼儿主动参与，自主意识逐渐增强

小班初期，幼儿的成长主要由成人来记录。比如刚入园时很多幼儿会出现分离焦虑的情况，教师会通过观察和拍照记录的方式围绕幼儿的情绪进行持续性的观察。随着幼儿的自主意识增强，常常会出现各种各样新奇的想法，在一个充满宽容和支持氛围的幼儿园中，幼儿自主发起和实践的活动层出不穷。以下案例呈现了几位大班幼儿自主发起的一次餐桌改造行动。

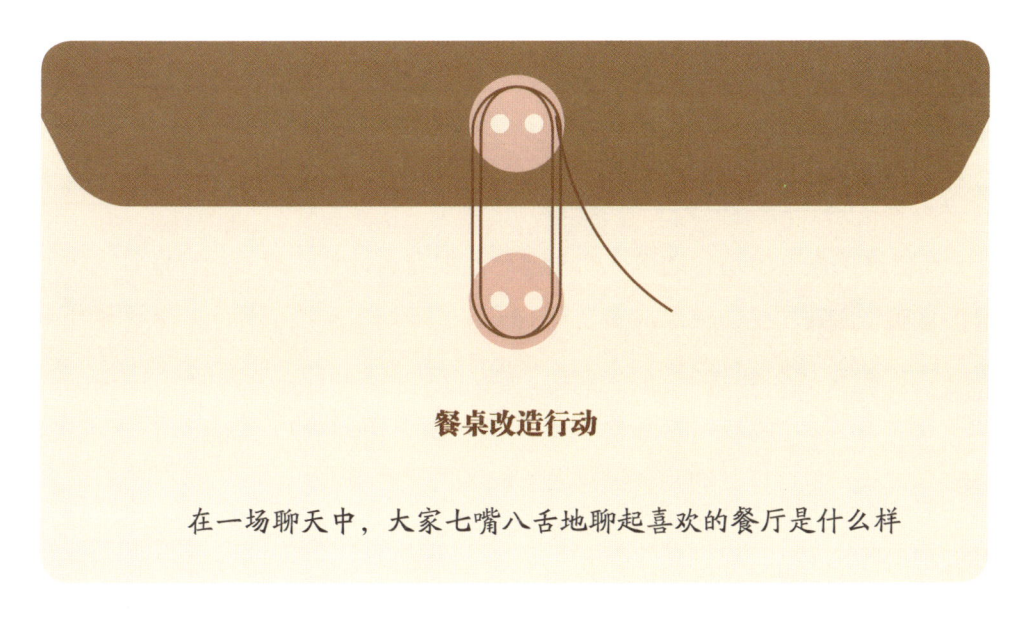

餐桌改造行动

在一场聊天中，大家七嘴八舌地聊起喜欢的餐厅是什么样

的。嘟嘟说:"妈妈带我去了一家餐厅,那里是坐在垫子上吃饭的。"皮皮说:"我也去过漂亮的餐厅吃饭,那里还能听音乐。"星星想到:"开派对时坐的是很长很长的桌子。"

那我们平时吃饭的地方能不能也变得像喜欢的餐厅一样呢?孩子们的想法都很有趣,于是我带着孩子们一起畅想:你想要怎样的餐桌呢?

孩子们的想法千奇百怪又有趣。星星提议:"我们投票决定吧。"大家把各自的想法画下来,通过投票最终确定了这几种不同的饭桌:可以晒到太阳的"阳光桌"、约好朋友一起坐的"好朋友桌"、低矮的"榻榻米桌"、安静的"包厢"、开派对时坐的"长长桌"、边吃边听音乐的"音乐桌"。

图 6-1-1 幼儿投票选择喜欢的餐桌

光有想法可不够,为了早日实现我们的餐桌改造计划,我们得赶紧行动起来,要准备些什么呢?孩子们纷纷讨论起来:围栏、八音盒、音箱、榻榻米桌、垫子等。大家一起准备好了需要的材料。

现在每周孩子们都会预约喜欢的餐桌,吃午餐成了孩子们在幼儿园最期盼的事情之一。

在这次的餐桌改造行动中,幼儿的想法很有趣,他们想要把教室里吃饭的餐桌变成外面餐厅里的样子,于是自主发起了一场餐桌改造行动,从讨论想要什么样的餐桌,到发起投票确定餐桌类型,再到准备材料。这些都是幼儿自发、自主进行的。这个过程给幼儿带来更多对环境的控制感和安全感,让他们感受到舒心、从容与自信,幼儿真正成为了班级生活的主人。

（二）从关注自己到关注他人，同伴意识逐渐增强

进入幼儿园后，老师、同伴都成为了幼儿身边重要的人。在与这些人的交往中，幼儿逐渐开始关注他人的感受。在协商、讨论、合作中幼儿的同伴意识逐渐增强。以下案例呈现了两位幼儿在与同伴相处时发生的变化。

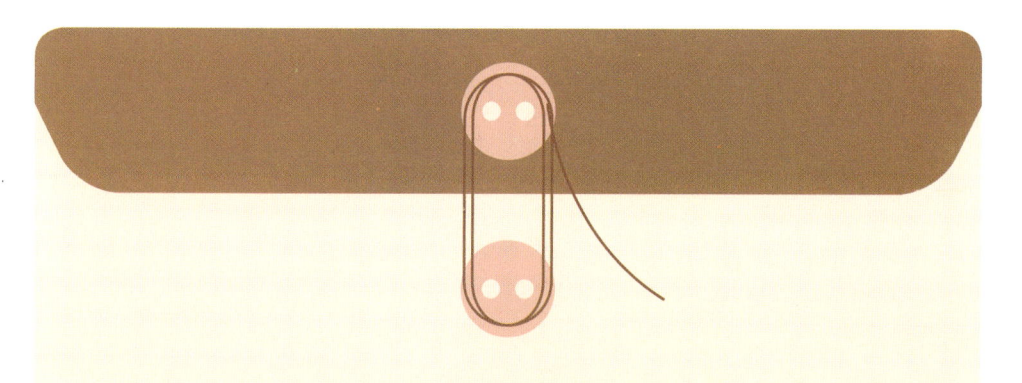

我想换个老师

瑞瑞已经会骑两轮自行车了，齐齐觉得他很厉害，想要瑞瑞教教自己。

瑞瑞非常欣喜："我要做小老师啦。"于是两个人愉快地开始了他们的一对一"教学"。

过了几天，瑞瑞和齐齐都在班级的心情分享板上分享了自己的手记。瑞瑞的手记上画了一个哭脸，似乎有些不开心。齐齐说："瑞瑞太凶了，我想换个老师。"原来是两人在骑车时发生了一些不愉快，小老师瑞瑞教的时候有些着急，语气有点凶，这让本就紧张害怕的齐齐觉得很委屈。瑞瑞听了齐齐的话觉得有些难受，眼含泪水："那我下次声音轻一点。"说着说着轻轻地哭了起来。

当瑞瑞得知同伴想邀请自己做小老师后，感到很开心，但是在教的过程中或许是有些激动，或许是着急想教会同伴，忽视了同伴的感受，导致两人发生了不愉快。在沟通后瑞瑞明白了和同伴相处时不能只关注自己，也要关注对方的感受，知道了与同伴沟通合作的重要性。

（三）想法被了解，呈现成长的立体面

幼儿发展评价是一个多元主体互动的过程，多元主体在评价过程中相互协作、交流互动，能够加深对幼儿的了解，促使幼儿获得更高水平的发展。以下案例呈现了评价活动中教师与家长的互动。

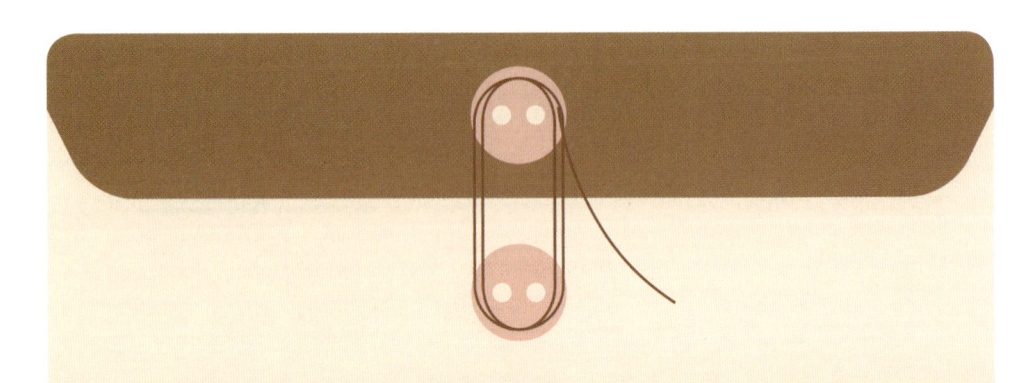

换鞋

九月份刚入园的一个下雨天，小乐来到教室后准备把雨靴脱下来换上室内穿的鞋子。她坐在小椅子上小脚一蹬把雨靴脱了下来，然后就靠在椅背上不动了，圆溜溜的眼睛看着老师，似乎在说"老师帮帮我换鞋吧"。我读懂了小乐的意思，走过去和她说："小乐，我们来试试自己换鞋吧。"我告诉她怎么去找自己的小鞋子。小乐欣喜地接受了，找到自己的小鞋柜，一边重复老师刚才的话"先找到自己的照片，再把里面干净的鞋子拿出来"，一边将鞋子拿出来换上。

第二天，小乐很开心地告诉妈妈："妈妈，我好喜欢幼儿园呀，去幼儿园好开心。"妈妈很惊讶，小乐昨天还哭哭啼啼地不愿意去幼儿园，为什么今天有了这么大的转变？妈妈和教师沟通后知道了小乐自己换鞋的事情。

小乐妈妈和教师说："小乐在家有时候也很愿意自己做事情，但是家里祖辈觉得她年龄小，很多事情都包办代替了，小乐自己动手的机会就变得很少。没想到在幼儿园自己换鞋子能够带给她如此大的成就感，我们觉得惊讶又欣喜。"

教师："是呀，我们也很惊喜，小乐在幼儿园其实很愿意自己动手，并且成功后会非常开心。这次自己换鞋子给小乐带来了很大的成就感。家长在家也可以给她动手的机会，只要你给孩子平台，孩子就会给你惊喜。"

图 6-1-2　教师和小乐妈妈的沟通记录

图 6-1-3　小乐自己换鞋

在以上案例中教师和家长双方的沟通加深了彼此对幼儿的理解，小乐妈妈惊喜于小小的劳动机会能够给幼儿带来如此大的成就感，让她爱上去幼儿园。经过沟通教师也了解到原来许多幼儿不愿意自己动手不是因为不喜欢，而是在家中缺少劳动机会。这样的沟通让教师与家长双方对幼儿有了更全面的了解，愿意改变自己的教育方式，给予幼儿更多支持。

二、教师的专业回顾，促进专业成长

教师是幼儿成长过程的陪伴者、观察者、记录者。翻阅档案袋时教师能看到自己对于幼儿的观察记录、对幼儿的分析解读、对评价证据的呈现方式等，翻阅档案袋的过程也是教师进行专业回顾的过程。在过程中，教师悦纳、尊重幼儿的个体差异，学习分析幼儿行为产生的原因，慢慢体会到只有清晰准确地解读幼儿，才能因材施教，针对幼儿不同的发展情况提供个性化的支持。

（一）分析解读的过程提升了教师观察解读的能力

以往，教师多以幼儿作品、幼儿活动照片配上简单文字概括幼儿的发展，随着专业认知和实践经验的积累，教师会主动设计一些简单的评价工具或捕捉幼儿关键行为照片对幼儿进行观察记录。这种更加聚焦、准确的观察可以帮助教师明晰自己所看到、听到和察觉到的现象，逐渐描绘出一个丰满且富有个性的幼儿个体，从而进行深度分析。以下案例是教师在幼儿搭建积木时的一份观察记录。

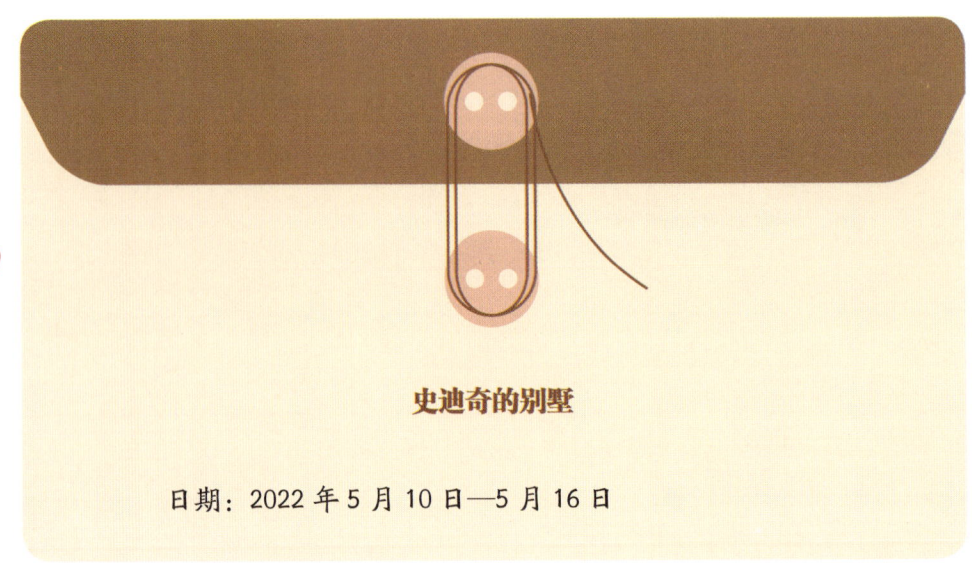

史迪奇的别墅

日期：2022 年 5 月 10 日—5 月 16 日

观察对象：豪豪

观察者：朱老师

背景：男孩豪豪想给史迪奇搭建一座别墅，在搭建二楼阳台时遇到了困难。

图片	时间	描述	分析
图 6-2-1　初步搭建	2022年5月11日下午	在搭建阳台时，豪豪先用积木进行三面围合，完成了初步的阳台模型。在过程中一边用手指了指没有围合的一侧，一边对同伴说："这边是要和墙壁连接的，现在我还要在下面撑几根柱子让阳台腾空。"	豪豪有一定的积木搭建经验，能够将围合和架空的经验运用到自己的搭建过程中。同时豪豪能够清晰地向同伴表述自己的想法。
图 6-2-2　继续搭建	2022年5月13日上午	豪豪想要将阳台凸出的部分固定住。一开始他将两侧的积木往中间推，试图夹住凸出的部分，并未成功。经过反复尝试后豪豪选择在上方平铺一层积木，这样既稳固又美观。	豪豪在遇到问题时不断操作、反复试验，寻找解决办法。在过程中能够做到坚持、不放弃。

第六章　对评价的回顾与交流

（续表）

图片	时间	描述	分析
图6-2-3 完成搭建	2022年5月16日上午	搭建椭圆形窗户时需要有人帮忙扶住下面的弧形积木以保持平衡，豪豪一人无法完成。于是豪豪请来了自己的同伴："你帮我扶住下面的积木，我往上加高。"最终在同伴的帮助下他完成了史迪奇别墅的搭建。	豪豪在遇到困难时主动寻求同伴的帮助，并且能够做到与同伴沟通、协作，知道同伴合作的重要性。

记录上述案例的教师是一位青年教师，她持续性记录了幼儿搭建过程中的几个关键片段，其中既包含了幼儿的原话又包含教师对于幼儿的分析，辅以相应的图片。令每一个阅读者仿佛身临其境，明白教师想要呈现的内容。更重要的是，观察记录的重点并不是记录本身，而是能够从中看到教师对幼儿成长过程的分析，不仅关注了幼儿关键行为背后的关键经验，还关注了幼儿的学习品质、社会性交往的发展。

（二）不断回顾的过程确立了"尊重差异、支持发展"的评价观

"尊重差异、支持发展"是教师在一边实践一边体会，一边反思一边积累中最终形成的教育理念。带着"尊重差异、支持发展"的理念，教师通过细致观察，尝试发现每个幼儿的差异，对幼儿进行深入的分析。

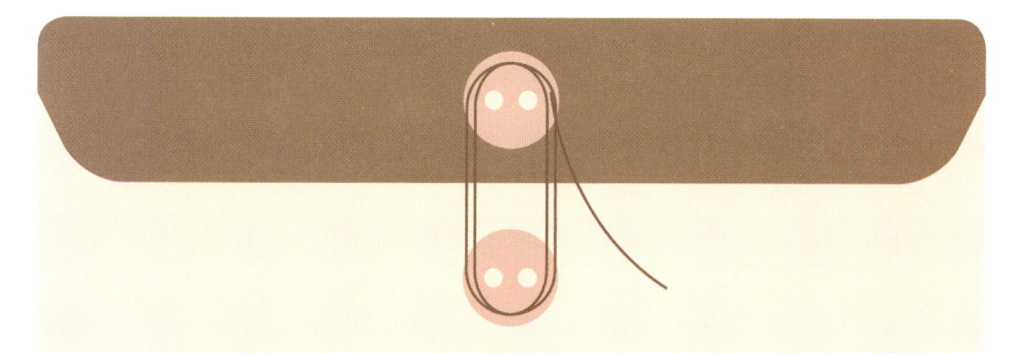

甜甜的嘴巴

麟麟很喜欢在班级门口和大家打招呼，于是我们给麟麟制作了一块"甜甜的嘴巴"牌子，他每天戴在胸前在门口迎接小朋友。随着时间的推移，袁袁和仇仇两人提出也想要和麟麟一起打招呼，于是"甜甜的嘴巴"队伍增加了两名成员。

袁袁喜欢和小朋友抱抱，他的打招呼形式是最热情的。但是随着时间的推移袁袁的热情慢慢减退，经常戴着牌子跑到其他地方去玩。

仇仇打招呼的方式大多都是挥手问好，有其他朋友在的时候，她会比较活泼积极，但是只有她一个人的时候就会有些害羞。

在活动进行的过程中三位幼儿的表现有所不同，麟麟是"甜甜的嘴巴"活动的发起者，他很享受打招呼的过程；仇仇能够专注于自己的活动，但在过程中较为依赖同伴的陪伴；袁袁的兴趣更多是出于好奇，不能长久坚持。

随着"甜甜的嘴巴"活动热度越来越高，越来越多的幼儿想要参与进来。于是，我们创设了一块"今天活动开心吗"的区域，幼儿可以在其中自由地表达自己的感受，我们也能看到更多幼儿的兴趣与愿望。从此以后，幼儿视角的活动内容开始萌发，例如：擦桌子、浇花、为小乌龟洗澡……

"来园时打招呼"看似微不足道，实则是幼儿社会交往的重要部分。案例中的教师看到了班级个别幼儿对于打招呼的需求，并创设了"甜甜的嘴巴"活动进行支持。不仅如此，教师还关注到了活动中三位幼儿的不同表现并提供了个性化支持。同时，教师对班级课程环境与课程内容进行了思考并做出相应调整，通过"今天活动开心吗"区域的创设，引发更多幼儿表达感受与愿望。

　　教师的教育理念是在实践中一步一步形成的，越来越多的教师认识到：应该关注每一个独立的个体，接受、尊重他们的差异，在发现幼儿的需求时提供多种个性化支持以满足其成长的需求。同时，思考个体差异与课程之间的联系，找到其中的联结点，从课程的角度为班级中所有幼儿的发展提供有效支持，切实助力每一位幼儿的发展。

三、家长的全程参与，营造快乐的成长氛围

毕业季，成长档案袋会伴随幼儿的脚步一起离开幼儿园，家长和孩子共同细致阅读这份记录孩子三年成长点滴的档案袋，感受到虽然孩子在园三年看似缺少了家长的陪伴，但是自己仍然全程参与了成长的点点滴滴，成为孩子成长道路中不可或缺的重要陪伴者，在用自己的方式理解和支持孩子的成长……

（一）在理解和尊重中等待幼儿成长

孩子的成长与家长的教养方式息息相关，家长在理解和尊重的基础上才能与孩子建立良好的亲子关系，支持孩子发展。很多时候需要给孩子一些成长的时间和空间，每个孩子有自己的成长方式，家长要站在他们的角度尊重其思想和个性，尊重他们的权利和选择。把理解和尊重贯穿始终，积极寻找支持策略，营造良好的亲子氛围，耐心等待孩子成长。

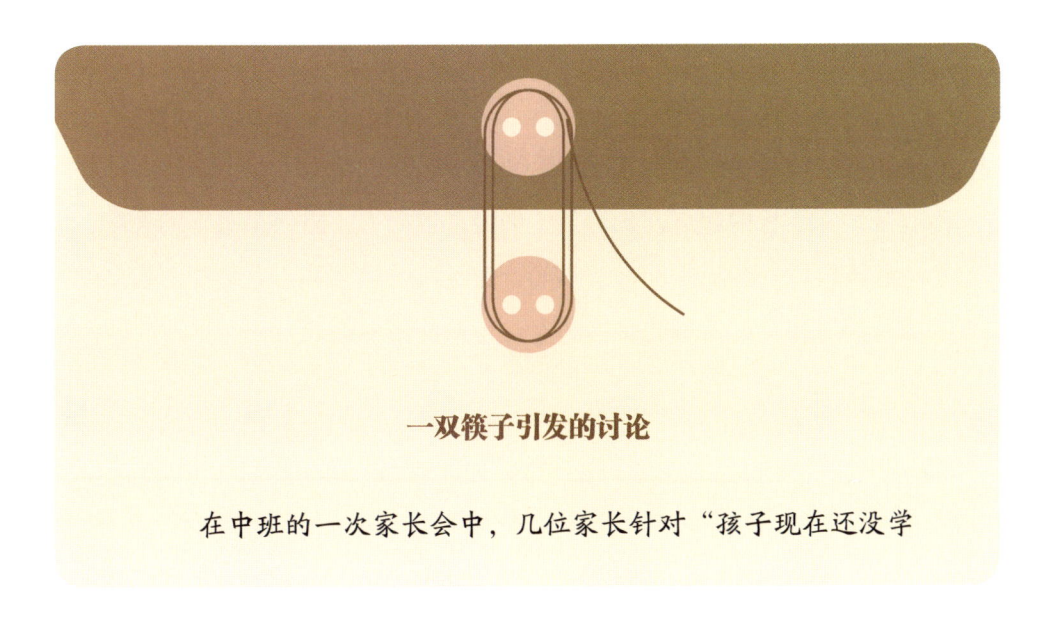

一双筷子引发的讨论

在中班的一次家长会中，几位家长针对"孩子现在还没学

会用筷子怎么办"这件事聊了起来，有经验的家长分享了自己的感受。

宁宁妈妈："现在已经中班了，我看班级里的孩子基本上都会用筷子吃饭了。就我们宁宁还在用调羹，真是急死人了。"

依依妈妈："宁宁妈妈你别着急，我们家依依也是刚学会用筷子，给他一点时间慢慢会学会的。"

小石榴爸爸："是啊，每个孩子手部肌肉的发展速度有快有慢，对筷子的接受程度也不一样。给宁宁一些成长的时间，多加练习，说不定哪天就给你惊喜了。"

依依妈妈："我们大人也可以帮帮他，上次我给依依买了一双练习筷，依依就是用这个慢慢学会用筷子的，等一下我分享给你。"

每个幼儿都有自己学习和发展的节奏，幼儿的成长中也包含了心理成长的过程。家长的理解和尊重就是一种无声的鼓励。通过和其他家长的交流宁宁妈妈明白了每个孩子都有自己的成长方式和节奏，家长要放慢自己的脚步，让理解和尊重贯穿孩子的成长过程。

（二）在陪伴和参与中见证幼儿成长

家庭是幼儿生长的起点，父母是他们最亲近的人。陪伴是最好的礼物，能与孩子一起体验成长经历是非常幸福的。翻开成长档案袋，我们能够看到幼儿的许多成长经历都是在父母的陪伴和参与下共同实现的。

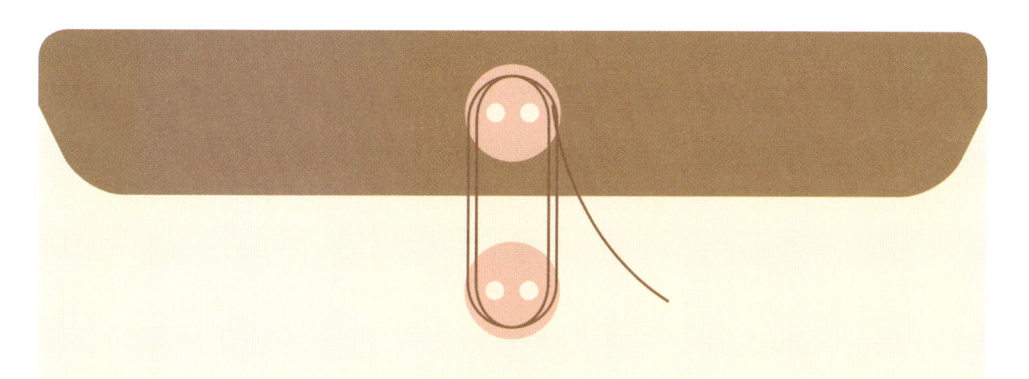

悦读分享会

悦读分享会是班级里进行的一个线上亲子阅读的小活动，每周共读一本不同的绘本，爸爸妈妈陪孩子一起阅读，还可以就绘本相关的话题聊聊天。活动结束后许多家长表示陪孩子进行亲子阅读的这段时间对孩子有了更多的了解。以下是谜宝妈妈所记录的感受（被收藏至档案袋中）。

谜宝妈妈：我和谜宝爸爸平时工作很忙，谜宝多数时间都是和爷爷奶奶住在一起。这次共同阅读的活动让我们有机会陪伴她，见证了她的很多成长。我们很惊喜地看到将近半个小时的时间里谜宝能全程跟随绘本情节的发展去观察画面，猜测故事的结果。在对话的过程中我们听到了很多她在幼儿园和同伴、老师之间发生的趣事。今后我们会抽出更多的时间来陪谜宝，希望能够陪她经历更多成长的重要瞬间。

诸如"悦读分享会"的活动让家长有机会在陪伴和参与中见证幼儿的成长。谜宝妈妈在亲子阅读的过程中看到了谜宝的专注，在沟通中了解了许多她与同伴交往的趣事。这样的活动让家长意识到陪伴和参与的重要性，高质量的陪伴在幼儿成长道路上有着独特和不可替代的作用。

成长档案袋中记录了幼儿在园三年成长的点点滴滴，在对档案袋的回顾与交流中我们能够看到幼儿的成长与进步。幼儿自主发起活动，自主意识逐渐增强。进入集体后,幼儿在与同伴的相处过程中开始关注同伴的感受,明白同伴合作的重要性。不仅如此,回顾档案袋的过程也是教师和家长进行反思的过程,分析解读幼儿的过程提升了教师观察与反思的能力,不断回顾的过程帮助教师确立了"尊重差异、支持发展"的评价观。家长在陪伴和参与中见证了幼儿的成长,明白了在理解和尊重的基础上才能与幼儿建立良好的亲子关系。

后记

2024年春日，距离2006年安庆幼儿园开启幼儿发展评价研究之时，已经过去十八年了。2018年，"指向个性化教育支持的幼儿发展评价研究"获得了基础教育国家级教学成果一等奖，到如今，也过去六年了。

2022年2月，教育部颁布了《幼儿园保育教育质量评估指南》，让全国的学前教育工作者进一步审视评价的意义。安庆幼儿园也在这样的背景下回溯了十八年的评价历程。这十八年来，幼儿园一直致力于幼儿发展评价的实践，评价让我们不断审视园所课程的质量与变革，我们认为儿童在幼儿园的生活就是其童年成长经历的一部分，我们尝试去辨识儿童的需求，为儿童提供创造幼儿园生活经历的机会。

幼儿发展评价在当下的安庆幼儿园，已然不是一个验证儿童发展的工具，而是伴随儿童成长的一个课程环节，一系列教师的教育行为。在安庆幼儿园，"儿童在心，评价随行"已经成为每一位教师的教育理念，在这里，对评价的研究已经从基于工具的评价实践到嵌入课程的评价行为了。

当然，这样的评价过程对教师提出了更多的挑战，比如，如何从教师眼中的儿童视角内化为儿童眼中的儿童视角；"儿童主导的一日生活"如何既满足儿童的兴趣需要，尊重儿童自主性以及儿童选择权，又着眼于儿童经验的扩展和提升;"儿童自由"和"教师主体"之间如何双向奔赴等。这些问题都源于教师对儿童主体角色的探寻,我们提出了教师要站在儿童发展的视角去收集成长的证据,更要从证据中去支持儿童"可能的生活",而评价的过程就成为教师打开"课程之窗"的路径。我们希望教师与儿童相处的每一天里,建立"证据视野—课程机会之窗—自我检视习惯"的底层逻辑。在观察评价儿童的过程中,逐渐形成"伴随对内部价值的判断和对接下来怎么做的思考"的习惯。

本书是在这样的背景下形成的,书内呈现了安庆幼儿园的教师在幼儿三年成长过程中,与家长一起观察、了解幼儿成长过程的方法和路径,提供了一些可供一线教师参考的简单工具和典型证据,也呈现出教育主体既要科学收集观察证据,更要通过对观察行为的推论,发现其对儿童成长的意义。在评价中,教师在感受儿童当下的"所思所想",也在体悟"儿童视角"。书内很多有趣的片段,就是教师和儿童一起经历的"成长时刻"。我们期待教师能通过评价对儿童在一日活动中的外部言行表现进行意义阐释,从而获得对儿童感知、经验和行动的深层理解。

在编著本书的过程中,很多教师提供了第一线的案例和思考,不少教师参与了本书的编写,他们是沈玮、曹云、卢世轶、纪萍、单娟、王天韵、孙频、沈滢、徐莺芸、包笑漾、时扬、管梦雪、邵明铭、莽凌云、赵蕾、王欢、金卓玲、姚雨莲、朱倩雯、史彬哲、周雯婷、王琳等。在此一并对他们的辛勤付出表示感谢。

最后,也要感谢华东师范大学出版社编辑团队的辛勤付出,让幼儿园得以从专业的角度分享第一线的实践"惊讶"和"思考"。

本书的编著,让我们进一步体会到评价在幼儿园课程和儿童发展过程中的专业价值,当然,本书仅代表安庆幼儿园在多年实践过程中的园本化经验,我们特别希望这些基于当下课程理念的评价过程和操作经验能引发更多的教育工作者持续投入第一线的研究及实践,形成更多的专业共同体,持续实践并努力实现"评价,让教育更专业"的愿景。

本书必有不当之处,恳请读者批评指正。

温剑青

2024 年 3 月

走进儿童评价

解码发展评价幼儿

"3—6岁儿童学习与发展指引"纵横解读

温剑青 编著

华东师范大学出版社
·上海·

领域一：健康与体能
子领域一：身心状况

	表现行为 1	表现行为 3	表现行为 5	横向解读
表现行为描述	1.1.1 身高和体重适宜。 参考标准：（3.5-4岁） 男孩： 身高：98.40-110.90厘米 体重：14.30-19.82千克 女孩： 身高：97.30-109.70厘米 体重：14.01-18.95千克 1.1.2 在提醒下，能自然挺直、坐直身体。	1.1.1 身高和体重适宜。 参考标准：（4.5-5岁） 男孩： 身高：105.50-118.60厘米 体重：16.34-23.15千克 女孩： 身高：103.60-116.70厘米 体重：15.50-21.70千克 1.1.2 在提醒下，能保持良好的站姿、坐姿和走路姿势。	1.1.1 身高和体重适宜。 参考标准：（5.5-6岁） 男孩： 身高：110.80-126.50厘米 体重：18.00-27.45千克 女孩： 身高：110.75-125.30厘米 体重：17.50-25.30千克 1.1.2 能经常保持良好的站姿、坐姿和走路姿势。	★ 呈现出不同年龄段幼儿身高和体重的变化。 ★ "在提醒下，经常"体现了从被动到主动的过程，逐渐养成保持良好体态的习惯。 ★ "站姿、坐姿和走路姿势"强调了幼儿在生活中自然状态下的体态。
纵向解读	纵向看，"具有健康的体态"这条评价内容由以下维度构成： 1. 幼儿身高和体重生长情况。 2. 幼儿坐、立、行等体态。			

1. 具有健康的体态

领域一：健康与体能
子领域一：身心状况

	表现行为 1	表现行为 3	表现行为 5	横向解读
2.情绪安定愉快	表现行为描述	1.2.1 能保持较稳定的情绪，哭闹频率较低，且持续时间不长。	1.2.1 经常保持愉快、稳定的情绪，能在较短时间内缓解消极情绪。	1.2.1 经常保持愉快、稳定的情绪，能自我缓解消极情绪。	★ "经常"指幼儿情绪稳定的频次较高，表示保持情绪稳定的状态越来越多。 ★ "较稳定"和"愉快、稳定"指情绪的愉悦和不稳定和平稳和愉悦。 ★ "自我缓解"表示幼儿保持稳定情绪的能力逐渐增强。 ★ "在安抚下逐渐缓和"用适当的方式表达情绪"表示幼儿调整过激情绪的能力在逐步增强。
		1.2.2 情绪过激时，能在安抚下逐渐缓和。	1.2.2 情绪过激时，能在提醒下逐渐缓和。	1.2.2 能用适当的方式表达情绪，不随意发脾气。	
	纵向解读	纵向看，"情绪安定愉快"这条评价内容由以下维度构成： 1. 保持愉快、稳定情绪的能力。 2. 调节消极情绪的能力。			

2

领域一：健康与体能
子领域一：身心状况

	表现行为1	表现行为3	表现行为5	横向解读
3.具有一定的适应能力	表现行为描述	1.3.1 能在较热或较冷的天气进行户外活动。	1.3.1 能在较热或较冷的天气坚持户外活动半小时左右。	1.3.1 能在较热或较冷的天气坚持户外活动半小时以上。	★"半小时左右"和"半小时以上"指的是幼儿在较冷或较热天气下的户外活动时间越长，表示幼儿对户外天气的适应能力越来越强。
		1.3.2 在新环境中情绪能较快趋于稳定，睡眠、饮食基本不受影响。	1.3.2 变换新环境时身体状况基本正常，较少出现身体不适。	1.3.2 天气变化或季节交替时较少生病，外出能逐步承受环境、交通工具等带来的身体不适。	★"在新环境中"和"变换新环境时""天气变化或季节交替"表示幼儿所处环境的多样变化。 ★"情绪稳定""较少出现身体不适""基本正常""承受身体不适"指的是幼儿身心的健康状态，表示幼儿对环境变化的适应能力逐渐增强。
	纵向解读	纵向看，"具有一定的适应能力"这条评价内容由以下维度构成： 1. 对天气的适应能力。 2. 对生活环境变化的适应能力。			

(3)

领域一：健康与体能

子领域二：动作发展

	表现行为 1	表现行为 3	表现行为 5	横向解读
表现行为描述	来到运动场地或看到运动器械时能迅速投入活动。	能用自己喜欢的运动器械和材料锻炼身体。	乐于尝试不同的运动器械和材料，开展不同的身体动作，锻炼身体各部位。	★ "能用""乐于尝试"指情感态度的变化，表示幼儿对运动的态度逐渐从被动转变为主动。
纵向解读	纵向看，"对运动感兴趣"这条评价内容包含的维度是：对运动的积极性。			

1. 对运动感兴趣

4

领域一：健康与体能
子领域二：动作发展

	表现行为 1	表现行为 3	表现行为 5	横向解读
2.具有一定的平衡能力、动作协调灵敏	表现行为描述	2.2.1 能在较低的地面的直线上或在较窄的物体上行走一定的距离。	2.2.1 能在较低较窄的物体上比较平稳地行走一定距离。	2.2.1 能在斜坡、荡桥和有一定间隔的物体上比较平稳地行走一定的距离。	★ "地面的直线""较低较窄的物体""斜坡、荡桥和有一定间隔地"行走"方式多样,"比较平稳地行走"指行走时平衡能力随着场地的变化在逐渐增强。
		2.2.2 上下楼梯时双脚能灵活交替。	2.2.2 能以匍匐、膝盖悬空等多种方式钻爬。	2.2.2 能手脚并用、协调平稳地攀爬。	★ "行走""匍匐""助跑跨跳""手脚并用"表示幼儿肢体动作,表示幼儿肢体协调性逐渐增强。
		2.2.3 双脚连续向前跳时,身体能保持平稳。	2.2.3 能以助跑跨跳的方式跨跳一定距离或一定高度的物体。		★ "双脚连续跳""助跑跨跳"表示幼儿跑跳时下肢力量及平衡能力逐渐增强。
		2.2.4 行走或跑动时能改变方向,避免与他人的身体碰撞。	2.2.4 跑动中能控制速度、方向,追逐或躲闪他人。	2.2.3 能躲避朝自己滚来的球或扔来的沙包等移动物体。	★ "避免与他人的身体碰撞""躲避他人或滚来的球或扔来的沙包""改变方向""控制速度或方向""躲避"表示幼儿对身体的控制能力逐渐增强。

(续表)

领域一：健康与体能
子领域二：动作发展

表现行为 1	表现行为 3	表现行为 5	横向解读
2.2.5 能单手拍球，会双手往上方抛球。	2.2.5 能连续拍球和自抛自接球。	2.2.4 能在行进中连续拍球。	★ "单手拍球和双手往上方抛球" "连续拍球" "在行进中连续拍球" 是多种多样的拍球方式，表示幼儿拍球时手眼协调性的提升。
		2.2.5 能连续跳绳至少3个。	★ "连续跳绳" 表示幼儿的身体协调性有所提升。

纵向解读	纵向看，"具有一定的平衡能力，动作协调，灵敏" 这条评价内容由以下维度构成： 1. 身体的平衡能力。 2. 身体动作的协调性。 3. 身体动作的灵敏性。 4. 手眼的协调性。

领域一：健康与体能
子领域二：动作发展

		表现行为1	表现行为3	表现行为5	横向解读
3. 具有一定的力量和耐力	表现行为描述	2.3.1 能双手抓杠，身体悬空下垂10秒钟左右。	2.3.1 能双手抓杠，身体悬空下垂15秒钟左右。	2.3.1 能双手抓杠，身体悬空下垂20秒钟左右。	★ "10秒""15秒""20秒"是双手抓杠、身体悬空的时长，表示幼儿核心上肢力量的增强。
		2.3.2 能单手挥臂向前投掷沙包2米左右。	2.3.2 能单手挥臂向前投掷沙包4米左右。	2.3.2 能单手挥臂向前投掷沙包5米左右。	★ "向前投掷2米、4米、5米"是投掷的距离，表示幼儿核心力量以及平衡能力的提高。
		2.3.3 能单脚连续向前行进跳2米左右。	2.3.3 能单脚连续向前行进跳5米左右。	2.3.3 能单脚连续向前行进跳8米左右。	★ "单脚连续向前跳"的距离是单脚向前跳的距离，表示幼儿下肢单脚力量的增强以及上肢力量的增强。
		2.3.4 能向指定方向快跑15米左右。	2.3.4 能向指定方向快跑20米左右。	2.3.4 能向指定方向快跑25米左右。	★ "快跑15米、20米、25米"是快跑的距离，表示幼儿奔跑能力的增强。

(续表)

领域一：健康与体能
子领域二：动作发展

	表现行为 1	表现行为 3	表现行为 5	横向解读
	2.3.5 远足时能步行 1000 米左右的路程。	2.3.5 远足时能连续步行 1500 米左右的路程。	2.3.5 远足时能连续步行 1500 米以上的路程。	★ "步行 1000 米、1500 米、1500 米以上"是步行的路程，表示幼儿行走时的耐力逐渐增强。
纵向解读	纵向看，"具有一定的力量和耐力"这条评价内容由以下维度构成： 1. 上肢力量。 2. 下肢力量。 3. 奔跑能力。 4. 行走的耐力。			

领域一：健康与体能
子领域二：动作发展

	表现行为1	表现行为3	表现行为5	横向解读
4.手的动作灵活、协调	2.4.1 能熟练使用勺子。	2.4.1 能使用筷子。	2.4.1 能熟练使用筷子。	★"熟练使用勺子""使用筷子""熟练使用筷子"是幼儿用餐工具的变化，表示幼儿手部精细动作越来越灵活。
表现行为描述	2.4.2 能用大拇指、食指和中指抓毛笔涂涂画画。	2.4.2 能用笔沿边线较直地画出简单图形，或折纸时边线能基本对齐。	2.4.2 能用笔等工具画出线条平滑的常见图形。	★"涂涂画画""画线条平滑的常见图形"，折纸时手部动作的提高，表示幼儿手眼协调能力的增强以及手部精细动作逐渐灵活。
	2.4.3 能沿直线剪，勿边线基本吻合。	2.4.3 能剪出由直线构成的简单图形，边线勿合。	2.4.3 能剪出由曲线构成的简单图形，边线勿合和平滑。	★"剪直线""剪直线构成的简单图形""剪曲线构成的简单图形"指幼儿剪出的多种形状，表示幼儿手眼协调能力的增强。

（续表）

领域一：健康与体能
子领域二：动作发展

表现行为 1	表现行为 3	表现行为 5	横向解读
2.4.4 能拼搭或拆分雪花片等游戏材料。	2.4.4 能用泥巴等材料进行简单的塑型。	2.4.4 能使用镊子、订书机、锤子等简单工具。	★ "镊子、订书机、锤子"是幼儿能够使用的一些简单工具，表示幼儿手部动作灵活性和协调性有所提升。

纵向解读	纵向看，"手的动作灵活、协调"这条评价内容由以下维度构成： 1. 使用餐具时的手部精细动作。 2. 美工活动时的手眼协调能力。

领域二：习惯与自理
子领域一：生活习惯和能力

	表现行为 1	表现行为 3	表现行为 5	横向解读
1. 具有基本的生活自理能力和良好的生活与卫生习惯	1.1.1 在提醒下，每天能按时起居，坚持午睡，保持 11 小时以上的睡眠时间。	1.1.1 每天能按时午睡，保持 11 小时左右的睡眠时间。	1.1.1 每天能按时起居和午睡，保持 11 小时左右的睡眠时间。	★ "在提醒下"的表述从有到无，指进餐能力的变化。 ★ "11 小时以上"和"11 小时左右"表示时间的不同，代表随着幼儿年龄增加，睡眠时间相应减少。
	1.1.2 在引导下，不偏食，不挑食。	1.1.2 不偏食，不挑食，不暴饮暴食。	1.1.2 进食时能细嚼慢咽。	★ "在提醒下"和"能"表示自主性有所增强。 ★ "不暴饮暴食"和"能细嚼慢咽"，表示进餐习惯上的变化，幼儿逐步养成良好的进餐习惯。
	1.1.3 愿意喝白开水。	1.1.3 能常喝白开水。	1.1.3 能主动喝白开水。	★ "愿意、主动"指情感态度，表示意愿的变化； "常"指频率的变化。

（续表）

领域二：习惯与自理
子领域一：生活习惯和能力

表现行为 1	表现行为 3	表现行为 5	横向解读
1.1.4 在提醒下，能每天早晚刷牙，饭前便后洗手，餐后漱口。	1.1.4 能每天早晚刷牙，饭前便后洗手，刷牙、洗手的方法基本正确。	1.1.4 能每天早晚坚持刷牙，饭前便后主动洗手，刷牙、洗手的方法正确。	★ "在提醒下，能，坚持"表示从外驱到内化的变化，说明了幼儿卫生习惯及自理能力的递进变化。 ★ "方法基本正确"和"方法正确"，表示方法掌握程度上的提升。
1.1.5 在帮助下，能穿脱衣服。	1.1.5 能自己穿脱鞋袜，折叠衣服，并将衣服摆放整齐。	5. 能根据自己的冷热感受增减衣服。	★ "在帮助下"和"能"表示能力上的递进。 ★ "折叠""整齐"和"增减衣服"，表示对自身生活状态的关注以及自理能力的提升。
1.1.6 不憋大、小便，能自己上厕所。	1.1.6 女孩小便后使用便纸。	6. 能正确使用便纸。	★ "能自己上厕所""不憋大、小便"和"正确使用便纸"，表示如厕方面的自理能力和卫生习惯逐步提升。

纵向解读

纵向看，"具有基本的生活自理能力和良好的生活卫生习惯"这条评价内容由以下维度构成：
1. 睡眠习惯。
2. 饮食与喝水习惯。
3. 盥洗与如厕习惯。
4. 穿脱衣服的能力。

领域二：习惯与自理

子领域一：生活习惯和能力

	表现行为 1	表现行为 3	表现行为 5	横向解读
2.具有基本的自我保护能力	1.2.1 基本了解周围生活中的安全规则，知道不跟陌生人走，不乱穿马路。	1.2.1 不让他人触碰自己身体的隐私部位。	1.2.1 当他人触碰自己身体的隐私部位时，知道逃避和求助。	★ 从"不跟陌生人走"到了解"自己身体的隐私部位"，体现了自我保护意识的提升。 ★ "逃避"和"求助"是自我保护方法。
	1.2.2 在提醒下，不做玩火、碰插座等危险的事。	1.2.5 能认识常见的安全标志，能遵守安全规则。	1.2.6 知道火灾、地震等自然灾害发生时的一些基本逃生方法。	★ "在提醒下"到了"能"表示能力上的提升。 ★ "认识安全标志"和"知道逃生方法"表示对于危险情况的认知程度有所变化。
	1.2.3 公共场所走失时，能告诉警察或相关人员自己家长的姓名、电话号等简单信息。	1.2.3 公共场所走失时，不远离成人，未失或遇到紧急情况时知道家人的联系电话、家庭住址，有自我求助的办法。	1.2.4 知道在走失或遇到紧急情况时能向警察提供家人的联系电话、家庭住址等简单的求助信息。	★ "能告诉"和"能向警察提供"体现了幼儿自我保护意识的提升。 ★ "简单信息"到"求助方式"、"有自我保护的办法"表示自我保护方法逐渐增多。 ★ "姓名、电话号码"到"姓名、电话号码，家庭住址"表示幼儿对自己的相关信息知晓和了解。

编者注：为了便于将同一维度的评价内容进行对比，故并未按顺序排列评价内容。

（续表）

领域二：习惯与自理
子领域一：生活习惯和能力

	表现行为 1	表现行为 3	表现行为 5	横向解读
	1.2.4 在提醒下，不用脏手揉眼睛，不将异物放入口、鼻、耳中，连续看电视不超过 15 分钟。	1.2.4 不将异物放入口、鼻、耳中，知道保护眼睛的简单方法，在提醒下保护眼睛，连续看电视等时间不超过 20 分钟。	1.2.5 主动保护眼睛，会运用保护眼睛的方法，在提醒下连续看电视等时间不超过 30 分钟。	★ "在提醒下" "知道" 和 "会运用" 体现了从认知到能力的提升。 ★ "15 分钟" "20 分钟" "30 分钟" 表示时间的不同，在电子屏幕前的暴露时间有所延长。
		1.2.2 运动和游戏避免危险。 1.2.6 遇到危险时，能听从家长教师的要求行动。	1.2.2 运动和游戏时不给他人造成危险。 1.2.3 运动中知道自我调节运动量，注意休息和放松。 1.2.7 能识别危险，并告诉家长或教师。	★ 从 "主动躲避" 到 "不给他人造成危险"，表示幼儿从自我保护到保护他人，体现了幼儿保护能力和意识的提升。

纵向看，"具有基本的自我保护能力" 这条评价内容由以下维度构成：

1. 遇到他人的自我保护。
2. 面对灾害时的自我保护。
3. 走失时的自我保护。
4. 对丢失的自我保护。
5. 自我保护和保护他人。

纵向解读

领域二：习惯与自理

子领域二：学习习惯

	表现行为1	表现行为3	表现行为5	横向解读
1. 倾听习惯良好	表现行为描述	别人对自己说话时能注视对方的目光，注意倾听。	在集体中能有意识倾听与自己有关的信息。	能在集体中安静倾听他人讲话。	★ "别人"和"集体"指倾听对象的变化越来越广，表示倾听能力的提升。 ★ 从"注意倾听"到"与自己有关的信息"到"安静倾听他人"，表示幼儿倾听方式和状态的不同，体现了幼儿倾听习惯的改善。
	纵向解读	纵向看，"倾听习惯良好"这条评价内容由以下维度构成：倾听习惯。			

领域二：习惯与自理
子领域二：学习习惯

		表现行为 1	表现行为 3	表现行为 5	横向解读
2. 爱提问题	表现行为描述	对很多事物和现象感兴趣并能提出问题。	喜欢接触新事物，对新事物充满好奇，喜欢提问。	对自己感兴趣的问题会主动追问和探索。	★ "事物和现象"和"感兴趣的问题"表示焦点事物的不断聚焦，体现幼儿对事物的好奇、好问越来越有目的性。 ★ "提出问题""充满好奇，喜欢提问"和"主动追问和探索"表示幼儿对事物的探索更加深入。
	纵向解读	纵向来看，"爱提问题"这条评价内容由以下维度构成：对事物好奇、好问。			

16

领域二：习惯与自理
子领域二：学习习惯

	表现行为 1	表现行为 3	表现行为 5	横向解读
3. 做事专注、坚持	表现行为描述	2.3.1 在提示下，不频繁更换活动。	2.3.1 活动中有注意力集中的时段。	2.3.1 有一定的抗干扰能力，能认真负责地完成自己所接受的任务。	★ 从"提示"到"完成自己所接受的任务"，表明幼儿从需要外界支持，到能独立自主完成任务，体现了幼儿主动性的提升。
		2.3.2 对感兴趣的活动能持续集中注意一段时间。	2.3.2 遇到困难时，在鼓励下能继续进行活动。	2.3.2 不轻易放弃，碰到困难能再次尝试或寻求帮助。	★ 从"不频繁更换"到"认真负责"，表示幼儿做事态度的变化。 ★ 从"注意一段时间"到"不轻易放弃"，表示幼儿的专注度和畏难情绪的变化。 ★ 从"尝试帮助"，到"继续"，再到"坚持性"不断提升。

纵向解读

纵向来看，"做事专注、坚持"这条评价内容由以下维度构成：
1. 坚持性。
2. 专注性。
3. 遇到困难的处理方法。

领域二：习惯与自理
子领域三：文明习惯

	表现行为 1	表现行为 3	表现行为 5	横向解读
表现行为描述	3.1.1 在引导下，咳嗽、打喷嚏时能捂嘴。 3.1.2 与人说话时眼睛能注视对方。 3.1.3 说话态度自然、大方。 3.1.4 在提醒下，能使用"你好""谢谢""再见"等合适的礼貌用语。	3.1.1 咳嗽、打喷嚏时能正确遮角。 3.1.2 能回应别人对自己说的话。 3.1.3 在提醒下，能根据场合调节自己说话的音量。 3.1.4 能在各种场合主动使用礼貌用语。	3.1.1 能积极主动地回应别人对自己所说的话。 3.1.2 身处不同情境和面对不同对象时，能注意说话的语气及使用恰当的语言。 3.1.3 谈话时能按顺序轮流说话，不随意插嘴、打断别人。	★ 从"在引导下"到"能"，表示文明习惯在逐步提升。 ★ 从"注视对方"到"能回应"，再到"能积极主动地回应"，体现了幼儿回应方式和态度上的变化。 ★ 从"说话态度自然"到"能调节音量"，再到"注意说话的语气及使用恰当的语言"，表示幼儿互动交流时越来越文明有礼貌。 ★ 从"在提醒下"到"主动使用"，表示幼儿与人交流时文明习惯的提升。

1. 具有文明的言行举止

领域二：习惯与自理

子领域三：文明习惯

纵向看，"具有文明的言行举止"这条评价内容由以下维度构成：

纵向解读

1. 打"喷嚏、"答嚏"时的文明举止。
2. 与他人对话时的回应。
3. 身处不同情境时的态度和语言。
4. 交往互动时的说话态度、音量和语气等。

（续表）

领域二：习惯与自理
子领域三：文明习惯

	表现行为 1	表现行为 3	表现行为 5	横向解读
2. 遵守基本的行为规范	表现行为描述	3.2.1 在提醒下，能遵守幼儿园盥洗、用餐、饮水等活动秩序。 3.2.2 能区分自己与他人的物品，知道拿别人的东西要经同意才能拿别人的东西，别人的东西要归还。 3.2.3 在提醒下，爱护玩具、图书和其他物品，能轻拿轻放，物归原处。	3.2.1 能遵守幼儿园盥洗、用餐、饮水等活动秩序，经同意才等待。 3.2.2 经同意才拿别人的东西，借了别人的东西能归还。 3.2.5 能收拾整理好自己使用的物品。	3.2.1 能遵守社会公共场合的秩序，不大声喧哗，人多时能排队等候。 3.2.2 能爱护自己、别人和集体的东西。 3.2.5 能分类收拾整理好自己使用的物品。	★ 从"在提醒下"到"能遵守社会公共场合的规则"，表示秩序感的提升。 ★ 从"经同意才能拿别人的东西"到"爱护集体的东西"，体现了幼儿遵守规范意识的提升。 ★ 从"轻拿轻放，物归原处"到"分类收拾整理"，表示能力和整理意识的提升。

编者注：为了便于将同一维度的评价内容进行对比，故并未按顺序排列评价内容。

领域二：习惯与自理
子领域三：文明习惯

表现行为1	表现行为3	表现行为5	横向解读
3.2.4 在提醒下，不乱扔垃圾，不乱涂乱画。	3.2.3 不乱涂乱画，不乱扔垃圾。 3.2.4 在提醒下，能节约粮食、水电、纸等资源。	3.2.3 犯错时勇于承认。 3.2.4 爱护环境，能节约粮食、水电、纸等资源。	★ "在提醒下"和"能"是不同的，表示幼儿保护环境资源的意识和行为逐渐提升。

纵向看，"遵守基本的行为规范"这条评价内容由以下维度构成：
1. 遵守公共场合的秩序。
2. 物品整理习惯。
3. 保护环境资源的行为。

纵向解读

（续表）

领域三：自我与社会性
子领域一：自我意识

表现行为描述	表现行为 1	表现行为 3	表现行为 5	横向解读
1. 知道自己和他人不同，接纳自我	1.1.1 知道自己的性别和基本生理需求。	1.1.1 能从身体特征上区别自己与他人。	1.1.1 能接纳自己的身体特征。	★ "知道" "区别" 和 "接纳" 是自我认识程度的变化。 ★ "性别和基本生理需求" "身体特征" 是自我认识的内容，表示自我认识从关注外在特征到关注内在特点的变化。
	1.1.2 知道家人和同伴人的名字。	1.1.2 能从爱好与兴趣等方面描述自己与他人。	1.1.2 能从爱好与兴趣等方面描述自己与他人的不同之处与相同之处。	★ "知道" "描述" 和 "描述不同和相同" 指认识自己和他人的能力，表示从认知到行动上的发展变化。 ★ "家人和同伴" "自己与他人" 是认识对象，表示认识对象越来越广，从最熟悉的人扩展到身边的人。 ★ "名字" "爱好与兴趣等方面" 是认识内容，表示从简单的对外在信息的认识，逐渐向内在特征转化。
	1.1.3 能向成人或同伴表达自己的需求、感受。	1.1.3 出现消极情绪时，能在提醒和指导下克制自己的冲动。	1.1.3 知道引起自己某种情绪的原因，能在提醒下克制自己的冲动。	★ "表达" 和 "克制" 和 "知道原因后克制" 指情绪控制能力的提升。

22

领域三：自我与社会性
子领域一：自我意识

（续表）

表现行为 1	表现行为 3	表现行为 5	横向解读
	1.1.4 活动中愿意倾听和接纳同伴的意见和建议。	1.1.4 活动中能倾听和接纳同伴与自己不一样的意见，不同意时会表达自己的想法。	★"意见和建议"、"不一样的意见"是倾听和接纳的内容，表示倾听和接纳的层次变得更为广泛。

纵向解读

纵向看，"知道自己和他人不同，接纳自我"这条评价内容由以下维度构成：
1. 自我认识与接纳。
2. 知道自己和他人的不同。
3. 对消极情绪的管理。
4. 接纳同伴意见和表达自己的想法。

领域三：自我与社会性
子领域一：自我意识

2. 具有自尊、自信、自主的表现

表现行为描述	表现行为 1	表现行为 3	表现行为 5	横向解读
	1.2.1 能按自己的兴趣选择活动。	1.2.1 能按自己的想法进行活动。	1.2.1 能主动发起活动，活动中积极表达自己的想法并能坚持。	★ "兴趣"和"想法"表示意愿上的递进。"选择"、"进行"和"发起"指参与活动的方式，表示从被动参与到主导活动的变化。 ★ 表现行为5中加入了表达想法并坚持，表示幼儿在活动中主导意识的增强。
	1.2.2 能为自己做的好事情或取得的活动成果感到开心。	1.2.2 能了解自己的优点和长处，并为此感到满意。	1.2.2 做了好事或取得活动成果后还想做得更好。	★ "好事情"、"优点"和"长处"表示自我认识内容的变化，从关注外在显性行为到对内在自我特点的了解。 ★ "开心"、"满意"和"做得更好"是一种幼儿自信的表现，从情绪的感知到愿意进一步行动。
	1.2.3 愿意做自己力所能及的事。	1.2.3 自己的事情尽量自己做，不轻易依赖别人。	1.2.3 自己的事情自己能做，愿意学不会做的事。	★ "力所能及"和"不会做的"指所做事情的难易程度的变化。 ★ "愿意做"、"不轻易依赖"和"愿意学"指自主的态度，表示幼儿的自主意识逐渐增强。

领域三：自我与社会性

子领域一：自我意识

表现行为 1	表现行为 3	表现行为 5	横向解读
1.2.4 乐意接受一些小任务。	1.2.4 喜欢承担一些小任务，并尝试做简单的计划。	1.2.5 愿意尝试有一定难度的活动和任务。	★ "乐意"和"敢于"指承担任务的态度，表示从感兴趣到愿意完成任务的难度增加。 ★ "小任务"和"有一定挑战性的任务"指任务的难度。 ★ "接受和承担"表示幼儿所接受任务的难度，是完成任务的方式。
	1.2.4 敢于尝试有一定挑战性的任务，能设法努力成自己接受的任务。	1.2.5 能对自己做的事情和结果进行回忆，做出简单的分析，并愿意做适当的调整。	★ "愿意尝试"和"分析并调整"指幼儿逐渐形成了面对挑战的应对方式与策略。

纵向解读

纵向来看，"具有自尊、自信、自主的表现"这条评价内容由以下维度构成：

1. 参与活动的自主性。
2. 自我认同。
3. 接受任务，面对挑战的态度。
4. 分析与反思的能力。

（续表）

领域三：自我与社会性

子领域二：人际交往

	表现行为 1	表现行为 3	表现行为 5	横向解读
表现行为描述	2.1.1 愿意与同伴共同游戏，参与同伴游戏时能友好地提出请求。	2.1.1 喜欢和同伴共同游戏，有较稳定的玩伴。	2.1.1 有自己的好朋友，还喜欢与新朋友交往。	★ "愿意和喜欢"这几个词指交往态度的变化，表示意愿递增。 ★ "同伴""较稳定的玩伴"和"新朋友"指交往对象的变化。
	2.1.2 愿意接受身边成人的照料和关心，并共同活动。	2.1.2 喜欢和长辈交谈，关心长辈身边发生的事情。	2.1.2 有问题能询问别人，遇到困难能向他人寻求帮助。	★ "接受"和"交谈和询问"表示幼儿在交往态度的变化，从被动到更具有主动性的变化。 ★ "身边的成人""长辈"和"别人"表示交往对象的变化，从熟悉的对象到陌生人。
1. 愿意与人交往，能与同伴友好相处	2.1.3 在成人的指导下，愿意分享玩具。	2.1.3 能运用简单的交往技巧加入别人的游戏。	2.1.3 愿意与大家分享和交流高兴的或有趣的事。	★ "愿意分享""加入同伴"和"与大家分享"表示幼儿交往能力的发展。
	2.1.4 与同伴发生冲突时，能听从成人劝解。	2.1.4 知道轮流、分享、会适当妥协，能在成人的帮助下和平解决与同伴之间的矛盾。	2.1.4 能想办法结伴共同游戏，活动中能与同伴分工、合作、妥协、协商，一起克服困难，解决矛盾。	★ "听从劝解""在成人的帮助下"和"想办法"表示幼儿解决问题方式的变化。 ★ "轮流、分享、妥协、合作、协商"是幼儿的交往策略，表示幼儿交往能力在提高。

领域三：自我与社会性
子领域二：人际交往

（续表）

表现行为 1	表现行为 3	表现行为 5	横向解读
	2.1.5 愿意主动寻求成人的陪伴、帮助或安慰。	2.1.5 敢于坚持与别人不同的意见并说出自己理由。	★ "能谦让"和"能谦让和照顾"表示态度的变化，从谦让到关注别人的感受。 ★ "不让别人欺负自己"指幼儿交往能力的变化，除了关注他人感受，也会关注自身与他人交往时的自尊。
	2.1.6 能谦让比自己幼小和体弱的同伴。	2.1.6 能谦让和照顾比自己幼小和体弱的同伴，也不让别人欺负自己。	

纵向解读

纵向看，"愿意与人交往，能与同伴友好相处"这条评价内容主要由以下维度组成：
1. 与同伴交往时的友好态度。
2. 与他人交往时的态度和能力。
3. 解决矛盾的能力。
4. 对待弱小同伴的态度和方式。

领域二：自我与社会性

子领域二：人际交往

	表现行为 1	表现行为 3	表现行为 5	横向解读
表现行为描述	2.2.1 能认真听长辈、他人说话，听从长辈提出的要求。	2.2.1 能有礼貌地向长辈、他人表达自己的需求和想法。	2.2.1 能有礼貌地与他人相处和交往。	★ "听从、表达、相处和交往"指幼儿被动与他人到主动尊重他人的转变。"长辈、他人"是尊重的对象，表示尊重对象的范围逐渐变广。
2. 关心和尊重他人	2.2.2 感知他人的表情及变化，发现亲近的人身体不适或情绪不佳时能表示关心。	2.2.2 能注意到熟悉的人的情绪，并表现出关心和体贴。	2.2.2 能关注他人的情绪和需要，会在他人难过、有困难时表现出关心，并努力给予适当的帮助。	★ "表情及变化、情绪、情绪情感的关注，从外在表情感知到内在情绪情感，程度加深。 ★ "亲近的人、熟悉的人、他人"指幼儿关心的对象，表示关心对象的范围逐渐增加。 ★ "关心、关心和体贴、并努力给予帮助"指关心他人的方法越来越多样。
		2.2.3 经提醒，能做到不打扰正在工作或做事的人。	2.2.3 能爱护他人的劳动成果，在接受他人服务与帮助时会表示感谢。	★ "经提醒、能"表示幼儿能力的变化，从需要他人帮助到主动能做到。 ★ 从"不打扰"到"爱护他人的劳动成果"并"表示感谢"指幼儿尊重他人的行为发生了变化。

28

领域三：自我与社会性
子领域二：人际交往

	表现行为 1	表现行为 3	表现行为 5	横向解读
		2.2.4 知道父母的工作及父母的辛苦。	2.2.4 能尊重并接纳生活方式和习惯不同的人。	★ "父母、生活方式和习惯不同的人"表示幼儿关心的对象从身边的人到陌生人，逐渐扩大。

纵向解读

纵向看，"关心和尊重他人"这条评价内容由以下维度组成：
1. 对待长事及他人的礼貌态度。
2. 对周围人的关心程度和体贴方式。
3. 对他人成果的尊重。
4. 对不同人的接纳与尊重。

（续表）

领域三：自我与社会性
子领域三：社会适应

	表现行为 1	表现行为 3	表现行为 5	横向解读
表现行为描述	3.1.1 在帮助下，能适应集体生活环境。 3.1.2 喜欢参加群体活动，爱上幼儿园。	3.1.1 能主动参加群体活动。 3.1.2 愿意和家长一同参加自己有关的社区活动。 3.1.3 面对新伙伴、新老师时，能适应所发生的变化，愿意参与活动。	3.1.1 对小学生活充满好奇和向往。 3.1.2 活动中能与同伴共同协商制订规则。 3.1.3 面对新伙伴、新老师时，能较快适应新的人际环境，主动参与活动。	★ "在帮助下"和"主动"指适应群体的能力，表示幼儿能力上的递进变化。 ★ "集体"和"小学"是子群体的内容，表示幼儿适应对象的变化。 ★ "群体活动""社区活动"指参与活动的内容，表示幼儿参与活动的社群在变化，环境不断拓展。 ★ "参加""协商制订规则"指参与群体活动的能力，表示幼儿从被动参与群体活动到主导群体活动的变化。 ★ "能适应""能较快适应"指适应群体变化的能力，表示幼儿适应速度逐渐变快，适应变化的能力逐渐变强。
纵向解读	纵向看，"喜欢并适应群体生活"这条评价内容由以下三维度构成： 1. 对生活环境的适应。 2. 对社群活动的参与。 3. 对群体对象变化的适应。			

1. 喜欢并适应群体生活

30

领域三：自我与社会性
子领域三：社会适应

	表现行为1	表现行为3	表现行为5	横向解读
2.具有初步的归属感	3.2.1 知道家庭主要成员与自己的关系，能亲近、信赖长辈。	3.2.1 喜欢自己的幼儿园和所在的班级，能积极参加集体活动。	3.2.1 愿意为集体服务，能为集体取得的成绩而高兴。	★ "知道"、"喜欢"、"参加集体活动"和"服务"表示归属感表现程度，从知道相关的信息到行动的变化。
表现行为描述	3.2.2 知道自己幼儿园的名称和所在的班级。	3.2.2 知道自己的家所在的城市、区域及路名，了解当地著名的景观或特产。	3.2.2 知道家乡发生的重大变化，并能为此感到高兴。	★ "自己的家所在的城市、区域及路名；当地著名的景观或特产"表示对家乡认识的内容，从了解简单的信息到知道较为复杂的信息。
	3.2.3 认识国旗和国歌。	3.2.3 知道自己的国籍和国歌，升国旗时能立正、行注目礼。	3.2.3 知道国家取得的重大成就，为自己是中国人感到自豪。	★ "国旗和国歌"、"国籍"和"民族、重大成就"指幼儿对"祖国"概念的认识逐渐丰富；"认识"、"能立正、行注目礼"和"感到自豪"指幼儿爱国行为的表达方式发生了变化。

31

(续表)

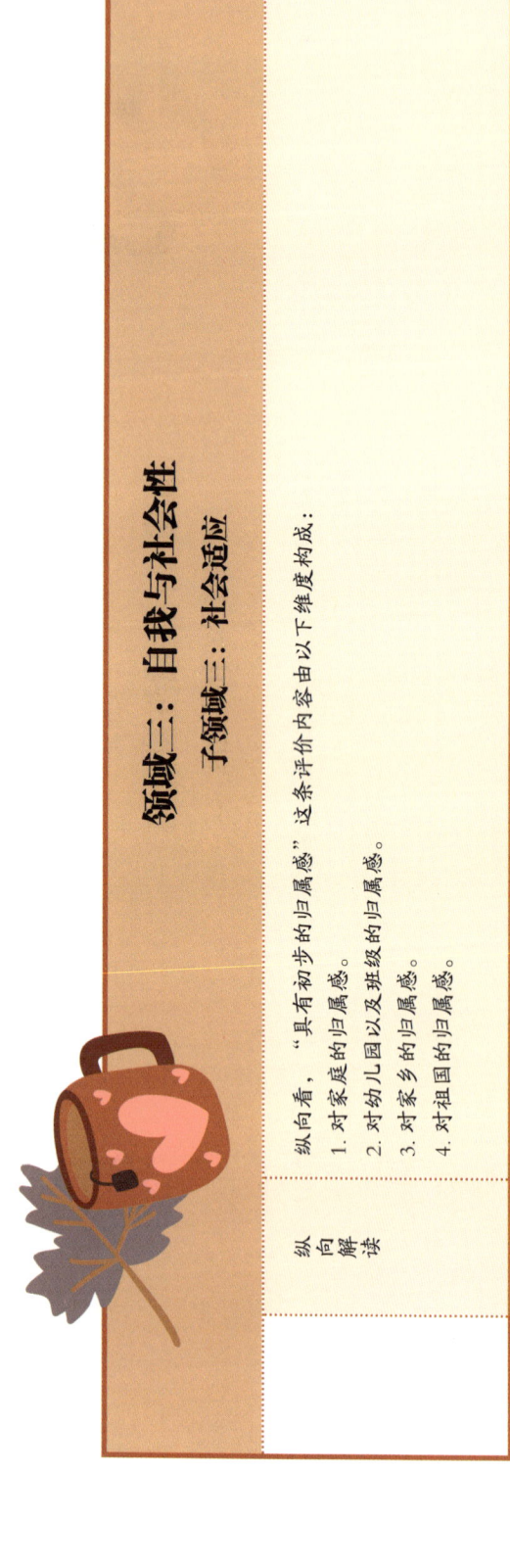

领域三：自我与社会性
子领域三：社会适应

	纵向看，"具有初步的归属感"这条评价内容由以下维度构成： 1. 对家庭的归属感。 2. 对幼儿园以及班级的归属感。 3. 对家乡的归属感。 4. 对祖国的归属感。
纵向解读	

领域三：自我与社会性
子领域三：社会适应

	表现行为 1	表现行为 3	表现行为 5	横向解读
3.感受和体验多元文化	经引导，能感受不同地区人的特征差异。	3.1.1 能感受不同地区人的语言、食物、服饰等特点。	3.1.1 知道中国是一个多民族的大家庭，体验其他民族、国家的简单礼仪、风俗。	★"不同地区人的特征差异"和"多民族的大家庭，其他民族、国家的简单礼仪、风俗"表示对多元文化的认识程度逐渐加深。
表现行为描述		3.1.2 对其他民族的人或外国人表现出自然、大方的态度。	3.1.2 理解各地区、各民族之间的人是平等的，应该互相尊重，友好相处。	★"表现出自然、大方的态度"和"各地区、各民族之间的人是平等的，互相尊重，友好相处"表示对多元文化从了解外在表现到逐渐深入了解。

纵向解读

纵向看，"感受和体验多元文化"这条评价内容由以下维度构成：
1. 对多元文化的认识。
2. 对多元文化的态度。

领域四：语言与交流
子领域一：理解与表达

	表现行为 1	表现行为 3	表现行为 5	横向解读
表现行为描述	能听懂普通话及本民族或本地区的语言。	1.1.1 能结合情境感受和理解不同语气、语调所表达的意思。 1.1.2 听不懂时能主动提问。	1.1.1 能结合情境理解含因果、假设、转折等关系的较复杂的句子。 1.1.2 能听懂带有两个以上要求或指令的句子，有疑问时能主动提问。	★ "听懂""感受""理解"，表示理解语义能力的提升。 ★ "因果、假设、转折等关系"可能存在于复杂句子中，表示语言理解的程度越来越深。
纵向解读	纵向看，"能听懂常用语言"这条评价内容由以下维度构成： 1. 理解语气、语调、句子。 2. 主动提问。			

1. 能听懂常用语言

34

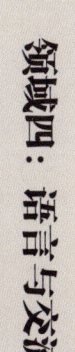

领域四：语言与交流

子领域一：理解与表达

	表现行为 1	表现行为 3	表现行为 5	横向解读
表现行为描述	1.2.1 能大方地与熟悉的人面前说话。	1.2.1 愿意与他人交流自己感兴趣的话题。	1.2.1 乐于参与讨论问题，能在众人面前表达自己的想法。	★ "愿意"、"乐于"表示称语言表达的倾向、态度。 ★ "熟悉的人"、"他人"和"众人"指交流对象，表达对象越来越广，胆量越来越大。 ★ "打招呼"、"交流"和"参与讨论"指交流内容，使用语言的能力越来越强。
	1.2.2 基本会说普通话及本民族或本地区的语言。	1.2.2 会说普通话及本民族或本地区的语言，发音较清晰。	1.2.2 说普通话及本民族或本地区的语言时，发音正确清晰。	★ "基本会说"和"说"，表示口语语言表达能力越来越强。 ★ "发音较清晰"、"发音正确清晰"，表示发音技巧的提升。
2.愿意用语言进行交流并能清楚地表达	1.2.3 愿意用语言表达自己的需要和想法，必要时辅以简单的动作和表情。	1.2.3 能较完整地讲述自己的经历和见闻。	1.2.3 能使用连贯、清楚的语言讲述自己的经历和见闻。	★ "辅以简单的动作和表情"、"较完整"、"连贯、清楚"，表示语言表达能力的增强。

（续表）

领域四：语言与交流
子领域一：理解与表达

表现行为 1	表现行为 3	表现行为 5	横向解读
1.2.4 能较清楚地念儿歌、童谣或讲述短小的故事。	1.2.4 能使用较连贯的语言讲述故事。	1.2.4 讲述时能使用常用的形容词、同义词等，能使用表示因果、假设等相对较复杂关系的句子，语言较生动。	★"念儿歌""讲述故事""使用常用的形容词、同义词""使用较复杂关系的句子"，表示幼儿运用语言的能力逐步提升。

纵向解读

纵向看，"愿意用语言进行交流并能清楚地表达"这条评价内容由以下维度构成：
1. 交流的态度。
2. 语言的发音。
3. 表达的能力。
4. 表达的技巧。

领域四：语言与交流
子领域二：前阅读与前书写

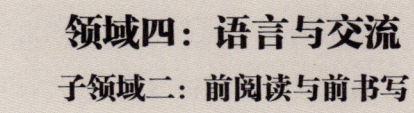

表现行为	表现行为1	表现行为3	表现行为5	横向解读
1. 喜欢听故事、看图书	2.1.1 能主动要求成人给自己讲故事、读图书。	2.1.1 会反复翻阅自己喜欢的图书。	2.1.1 能专注地阅读图书，不受外界干扰。	★ "主动要求""反复翻阅""专注地阅读"指阅读到自己感兴趣、被动要求阅读到自己的主动性有所提升。
	2.1.2 喜欢倾听并跟读韵律感强的儿歌、童谣。	2.1.2 喜欢反复翻阅自己听过的故事或看过的图书。	2.1.2 乐意与他人交流讨论图书和故事中的有关内容。	★ "喜欢倾听""喜欢交流讨论""乐意交流讨论"表示儿童对故事和图书的兴趣程度逐渐增强。
	2.1.3 喜欢向别人讲述自己听过的故事或看过的图书。	2.1.3 喜欢观察生活中常见的标识与符号，能感知和理解其表达的意义。	2.1.3 对图书和生活中的文字符号产生兴趣，了解文字符号表达一定的意义。	★ "喜欢观察""能感知和理解""了解文字符号"表示对文字符号的兴趣逐渐增强。

纵向解读

纵向看，"喜欢听故事、看图书"这条评价内容由以下维度构成：
1. 阅读兴趣。
2. 对阅读内容的表达。
3. 对图文符号的理解。

领域四：语言与交流
子领域二：前阅读与前书写

表现行为描述	表现行为 1	表现行为 3	表现行为 5	横向解读
2. 具有初步的阅读理解能力	2.2.1 能听懂短小的儿歌或故事所表达的主要内容。	2.2.1 能大致说出所听故事的主要内容。	2.2.1 能说出所阅读的文学作品的主要内容。	★ "儿歌""故事""文学作品"指阅读作品题材逐渐多样化。 ★ "听懂""大致说出""说出"指对阅读内容的理解和表达，表示阅读能力的提升。
	2.2.2 能通过观察图书画面，说出画面所表达的内容和事件。	2.2.2 能通过观察图书的连续画面，大致说出故事的主要情节。	2.2.2 能根据故事的部分情节或图书画面的线索，续编或创编故事。	★ "画面""连续画面""主要情节""内容和事件""主要情节""线索"指不同的观察内容，表示幼儿观察、理解的内容，"续编或创编"指表达、创编能力的提升。
	2.2.3 能了解图书中的文字和画面一起表达意义的。	2.2.3 能随着文学作品情节展开的进程，体会作品所表达的各种情绪、情感。	2.2.3 阅读图书及听故事后能发表自己对作品的看法。	★ "了解意义""体会情绪情感""发表看法"，表示幼儿对作品的感受力逐渐增强。
			2.2.4 能初步感受文学作品中的语言美。	

（续表）

领域四：语言与交流
子领域二：前阅读与前书写

| 纵向解读 | 纵向看，"具有初步的阅读理解能力"这条标准评价内容由以下维度构成：
1. 听、说故事。
2. 观察画面，表达内容。
3. 理解情节，体会情感，表达看法，感受语言美。 |

领域四：语言与交流
子领域二：前阅读与前书写

	表现行为 1	表现行为 3	表现行为 5	横向解读
表现行为描述	喜欢用简单的图画或符号表达一定的意思。	2.3.1 能用图画和符号表达自己的愿望和想法。 2.3.2 在提醒下，书写时姿势正确。 2.3.3 能认识自己的名字。	2.3.1 能用图画和符号表现事物或故事。 2.3.2 画画、书写时姿势正确。 2.3.3 能写自己的名字。	★ "简单的图画或符号"与"图画和符号"，表示表达的内容逐渐具体和丰富。 ★ "意思""愿望和想法""事物或故事"指表达内容越来越丰富。 ★ "能认识""能写"，表示对自己的名字从辨识到书写，语言能力提高。
3.具有书面表达的愿望和初步技能				
纵向解读	纵向来看，"具有书面表达的愿望和初步技能"这条评价内容由以下维度构成： 1. 表征能力。 2. 画画、书写姿势。 3. 对名字的理解与书写。			

领域五：探究与认知
子领域一：科学探究

表现行为描述	表现行为 1	表现行为 3	表现行为 5	横向解读
1. 喜欢探究	喜欢摆弄各种物体，好奇，好问。	经常乐于动手、动脑探索未知的事物。	乐于在动手、动脑中寻找问题的答案，对探索中的发现感到高兴和满足。	★ "喜欢、乐于、高兴和满足"是探究的兴趣，表示意愿上递进的变化。 ★ "摆弄、探索、寻找答案"是具体探究的过程，表示幼儿对探究的兴趣越来越浓厚。

纵向解读
纵向看，"喜欢探究"这条评价内容由以下维度构成：
1. 科学探究的兴趣。
2. 科学探究的过程。

领域五：探究与认知
子领域一：科学探究

表现行为描述	表现行为 1	表现行为 3	表现行为 5	横向解读
2. 用一定的方法探究周围感兴趣的事物与现象	1.2.1 能仔细观察自己感兴趣的事物，发现其明显特征。	1.2.1 能观察、比较事物，发现其异同，并进行简单描述。	1.2.1 能在观察、比较与分析的基础上，发现并描述事物的特征或变化，以及事物之间的关系。	★ "观察、比较、分析"指探究方法，表示探究方法的多样化。 ★ "明显特征、异同、变化"指探究内容，表示探究程度越来越深。
	1.2.2 能用多种感官或动作探索事物，对结果感兴趣。	1.2.2 能根据观察结果提出疑问，并运用已有经验大胆猜测。	1.2.2 能用一些简单的方法来验证自己的猜测，并根据结果进行调整。	★ "对结果感兴趣、提出疑问、验证猜测"，从"提出疑问"到"验证"，幼儿在探究过程中的科学精神逐步萌发。
		1.2.3 能通过简单的调查，收集自己需要的相关信息。	1.2.3 在帮助下，能制订简单的调查计划，并按计划收集信息。	★ "调查、制订调查计划"表示探究的目的性越来越强。
		1.2.4 能用图画或其他符号记录自己的探究过程或结果。	1.2.4 能运用数字、图画、图表或其他符号记录探索过程和结果。 1.2.5 能在探究中与同伴合作，并交流自己的发现、问题、观点和结果等。	★ "图画、数字和图表"指探究结果的记录方式，表示记录方式更加多样。

42

（续表）

领域五：探究与认知

子领域一：科学探究

纵向看，"用一定的方法探究周围感兴趣的事物与现象"这条评价内容由以下维度构成：

纵向解读	1. 探究事物的方式方法。 2. 探究事物的兴趣与态度。 3. 对探究过程和结果的记录。 4. 探究中的合作与交流。

领域五：探究与认知
子领域一：科学探究

	表现行为 1	表现行为 3	表现行为 5	横向解读
表现行为描述	1.3.1 认识常见动植物，能发现和了解周围动植物的主要特征和多样性。	1.3.1 能感知和发现生活中常见动植物生长变化的过程及所需的基本条件。	1.3.1 能发现和了解典型动植物的外形特征、习性与其生存环境之间的适应关系。	★ "认识、发现、了解"表示对动植物的了解从浅表到深入。 ★ "主要特征、变化过程、适应关系"表示对动植物探究内容越来越广泛。
	1.3.2 能感知和发现材料在软硬、光滑和粗糙等方面的特性。	1.3.2 能感知和发现常见材料在溶解、传热等性质及生活中的用途。	1.3.2 能了解常见物体的结构和功能，发现两者之间的关系。	★ "材料特性、性质及用途、结构和功能及两者关系"表示对事物的认识从外在特征到到内在关系，逐渐深入。
3.在探究中认识事物与现象	1.3.3 能感知天气变化，体会其对自己生活和活动的影响。	1.3.3 能感知和发现光、影、磁、摩擦等简单物理现象。	1.3.3 能探索和发现光、影、沉浮、水的形态等简单物理现象产生的条件或影响因素。	★ "感知变化现象、探索影响因素"指对物理现象探索程度的递进，体现从关注表象到关注现象背后原因的变化。
	1.3.4 能初步了解和体会动植物和人类生活之间的关系。	1.3.4 能感知和发现不同季节的特点、体验季节的变化对动植物和人类生活产生的影响。	1.3.4 能感知并了解四季轮回及变化的顺序。	★ "季节特点和变化、四季轮回及变化顺序"表示对季节的认识更加深入，对不同现象的成因更加了解。

领域五：探究与认知

子领域一：科学探究

表现行为 1	表现行为 3	表现行为 5	横向解读
	1.3.5 能初步感知常用科技产品的用途及与自己生活的关系。	1.3.5 初步了解人类生活和自然环境之间的关系，懂得尊重和珍惜生命，知道保护环境的重要性。 1.3.6 知道一些事物具有两面性，汽车、手机、电脑等产品有利也有弊。	★从"初步感知"到了解"具有两面性"，对科技的了解越来越深入。

纵向解读

纵向看，"在探究中认识事物与现象"这条评价内容由以下维度构成：
1. 感知事物和现象的外在特点。
2. 了解事物和现象的内在关系。
3. 探索事物和现象变化的影响因素。
4. 体会事物和现象对人们生活的影响。

（续表）

领域五：探究与认知
子领域二：数学认知

	表现行为 1	表现行为 3	表现行为 5	横向解读
表现行为描述	2.1.1 能感知和发现生活中物体的形状是多种多样的，对不同的形状感兴趣。	2.1.1 能感知事物的形状、方位，并用相应的词语来描述。	2.1.1 能感知空间的大小与人们活动的关系。 2.1.2 能发现生活中简单的排列规律，并尝试创造新的规律。	★ "产生兴趣、语言描述、感知关系"呈现出对"形状、方位"等概念从感知、理解再到联系生活的能力。
1.初步感知生活中数学的有用和有趣	2.1.2 能体验和发现生活中很多时候会用到数。	2.1.2 能用数字符号来描述事物，对环境中数字符号的各种意义有探究的兴趣。	2.1.3 能发现生活和游戏中的许多问题可以用计数、排序、分类、测量等数学方法来解决，体验解决问题的乐趣。	★ "体验发现、描述、表示"表示幼儿理解和运用数字的能力在不断提升。
	2.1.3 能结合生活感知在不同的时间做不同的事。	2.1.3 理解活动或事件发生的先后顺序，能用语言描述事情发生的前后经过。	2.1.4 在活动中感受和理解时间的先后长短，逐步形成时间意识。	★ "时间先后顺序、时间长短"表示幼儿在生活中的时间意识越来越清晰。

（续表）

领域五：探究与认知
子领域二：数学认知

本条评价内容由以下维度构成：

纵向解读	纵向看，"初步感知生活中数学的有用和有趣" 1. 感知形状和空间方位。 2. 规律的识别与创造。 3. 用数学解决生活中的实际问题。 4. 生活中的时间意识。

领域五：探究与认知
子领域二：数学认知

表现行为描述	表现行为 1	表现行为 3	表现行为 5	横向解读
2.感知数量及数量关系	2.2.1 能感知和发现物体的大小、多少、高矮、长短等方面的差别，并用相应的词语描述。 2.2.2 能运用一一对应的方法比较两组物体的多少。 2.2.3 能运用手口一致点数的方法数5个以内的物体，并说出总数。能按数取物。	2.2.1 能感知和发现物体的粗细、厚薄、轻重等方面的差别，并用相应的词语描述。 2.2.2 能运用数数的方法比较两组物体的多少。 2.2.3 能借助实际情境和实物操作，理解数的大小和形成等。	2.2.1 能初步感知和理解量的相对性。 2.2.2 能借助实际情境和实物操作，理解"加"和"减"所表达的实际意义。 2.2.3 能运用实物操作等方法进行10以内的加减运算。	★ "大小、多少、粗细、厚薄"等指物体的属性特征，体现幼儿对物体属性特征的感知与比较能力在发展。 ★ "描述、量的相对性"，体现幼儿逐步形成对"量"的相对性的理解。 ★ "一一对应比较、数数比较"指比较数量的方法，表示幼儿逐渐理解数对数量的意义。 ★ "按数取物、理解数的大小和形成、10以内的加减运算"表示幼儿对数的概念与运算能力在递进发展。

48

领域五：探究与认知
子领域二：数学认知

2.2.4 能使用数词来描述常见事物或动作。	2.2.4 能使用数词来描述事物的排列顺序和位置。	2.2.4 能运用简单的记录表、统计图等来表示数量关系。

★ "常见事物或动作、排列顺序和位置"表示幼儿逐步理解数词的实际意义。

★ "运用图表"体现幼儿萌发了初步运用数据的意识。

纵向看，"感知数、量及数量关系"这条评价内容由以下维度构成：

1. 物体属性特征的感知与比较。
2. 数量的比较。
3. 数的理解、运算与运用。
4. 描述数量关系的方式。

纵向解读

（续表）

领域五：探究与认知
子领域二：数学认知

	表现行为1	表现行为3	表现行为5	横向解读
3.感知形状与空间关系	表现行为描述	2.3.1 能感知和发现物体较明显的形状特征，并用词语来描述。 2.3.2 能感知物体基本的空间位置与上下、前后、里外等方位，并理解这些方位词的意义。	2.3.1 能感知和发现物体的形体结构特征，并运用绘画、拼搭等方式表现物体的造型。 2.3.2 能发现常见几何图形的基本特征并进行比较、分类。 2.3.3 能使用"中间""旁边"等方位词来描述物体的位置和运动方向。	2.3.1 能组合运用常见的几何形体拼搭、制作和画出物体的造型，富有一定的创意。 2.3.2 能按指示空间方位的语言或简单图示取放物品，反应正确。 2.3.3 能辨别以自己为中心的左右方位。	★ "描述、绘画和拼搭、比较分类、组合运用"表示幼儿对图形特征从感知到表征的能力逐步提升。 ★ "上下、前后、里外、中间、左右"等方位词呈现了幼儿对空间方位的发展过程。 ★ "感知方位"体现出幼儿对空间方位理解与运用能力的提高。
	纵向解读	纵向看，"感知形状与空间关系"这条评价内容由以下维度构成： 1. 图形的感知与表征。 2. 空间方位的辨别与运用。			

领域六：美感与表现

子领域一：感受与欣赏

		表现行为 1	表现行为 3	表现行为 5	横向解读
1. 感受自然界与生活中美的事物	表现行为描述	1.1.1 喜欢观赏花草树木、日月星空等大自然中美的事物。	1.1.1 在观赏大自然和生活环境中美的事物时，能关注其色形、形态等特征。	1.1.1 喜欢收集美的物品或向他人介绍自己所发现的美的事物。	★"花草树木、日月星空"指大自然具体事物的美，"收集介绍美的事、物"指幼儿自己视角下的美，表示感受"美的事物"的主动性和能力的提升。
		1.1.2 能对自然界中的鸟鸣、水声、雨声、雷声等感兴趣。	1.1.2 喜欢倾听大自然和生活环境中各种好听的声音，能模仿并产生相应的联想。	1.1.2 喜欢关注大自然和生活环境中有特点的声音，能进行模仿并产生相应的联想。	★"感兴趣、喜欢倾听、喜欢关注"表示从被动吸引到主动欣赏。 ★"各种好听的声音，有特点的声音"指幼儿自己感到声音不同的美。 ★"感知和发现、模仿并联想"表示对自然界各种声音的感受。
				1.1.3 对自然景色、著名建筑、名胜古迹等景观感兴趣。	

纵向解读

1. 感受自然界美的事物。
2. 感知好听的声音。
3. 欣赏自然景色和人文景观。

纵向看，"感受自然界与生活中美的事物"这条评价内容由以下维度构成：

领域六：美感与表现
子领域一：感受与欣赏

	表现行为 1	表现行为 3	表现行为 5	横向解读
表现行为描述	1.2.1 喜欢听音乐，或观看歌舞、儿童剧等不同形式的表演。 1.2.2 喜欢观看绘画、泥塑、剪纸等不同形式的艺术作品。	1.2.1 能专心观看自己喜欢的艺术表演或作品，并有模仿和参与的愿望。 1.2.2 感受参加美术、音乐、儿童文学等艺术欣赏活动，欣赏艺术作品时能产生相应的联想和情绪反应。	1.2.1 喜欢参加艺术欣赏活动，能通过表情、动作、语言等表达自己对作品的理解。 1.2.2 能和他人分享、交流自己喜爱的艺术和对作品的体验。	★ "喜欢听、专心观看并模仿参与、喜欢参加并表达理解"指感受艺术的态度和方式，表示感知艺术的愿在增强，感知艺术的能力在提升。 ★ "音乐、歌舞或儿童剧，艺术表演或作品，艺术欣赏活动"指感知艺术的具体形式，表示感知艺术的形式逐渐丰富。 ★ "喜欢观看，愿意参加"表示感受艺术作品兴趣的递增。 ★ "产生联想和情绪反应，分享交流"指感受艺术作品的能力，表示参与度的提升。

纵向解读，"感受多种多样的艺术形式和作品"这条评价内容由以下维度构成：
1. 欣赏艺术形式。
2. 感知艺术作品。

领域六：美感与表现

子领域二：表现与创造

	表现行为 1	表现行为 3	表现行为 5	横向解读
1. 具有艺术表现的兴趣	2.1.1 能经常哼唱或模仿有趣的声调、动作和表情。	2.1.1 能经常唱跳跳，喜欢参加歌唱、律动、舞蹈、器乐弹奏等形式的活动。	2.1.1 积极参加各类艺术活动，对来活动形式表现出偏爱。	★ "经常出现、喜欢、积极参加"表示参与的意愿，表示参加艺术活动兴趣的递增。 ★ "哼哼唱唱，唱唱跳跳，参加活动的方式多种多样，投入度越来越高"表示幼儿参与艺术活动的方式多样。
表现行为描述	2.1.2 喜欢涂涂画画，捏泥，折纸，贴贴等活动。	2.1.2 喜欢运用绘画、捏泥、折纸、粘粘贴贴等方式表现观察到的事物和自己的想象。	2.1.2 乐于运用多种工具、材料或不同的表现手法表达观察到的事物和自己的感受与想象。 2.1.3 艺术活动中能独立表现，也能与同伴合作表现。	★ "喜欢、乐于"表示幼儿对艺术活动的表现兴趣逐渐递增。 ★ "涂涂画画、粘粘贴贴、绘画、捏泥、折纸，多种工具、材料或不同的表现手法"指表现的方式及材料的运用。 ★ "表现观察到的事物，表达自己的感受和想象"指幼儿的艺术表现从观察到想象，逐渐发展。

纵向解读

1. 纵向看，"具有艺术表现的兴趣和意愿"这条评价内容由以下维度构成：
2. 艺术与艺术活动的兴趣和意愿。
3. 艺术表现的方式。
3. 艺术表现的能力。

领域六：美感与表现
子领域二：表现与创造

	表现行为 1	表现行为 3	表现行为 5	横向解读
2. 具有初步的艺术表现与创造能力	表现行为描述			
	2.2.1 能模仿并唱出短小的歌曲。	2.2.1 能运用自然的声音，适中的音量和基本准确的音调唱歌。	2.2.1 能运用基本准确的音调和节奏唱歌。	★"声音、音量和音调、节奏"指歌曲的要素，表示幼儿歌唱能力逐步发展。
	2.2.2 能伴随熟悉的音乐做节奏感明显的或动作。	2.2.2 能运用拍手、跺脚等动作，或敲击物品的方式表现简单的节拍或基本节奏。		★"做动作""拍手、跺脚等动作或敲击物品"指节奏表现方式，表示幼儿的基本节奏能力在发展。
	2.2.3 能运用声音、动作等模拟大自然事物和生活情景。	2.2.3 能用即兴哼唱、即兴表演或为熟悉的歌曲改编歌词等方式表达自己的心情。	2.2.2 能通过律动或简单的舞蹈动作表达自己的情绪或表现自然界的情景。	★"声音、动作、哼唱、表演、律动和舞蹈动作"指幼儿多样的表达方式，表示艺术表现方法的综合运用。
			2.2.3 能创编和表演故事，并根据表演的需要选配、制作简单的服饰、道具或布置场景。	

（续表）

领域六：美感与表现
子领域二：表现与创造

表现行为 1	表现行为 3	表现行为 5	横向解读
2.2.4 能运用简单的线条和色彩大致画出自己喜欢的人或事物。	2.2.4 能运用绘画、捏泥、折纸等方式表现观察到的或想象的事物。	2.2.4 能运用较丰富的色彩、线条、形状以及材质等表现自己观察到的或想象的事物及感受。 2.2.5 能运用自己制作的艺术作品布置环境，美化生活。	★ "线条、色彩、绘画、捏泥、折纸、形状、材质"指美术表现的多种方式，表示使用不同材料的能力和表现能力的提升。 ★ "喜欢的、观察到或想象到的"表现能力的内容，表示艺术创造能力的提升。

纵向解读

纵向看，"具有初步的艺术表现与创造能力"这条评价内容由以下维度构成：
1. 歌唱、节奏表现、律动、表演的能力。
2. 运用各种美术创作方式表达所思所想、美化生活的能力。